Online Advertising

在线广告

互联网广告系统的架构及算法

张亚东 ◎ 编著

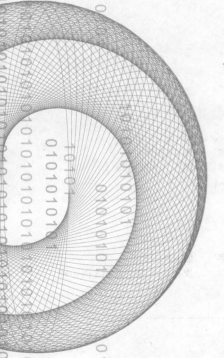

清华大学出版社

北京

内 容 简 介

在线广告是一个多学科交融的领域，本书力求系统地讲解在线广告的架构和算法，让读者对在线广告有一个整体的认识。全书共 15 章，第 1～3 章介绍在线广告的发展简史、样式与创意以及广告系统的架构流程等基础知识；第 4～7 章从品牌广告、搜索类广告、社交类广告和视频类广告 4 种典型的广告出发，详细讲解广告系统的更多设计细节；第 8～14 章分类讲述在线广告中的重要研究领域，包括用户数据和定向算法、点击率预估与推荐算法、在线匹配、机制设计、低质量和敏感控制、实验架构和调参，以及数据监控和效果衡量；第 15 章简要介绍在线广告的发展趋势。

本书可作为对在线广告感兴趣的初学者的入门书籍，也可供在线广告相关领域的从业者阅读参考。

图书在版编目（CIP）数据

在线广告：互联网广告系统的架构及算法/张亚东编著. —北京：清华大学出版社，2019（2025.4重印）
ISBN 978-7-302-52652-0

Ⅰ. ①在…　Ⅱ. ①张…　Ⅲ. ①网络广告－算法设计－研究　Ⅳ. ①F713.852

中国版本图书馆 CIP 数据核字（2019）第 047108 号

责任编辑：	黄　芝　张爱华
封面设计：	刘　键
责任校对：	梁　毅
责任印制：	沈　露

出版发行：清华大学出版社
　　　　网　　　址：https://www.tup.com.cn，https://www.wqxuetang.com
　　　　地　　　址：北京清华大学学研大厦 A 座　　　　　　邮　　编：100084
　　　　社 总 机：010-83470000　　　　　　　　　　　　　邮　　购：010-62786544
　　　　投稿与读者服务：010-62776969，c-service@tup.tsinghua.edu.cn
　　　　质量反馈：010-62772015，zhiliang@tup.tsinghua.edu.cn
　　　　课件下载：https://www.tup.com.cn，010-62795954

印 装 者：	三河市人民印务有限公司
经　　销：	全国新华书店
开　　本：	185mm×230mm　　印　张：20.25　　　　字　数：354 千字
版　　次：	2019 年 8 月第 1 版　　　　　　　　　　印　次：2025 年 4 月第 8 次印刷
印　　数：	8501～8800
定　　价：	69.80 元

产品编号：082147-01

前言
FOREWORD

在线广告是一个多学科交融的领域,也是互联网公司最主要的营利模式之一,涉及内容广泛,实用价值极高。伴随着互联网公司线上业务的不断更迭,相关领域从业者和学术机构研究人员已经对在线广告的各种业务痛点进行了大量深入的分析研究,但市面上系统讲解这些内容的书籍却非常少。本书尽可能以通俗易懂的语言系统地讲解互联网在线广告,包括主流业务的运作思路、常见的系统架构以及实践中的核心算法,适合对在线广告感兴趣的初学者学习。书中会对真实业务中实施的部分算法进行深入讲解,适合相关领域的从业者阅读。

在线广告类型很多,本书从品牌广告、搜索类广告、社交类广告和视频类广告4种较为典型的广告出发,从不同角度解读在线广告的业务思路和相关系统,它们并不是从一个维度划分的广告类型,会互有重复,但非常具有代表性,其他类型广告的业务和架构流程大同小异,可以相互参考。目前对在线广告核心内容清晰归类的书籍很少,为了使内容更加体系化,本书将在线广告涉及的主要内容及核心算法划分为用户数据和定向算法、点击率预估与推荐算法、在线匹配、机制设计、低质量和敏感控制、实验架构和调参以及数据监控和效果衡量等,希望读者阅读后能对在线广告有相对系统的认识。

在线广告内容非常庞杂且在快速发展中,实践中仍会不断涌现出很多新问题、新方法,需要持续地探索分析。由于作者能力有限,不能对所有问题给出全面、准确的描述,加之受时间和精力限制，书中难免有疏漏之处，若读者不吝赐教，将感激不尽。希望经过不懈的努力，使本书成为一本对初学者系统了解在线广告，对相关从业者实战有所帮助的书籍。读者可以关注公众号 Chinabigdata 或者关注微博"亚东爱阅读"，后期增补内容会在公众号中更新。

编者

2019 年 6 月

目录
CONTENTS

第1章

在线广告发展简史

1.1 在线广告发展简介

广告,即广而告之,是为了某种特定的目的,向公众传递信息的宣传手段。自古有贸易就有广告,贸易越发达,广告的形式和内容就越复杂多样。随着互联网的兴起,网络上聚集了越来越多的人群,更多的贸易也开始在网络上进行。到 20 世纪 90 年代,在线广告应运而生,它虽然只有几十年的发展历史,却已经成为最重要的广告形式之一,且仍然在高速发展中。

1.1.1 中国古代的广告

中国古代酒家门口挂的幌子,上面画着一个酒壶或者写一个酒字,告诉南来北往的客人店里有酒,这就是一种最基本的广告。它通过幌子作为媒介,目标客户是南来北往的客人,展现场地在店门口,如果路过的客人看到了幌子,知道店里有酒卖,就有可能进店喝酒,幌子起了宣传的作用。店家如果运气够好,碰到一个有名气的诗人,为自己的店铺或者商品作诗一首,通过口口相传,更远的客人也会慕名而来,收益自然越来越多。更有甚者,若能让皇帝试用,再为商品赐一个名或者成为皇家御用,产品自然就更不愁卖了。这都是我们比较熟悉的一些例子,名人和皇帝的行为都起到了推广的效果,也算一种形式的广告。

人类使用广告的历史非常悠久,我国现存最早的印刷广告是北宋时期济南刘家功夫针铺的广告铜板。如图 1.1 所示,铜板四寸见方,上面雕刻有"济南刘家功夫针铺"的字样,中间是白兔抱铁杵捣药的图案,在图案的左右各有四字:"认门前白"和"兔儿为记"。在铜板的下半部刻有说明商品质地和销售办法的文字:"收买上等钢条,造功夫细针,不误宅院使用;客转为贩,别有加饶。请记白。"该铜板现存上海博物馆,是迄今为止所发现的世界上

图 1.1 印刷广告

来源:中国历史博物馆. 中国古代史参考图录:宋元时期[M].上海:上海教育出版社,1991.

最早的印刷广告品。

1.1.2 在线广告的诞生

使用印刷术和纸作为媒介的广告，在当时是一种非常先进的广告形式。在漫长的历史长河中，伴随着商业的发展，广告也一直走在技术变革的最前沿。随着互联网的诞生，在线广告也应运而生，这是一种通过互联网作为媒介向潜在消费者传递营销信息的一种广告形式。可追溯的最早的网络推广发生在 1978 年 5 月 3 日，是 DEC(Digital Equipment Corporation)的市场营销人员通过当时的网络电子邮件系统 Arpanet，向美国西海岸的用户发送的一个有关计算机模型的广告。这次网络推广的效果非常好，这种形式的广告迅速被大面积效仿，演变成为后来的垃圾邮件(Templeton and Brad，2008)。

1991 年第一个网页诞生，它是一个解释什么是万维网的网页，图 1.2 是该网页的一个截图。万维网是一个具有划时代意义的创新，从此开启了互联网时代。此后，万维网作为新事物渐渐被公众所熟悉，使用的人越来越多，人们在电视、报纸等传统媒介上花的时间逐渐减少，在网络上花费的时间开始逐渐增多。

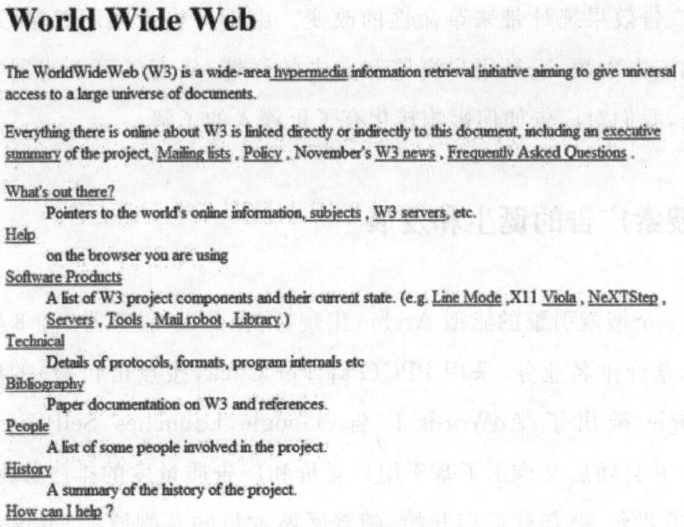

World Wide Web

The WorldWideWeb (W3) is a wide-area hypermedia information retrieval initiative aiming to give universal access to a large universe of documents.

Everything there is online about W3 is linked directly or indirectly to this document, including an executive summary of the project, Mailing lists , Policy , November's W3 news , Frequently Asked Questions .

What's out there?
  Pointers to the world's online information, subjects , W3 servers, etc.
Help
  on the browser you are using
Software Products
  A list of W3 project components and their current state. (e.g. Line Mode ,X11 Viola , NeXTStep , Servers , Tools , Mail robot , Library)
Technical
  Details of protocols, formats, program internals etc
Bibliography
  Paper documentation on W3 and references.
People
  A list of some people involved in the project.
History
  A summary of the history of the project.
How can I help ?

图 1.2 万维网的一个页面

一开始用户在网络上浏览网页是免费的,网站的所有者需要寻求额外的收入来源,以支持他们的内容生产,这便是互联网时代在线广告产生的内驱力。1993年,第一个可点击的广告被网景公司卖给了硅谷的一家律师事务所,这是一个文字点击链接,是世界上第一个超文本链接广告。1994年10月14日是在线广告史上具有里程碑意义的一天,美国著名 *Hotwired* 杂志推出了网络版 Hotwired,并首次在网站上推出了在线广告,这立即吸引了 AT&T(美国电话电报公司)等14个客户在其主页上发布 Banner 广告(横幅广告),第一个广告投放的是 AT&T 的广告,如图 1.3 所示。值得一提的是,由于用户对新鲜事物的好奇,当时的广告点击率高达 40%(Templeton and Brad,2008)。

图 1.3　早期的 Banner 广告

这种形式的广告,不仅点击率很高,也让精确统计曝光和点击成为可能,这个特点非常重要。美国百货商店之父 John Wanamaker 有句话流传很广:"我知道在广告上的投资有一半是无用的,但问题是我不知道是哪一半。"此前,虽然可以对比企业在不同广告作用下的整体营收差异,但想精确统计哪些花费对最终的转化有作用,几乎是不可能的。而在线广告的诞生,给广告效果统计带来革命性的改变。由于广告由程序控制,系统可以精准记录广告的曝光和点击次数,记录用户浏览和点击的详情,从而就可以辨别哪次广告曝光引发了用户的点击,我们对广告如何影响转化有了更深入的了解。

1.1.3　搜索广告的诞生和发展

1990年,第一个搜索引擎的雏型 Archie 出现,用在 FTP 服务器上。8年后,GoTo.com 推出了搜索引擎竞价排名业务,采用 PPC(Pay Per Click,按点击付费)的广告模式。2000年下半年,Google 推出了 AdWords 广告(Google Launches Self-Service Advertising Program,2000),并且随后又推出了基于用户竞价和广告质量度的排序分配方法(Jansen et al.,2008)。自 20 世纪 90 年代后期开始,随着网站数量的急剧增加,市场对搜索引擎的需求更加凸显,市面上逐渐出现多家搜索引擎。

图 1.4 是搜索引擎的收入链示意图。搜索引擎需要不断优化搜索的自然结果,吸引用户使用,用户会在多家搜索引擎中选择最能满足需求的那一个。搜索引擎的用户多了,流量达到一定的量级,才会有广告主愿意来投放广告,从而获得收益。流量越多,系统的收益也越多。这些收益可以再投入到自然结果的优化工作中,通过更加优质的内容来吸引更多用户使用。这样的相互作用也驱使广告系统不断地优化广告投放效果,在竞价机制设计、CTR 预估、定向投放等领域不断改进,以获得竞争优势。

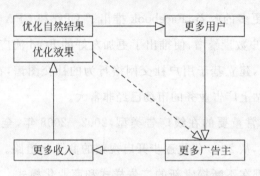

图 1.4　搜索引擎的收入链示意图

最初,在线广告的转化效果很好,广告主愿意接受按广告投放时间或者按广告展现次数来计费的广告模式。但随着在线广告越来越多,用户对在线广告不再好奇,广告的点击率和产生之初时相比下降了很多。广告主开始深入思考广告和企业营收之间的关系,以及广告效果如何精确衡量,并寻找更加直接衡量广告效果的方法。与此同时,随着对用户行为的深入分析,广告系统设计人员发现不点击广告 A 的用户,可能点击广告 B,不同用户对广告的点击偏好不同。如果能根据用户的喜好,只投放给他们可能会点击的广告,那么同一时间段内,流量可以同时售卖给多个广告主,不仅可以保持整体的广告效果,系统也增加了收益。于是,网站和广告主协商,对广告按照点击次数收费,这样,网站可以将流量卖给更多的广告主,而广告主也乐意为更直接的效果付费,双方都更愿意接受这种新的模式。1996 年,PPC 结算方式首次被 Planet Oasis 网站提出,后来 GoTo.com 引入竞价模型,使用的也是 PPC。到 1997 年,DoubleClick 已经开始提供 CPA(Cost Per Action)的定价方式,广告按照每一次行动付费,例如用户在广告主网站上发生注册、下载等行为后广告主才需要支付广告系统一定的费用,广告效果衡量更加直接。

1.1.4　社交和视频类广告

社交网络在在线广告的发展历程中也扮演着非常重要的角色。从 1997 年第一个社交媒体 SixDegrees.com 建立以来，不同种类的社交应用层出不穷。2004 年，Facebook 建立，最初只是简单地在首页投放展现广告，服务校内大学生和本地商业机构。后来，随着企业规模的扩大，为了获得更多的收益，Facebook 推出了 CPC 和 CPA 的广告产品。2006 年，Facebook 对外开放，用户数量暴增，便推出了更加友好的 Feed 流广告，同时也进一步挖掘了社交媒体的定向潜力，建立基于用户社交网络行为的社交图谱，在用户的定向能力上不断突破。现今，社交网站上广告业务的市场已经非常大。

视频类广告也是非常重要的在线广告类型，2002—2008 年，全球视频广告逐渐兴起。2005 年，YouTube 建立，从 2006 年便逐步开启视频的商业化道路。这期间，中国国内也出现了很多视频类平台，都在不断探索新的广告样式和商业化模式。同年，YouTube 为了鼓励优质内容的生产，启动了合作者计划，优质内容可以获得平台收益的分成。当时土豆网也发起过类似的计划，2006 年 3 月，土豆网民可以申请 Toodou Ad 计划，可以获得原创视频的广告收益分成。2008 年后，各种视频广告标准陆续制定，视频广告行业的发展更加规范。

1.1.5　Ad Network 的诞生

1995—1998 年，网络技术、语言以及应用大量出现，eBay、Amazon.com、Google 等公司也在这期间相继成立，形形色色的网站不断涌现。从 1998 年 10 月起，网络经济纳斯达克指数一路上扬，持续攀升，至 2000 年 3 月 10 日，纳斯达克指数突破 5000 点大关，并创下 5132 点的历史最高纪录。网络经济如日中天，网络公司越来越多，数以千亿计的资金流向网络市场。截至 2000 年 12 月 31 日，中国已经有可上网计算机约 892 万台，CN 下注册的域名 122 099 个，www 站点约 265 405 个。然而，大量的网站却没有自己的广告投放平台和客户，网站亟待解决盈利问题。

于是,约在 1995 年,Ad Network(在线广告联盟)产生了。它联合有广告投放需求的中小网站,统一管理它们的广告位,作为这些网站的代理,与广告主接触,协商一个大家都愿意接受的价格,并建立对接的标准,愿意接入的网站和媒体都可以按照标准接入,成为它的一部分。当网站有流量到达的时候,如果有适合投放的广告,Ad Network 就会将广告返回给该网站,广告主付费后,网站和 Ad Network 按一定比例分配收益。Ad Network 的出现,解决了大量网站流量变现难的问题。它快速发展,规模越来越大。因为有大量优质垂直站点的加入,Ad Network 成为与主流大网站不同的优质流量来源,广告主也越来越多。Ad Network 让广告行业的整体投放效率大大提升。

1.1.6 Ad Exchange 和 TradingDesk

2005 年,市场上已经有很多家 Ad Network,但每家接入的标准和定价都不同,拥有的广告位资源也有差异。部分 Ad Network 虽然有比较优质的广告位资源,却没找到合适的广告主,导致这些优质资源卖不出好的价格。有些 Ad Network 由于没有适合投放的广告位,导致广告效果欠佳。于是诞生了 Ad Exchange(互联网广告交易平台),它作为广告位资源和广告主需求对接的一个自由交易市场,网站、Ad Network、广告主以及管理广告主广告的代理都可以接入。Ad Exchange 最大的改变在于它的定价机制,对每一个可以售卖的流量都通过竞价的方式售卖,价高者得,实时售卖并实时完成投放。定价不再由每家 Ad Network 来做,而采用更合理的方法,让市场自身来决定广告位的价格,机制更加透明。Ad Exchange 进一步提升了广告主和媒体之间的匹配效率。

2005—2010 年,全球的四大媒体——报纸、杂志、广播和电视的广告市场份额逐渐减少,迅速崛起的在线广告由于成本低、效果易监控等特点获得广告主的青睐。2010 年,美国在线广告的市场规模达 260 亿美元,中国在线广告的市场规模也达到了 325.5 亿元。市场的持续扩大,带来更精细的划分,DSP、SSP、DMP 相继出现。DSP(Demand Side Platform)为广告主服务,对接 RTB(Real Time Bidding)实时交易平台,通过算法帮助广告主提升广告投放效果。SSP(Sell Side Platform)是对网站的广告位资源统一管理的系统,站长们也可以在 SSP 上管理自己的广告位,进行相关的设置,实现流量的程序化售卖。DMP(Data

Management Platform)是数据管理的平台,收集整理各种对广告投放有帮助的数据,其中的用户数据是精准投放必不可少的重要资源。

随着在线广告整体市场的进一步扩大,精准投放技术快速发展,程序化广告市场越来越繁荣,提供自由交易平台的 Ad Exchange、专注于做算法的 DSP、提供数据管理和数据分析的 DMP 公司、程序化创意公司、广告监测公司等在其中各司其职。由于程序化广告转化效果好,价格相对低廉,传统的品牌广告主也尝试投放程序化广告,之前负责对接品牌广告的 4A 公司开始自己或者找乙方 DSP 公司、数据公司来完成甲方的品牌广告投放需求。不同的 DSP 公司擅长的领域和已经服务的客户差异很大,每家公司都有自己擅长的广告业务,所以多数情况下,4A 公司会找几家 DSP 公司对比试投,将业务交给投放效果最好的那家。然而,这部分工作非常费时费力,于是作为 DSP 上游的 TradingDesk 应运而生,它作为对接广告需求和程序化广告各细分领域的中间代理,提供统一的程序化交易采买,提升它们的对接效率。品牌广告市场巨大,跨屏、无缝投放等各种各样的投放需求种类繁多,整合能力较强的公司已经开始进入 TradingDesk。

1.2 移动广告的发展

移动领域是互联网中一个全面繁荣、新鲜事物不断产生的领域,移动广告在在线广告中占的比重越来越大,目前势头正劲。我们无法将移动广告发展中所有的重要事件一一列举出来,这里通过一小部分重点事件来说明移动广告发展的主要趋势,图 1.5 是移动广告发展历史中的重要事件。

早在 1938 年,美国贝尔实验室就为美国军方制造出了世界上第一部无线电话。然而,直到 1973 年 4 月,摩托罗拉工程技术员 Martin Cooper 才发明了世界上第一部推向民用的手机,他也因此被称为现代手机之父。1993 年,中国出现了第一部移动电话,当时手机仍然是少数人才能拥有的奢侈品。1999 年,摩托罗拉推出了第一部智能手机,手机的功能有了更大的想象空间。此后的几年间,移动网民的数量与日俱增。2007 年,中国手机网民已经达 5040 万。特别值得一提的是,这一年 iPhone 手机问世,新颖的触摸方式和手机应用开始

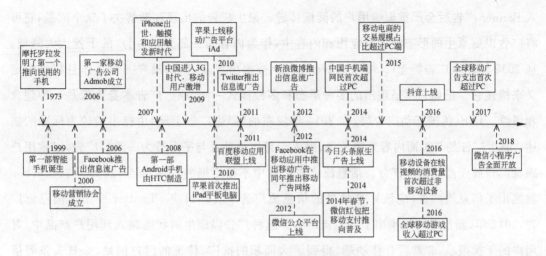

图 1.5　移动广告发展重点事件

引领新的生态。2008 年,第一部 Android 手机由 HTC 制造出来。今天再回头看,这些事情影响之深远,远超当时的想象。

在移动设备更新迭代的同时,移动网络也在快速发展。2009 年,中国进入 3G 时代,网速变快,移动体验得到巨大的提升,移动用户激增,移动互联网进入黄金发展期,这一年,中国移动用户已经达 2.3 亿。移动用户的快速增长也给广告带来了巨大的市场空间。2010 年,第一台 iPad 诞生,惊艳的外观和全新的体验再一次刷新普通用户对移动设备的认知,此后,各种类型的移动设备如雨后春笋般涌现,并走进千家万户。移动端产品区别于传统的 PC 端,体积小,用户可随身携带,也可随时使用,移动网民的用户行为因此呈现出碎片化、多场景化的特点。PC 端的上网场景相对比较局限,而移动端几乎在任何地方都可以连接到网络,因此诞生了大量全新的移动应用。无聊的时候,可以在任何地方打开新闻客户端,浏览新闻事件;可以打开社交网站,浏览朋友发的最新动态。抵达一个陌生的地方,可以定位当时的地理位置,寻找周边的美食。当然,也可以随时和网友来几局游戏。用户每天频繁地在各种移动应用间切换,时间分散到了不同的应用中。

随着移动设备和移动网络的不断发展,移动广告市场的快速发展也是大势所趋。但是移动端的屏幕较小,不同应用有不同的布局,直接把 PC 端的广告搬到移动端,体验会非常差。如 PC 端非常流行的 Banner 广告,在移动端就会显得非常突兀,移动端的屏幕较小,加入 Banner 广告后会严重影响用户的阅读体验。原生广告的出现逐渐解决了这个问题,它可将广告以更原生的形态集成到应用和内容中,作为内容的一部分,对用户的干扰大大降低。从 2012 年原生广告概念(Native Advertising)被提出至今,仍旧没有一个具体且权威的定义来描述它。正如它所呈现出的多种形态和多种样式一样,原生广告本身更像是一种理念和思维。IAB(美国互动广告局)在 2014 年发布的《原生广告手册》中提出了较为标准的描述:原生广告是与页面内容紧密关联、融入于整体设计且与平台行为一致的广告,以致用户感觉广告属于产品的一部分。信息流广告是其中不得不提的一员,早在 2006 年,Facebook 就推出了信息流广告,应该算是最早的信息流广告了。2011 年,Twitter 推出了信息流广告,2012 年,新浪微博也推出了信息流广告。这种广告以原生的状态融入到用户产品中,对用户的干扰很小,非常适合移动端,得到了大面积的推广,传统的门户网站、今日头条等信息流产品、百度等搜索类产品以及社交类软件中都开始出现信息流广告的身影。2016 年,国内信息流的广告市场规模已经达到 308 亿元。

2000—2007 年,电商的经营体系也在逐步完善,网民渐渐接受网购。2010 年,支付宝推出了快捷支付功能,银行卡只要绑定了支付宝的快捷支付,就能脱离网银在支付宝直接完成支付,这是客户体验的巨大提升。这期间,一些线下的知名商家开始逐步向线上迁移。2014 年春节,微信支付利用红包把移动支付的普及度推向前所未有的高度。对于大量不愿意尝试移动支付的客户群来说,用微信抢红包的过程也是绑定银行卡和学习收付款的过程。移动支付的普及带来了移动端交易的繁荣,2015 年,移动端的交易规模占比已经超过 PC 端,移动电商广告已经非常重要。2016 年,电商广告规模首超搜索广告,移动端成为最大的贡献者。

移动游戏的用户规模与网民发展趋势类似。2008 年,中国移动游戏用户规模为 1000 万。到 2013 年,游戏用户的规模已经达到 3.1 亿,并保持持续高速增长。2017 年,中国移动游戏的用户规模已经达到 5.54 亿,移动游戏是网民消耗时间最多的领域之一。移动游戏市场的繁荣带动了游戏广告市场的一路飙红。

截至 2011 年,全球 Android 平台已经发生近 70 亿次 App 应用下载,其中仅有 9500 万次是付费应用,占比仅为 1.35%,苹果的平台上也只有 14% 的应用是付费应用。网民更愿意接受免费的应用服务,应用必须寻求其他方法实现流量变现。激励广告就是其中的一种方法,例如游戏类应用的开发者可以把这类广告集成到应用内部,玩家可以通过播放广告获得额外的生命或者提升角色的力量,这样普通用户更愿意接受,也为开发者提供了更多的收入来源。

2016 年,移动设备在线视频的消费量首次超过了非移动设备,而且,两者的差距还在大幅拉大。短视频就是其中一个热点领域,有希望成为新的超级社交入口。2016 年,抖音上线。2018 年 7 月,抖音的全球活跃用户数就已经超过 5 亿,成为市场营销的又一重要场地。

各种 O2O 模式的移动应用,提供基于 LBS 的优惠信息推送服务,通过信息化技术把供需双方更好地结合在一起。对于线下提供服务的商家而言,用在线的方式推销自己可以改善自己的营销模式,增强商家自身品牌宣传力度,也加速了商品的销售,实现品牌与效益的双赢,因此广受商家青睐。

“金钱跟着眼球走”,移动端的广告也顺势发展,2017 年,全球移动广告支出首次超过 PC。虽然移动广告发展迅速,市场规模也越来越大,但用户的时间分散到多种场景、多种应用之中,移动互联网就像一个浩瀚的海洋,广告主在其中投放广告如同漫天撒网,这些现状对广告系统提升投放效率、精准投放、跨设备、跨场景的投放都提出了全新的挑战。于是便出现了移动广告联盟,这些联盟不断努力解决和优化这些问题。在国内,2011 年百度的移动应用联盟上线,腾讯的广点通移动应用联盟也在 2013 年上线。

移动端多个领域全面繁荣,是一个新场景和新技术频繁出现的领域,且仍然在高速发展中,除了以上提到的领域外还有很多重要的营销领域,例如社交类、搜索类、工具类都是移动广告营销的重要场地。如何整合流量、寻找最合适的样式和创意、通过数据驱动定位目标用户来提升整体营销的效率,依然有很长的路要走。

1.3 搜索广告和定价模式

图 1.6 展示的是搜索广告(Sponsored Search)和其中定价方式发展历程中的重要事件,1994 年,HotWired 推出了第一个 Banner 广告,由 AT&T(美国电话电报公司)投放,该广告按时间售卖,3 万美元投放 3 个月,从此拉开了在线广告的序幕。

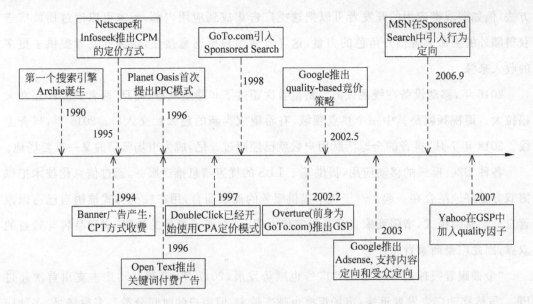

图 1.6　搜索广告和其中定价方式发展中的重要事件

网络搜索早期,网站通过<META>标签注释网站的主要内容,包含网站内容的核心关键词。搜索引擎也通过网站<META>标签中的内容来检索网站内容,有些网站为了在排名上超过其他网站,会针对性地设置里面的关键词,有些甚至是虚假的,导致搜索结果中相关性更好的结果反而排名较低。更严重的是,一些类似色情网站的不良站点也开始滥用标签中的关键词,很多不相关查询都可以检索到色情网站。后来,为了解决这一问题,GoTo.com 对搜索量最大的前 1000 个查询的搜索结果进行了人工整理,这一操作也激发了后来搜索广告的诞生。

搜索引擎在引入搜索广告之前,主要依赖 Banner 广告获得盈利,但系统设计者会陷入两难境地,他们既希望用户可以尽快地到达搜索结果的落地页面,寻找到需要的信息,同时又希望用户长时间停留在网站中,以便看到更多的 Banner 广告,而两者又是相互矛盾的,让系统的设计者非常头痛,直到付费搜索的出现,才算解决了这个问题。

同时,广告主开始思考一个最基本的问题:用户是否会因为 Banner 广告进入自己的网站,广告效果如何精准衡量?并寻找更加直接的衡量方式。1996 年,PPC 结算方式首次被 Planet Oasis 网站提出。随后,Open Text 推出了一个新颖的广告产品,网站拥有者可以付费将自己的网站插入到某些关键词的搜索结果中,定价方式为 PPC,按照点击付费,这被认为是第一个基于关键词的付费广告。1997 年，中国第一个 Banner 广告出现在 Chinabyte. com 上。1997 年 3 月 Chinabyte. com 获得第一笔广告收入，是 IBM 为 AS400 的宣传支付的 3000 美元。

最开始，PPC 广告的价格是固定的，平均每次点击的价格为 0.005～0.25 美元，转化效果很好，价格又相对便宜，越来越多的广告主投放这种形式的广告，竞争也出现了。为解决竞争问题，也为进一步提升收入，1998 年 GoTo. com 推出广义一阶拍卖（GFP）的广告，出价最高的广告主获得第一个位置，出价第二高的获得第二个位置，以此类推。如果用户点击了广告，系统就向广告主收取该广告的竞拍价格，GFP 使得广告平均点击价格达到了 1 美元。广告点击率的预估变得更加重要，广告只有被点击，系统才会有收益。如何精准地预估点击率或者寻找出用户最有可能点击的广告成为系统提升收益的一个增长点，该问题也是在线广告的一个经典问题，现在还在被持续探索研究着。

随着在线广告的发展，市面上存在定价方式不同的多种广告产品，广告主通过估算每次点击的费用（eCPC），可以衡量 CPM 和 CPC 之间的效果差异，然后选择 eCPC 最低的广告产品。但是由于 eCPC 逐渐升高，且用户的点击行为和广告主关心的最终转化仍存在一定距离，广告主开始更关注广告对最终转化的影响。1997 年，DoubleClick 提供了 CPA 的定价方式，按每一次行动付费，例如，只有广告导致了购买或者注册行为时广告主才需要付费。

20 世纪 90 年代后期，网站数量急剧增加，用户对搜索引擎的需求日益凸显，广告主在搜索引擎的推广力度也进一步加大。当时，市场上存在多家搜索引擎，广告主选择在哪几家搜索引擎上投放广告，判断的核心依据是网站流量大小和广告效果。搜索引擎为了获得订单，不断努力优化竞价机制、定价模式，提供更多的定向条件来满足广告主的需求。同时，也需要不断改进搜索引擎的自然搜索结果，自然结果是否能够满足用户需求，决定着网站流量的大小，进而影响广告主是否会来投放广告。

机制设计是其中最重要的一个优化方向，解决如何给广告排序以及如何收费的问题，广义一阶拍卖（GFP）存在不稳定的情况，例如对于某一个广告位，竞拍成功后，广告主 A 可以通过它获利 1 元，广告主 B 可以获利 0.75 元，如果没有竞拍成功，他们的收益为 0。这样 A 最多愿意出价 1 元，而 B 最多愿意出价 0.75 元，出价再高，就算竞拍成功，支付系统费用后也不会有收益。假设竞价系统设置的最低出价为 0.1 元,参与竞价的广告主最少出 0.1 元才能竞拍。最开始,B 出价 0.1 元,A 只需要多加一点,出价 0.11 元就可以获得广告位,这是 A 的最优出价,这样收益最大。同样,B 为了获得广告位就会加价到 0.12 元。获得广告位才会有收益,他们会不断重复下去。最后,当 B 出价到 0.75 元后,就不再愿意继续增加了,这个时候 A 可以继续出价到 0.76 元,得到位置。这时 B 会退出竞争,将竞拍价格设置为 0.1 元。由于广告主的出价即是需要支付给系统的费用,这个时候 A 如果调整出价到 0.11 元就可以获得位置,便可获得更大的收益。于是,A 会继续降低竞拍价格,而一旦竞拍价格降低,又会开始新一轮的竞争,如此循环往复。广义一阶拍卖的不稳定,对系统的长期收益也有损害。

2002 年 2 月,Overture(前身为 GoTo.com)首次推出了二阶竞价拍卖,收取的费用为排名下一位广告主的出价上浮一点,解决了广义一阶拍卖的不稳定性,这是拍卖机制发展过程中的里程碑事件。此后,大量的研究人员投入到如何设计最优的拍卖机制中,希望设计出稳定、激励兼容、效益最大化的机制。然而,现实困难重重,随着大家对机制的逐渐熟悉,出现一些非预期的策略行为,例如 Gap Jamming(Brandt and Weiss,2002),排名第二的广告主不断试探价格,直到刚好比第一名低一点,这样第一名就会以较高的成本获得竞拍,从而更快地消耗掉所有的预算。

2002 年 5 月,Google 上线广义二阶竞价拍卖,使用 PPC(之前都是使用 PPM)的定价方式,并引入了基于质量的二阶竞价拍卖,排序的模型为 $Q \times \text{bid}$,其中 Q 为 CTR 和其他质量因子的组合,包括对作弊行为的惩罚、落地页内容质量等。Yahoo 2007 年在 GSP 中也引入了质量因子。

2003 年,Google 推出了 Adsense,普通网站可以根据网站内容和受众做广告定向,然而也导致了大量点击欺诈行为的出现。网站主为了广告收益而故意人为地点击或者机器点击,搜索引擎中广告主之间恶意点击以消耗竞争对手的预算,从而降低市场竞争等都是比较常见的欺诈行为。2005 年,点击欺诈行为开始被关注,Google 广告系统上线了监测和阻止欺诈行为的功能。

对于营销人员来说,如何设置竞价策略也是一个重要的问题。在某个词下如何出价,以及在什么词下出价,不同的策略最后的收益差异很大。同时,如何将有限的预算分配到不同的投放策略中也极为重要。为此,2003 年,Google 发布了 Google Analytics,方便广告主更好地跟踪广告的详细信息。

随着市场竞争的加剧,广告推广的费用也相应提升,无论是广告主还是广告系统的设计者都在考虑如何提高广告的投放效果。2006 年,MSN 推出新的功能,可以根据用户历史行为定向潜在的购买者,然后推荐最合适的广告。

2009 年,移动互联网的应用不断增加,Google 收购移动广告公司 AdMob,开始将重点放在移动广告的解决方案上。之后随着点击价格的持续上升,广告主开始注重优化转化率。2010 年,Google 推出了 Remarketing 功能,进一步提升了广告的精准定向能力。2012 年,Google 的收入超过 500 亿美元,其中 95% 来自广告。

搜索引擎需要不断地提升收益,广告主需要尽可能地降低投放成本,普通用户需要得到满意的用户体验,广告系统中,无论是产品的交互、机制的设计、效果因子的计算还是不同定价模式的产品演变都是围绕着这三方的博弈在不断向前发展着。

1.4 社交媒体广告

社交网站是当今互联网中一类非常成功的应用网站,除了能让人们彼此联系和分享信息外,也为企业提供了一个可以精准触达巨大人群的平台。第一个社交网站是诞生于 1997 年的 SixDegrees.com,它允许用户建立自己的个人资料,也可以查看好友的资料,建立的初衷是为了帮助人们互相联系和彼此发送信息,但是由于没有合理的商业模式,2000 年就关闭了(Todi and Mrinal,2008)。

随后,在 2001 年,以帮助人们建立专业联系的社交网站 Ryze.com 诞生。紧接着,类似的网站 Friendster、LinkedIn 和 Tribe.net 也相继建立。2003 年,音乐类社交网站 MySpace 建立。2004 年 2 月 4 日,Zuckerberg 创建了 Thefacebook,至 2004 年年底,就已经拥有了 100 万的学生用户。2005 年,网站正式改名为 Facebook。YouTube 等其他网站也随后建立,并且迅速拥有了庞大的用户群。截至 2007 年,Facebook、MySpace 和 YouTube 三家公司就拥有 1.61 亿独立用户,相当于当时所有美国在线用户的 2/3。由于社交媒体可以获得大量的用户信息和个人兴趣,为广告更加精准的定向投放提供了非常好的平台,逐渐受到广告主的重视。

2004—2010年,Facebook、Twitter、Pinteres和Instagram等大量的社交网站建立,目前Facebook已经是全球最大的广告公司之一。接下来通过Facebook的广告发展史来了解社交网站的广告如何发展变化。

最开始,Facebook推出了一个名为Flyers的功能,可以让学生和本地商家按照每天10~40美元不等的价格在首页发布一个展现广告,这也是Facebook当时最重要的收入来源。后来它将Flyers升级为Flyers Pro,推出了基于CPC的竞价模式,并且增加了性别、年龄、地域、教育状况等一系列定向条件。Facebook的第一个大客户是赌博公司Party Poker,它通过CPA的形式购买广告,为每个在赌博账户至少充值50美元的新用户支付300美元,这个订单让Facebook每个月可以赚60 000美元。2005年,Facebook迎来了另外一个大的广告主Apple,Apple愿意为自己群组中每个成员每个月付费1美元,用户的增加为Facebook带来了一大笔收入。

2006年,Facebook开始对所有年满13周岁的人开放使用,快速增长的用户数量吸引大量公司积极寻求和Facebook合作。为此,Facebook推出了Banner广告和付费链接广告。2007年,Facebook推出了移动版本,对小屏幕的阅读体验做了专门的优化。2008年,任何一个商业实体都可以在Facebook上免费创建一个主页,可以在主页做广告来推荐自己的商品。同时,移动端增加了可以评论好友状态的功能。Facebook逐渐发现了社交媒体的广告优势,不断地升级定向功能,推出语言和地理位置的定向等功能。

2010年,Facebook开始推出移动App。2011年,用户在News Feed中可以看到广告,并且广告主可以选择突出显示用户的某些操作。2012年,Facebook首次推出了移动端的广告,并且开始逐步建立用户的社交图谱,用户在社交平台上的行为都会被记录进入社交图谱,用于后期的兴趣定向。随后Facebook推出了自己的Ad Exchange平台。

2013年,定向技术进一步提升,Facebook先后推出了Lookalike功能和Retargeted功能,前者可以让广告主找到和指定用户相似的用户群体,后者可以针对老客户精准定向投放。

国内的社交媒体也在快速发展,早在1999年,腾讯就推出QQ。2005年,人人网的前身校内网成立,仅比 Facebook 的成立晚一年。2008 年,开心网成立。2009 年,新浪微博成立。2011 年,腾讯推出微信,并在 2013 年腾讯广点通和微信共同推出公众号广告。现今,社交媒体广告的价值已经被国内外营销人员所认可和重视。

2006—2007 年,戴尔的市场份额因受到惠普和联想的激烈竞争而下降。为此,戴尔希望推出更加环保的产品,让企业的形象更具社会责任感,以此来恢复形象,提高盈利。戴尔在 Facebook 上创建了一个艺术应用程序,用户可以设计和提交自己的作品,题目为"绿色对你意味着什么?"用户在创建和提交作品的时候,都会有戴尔的标记展现,以此让用户将戴尔和绿色环保联系起来。这个活动并没有直接做广告,但是它依赖用户数量超过 800 万的涂鸦社区,通过口口相传,取得了非常好的推广效果。

口口相传被认为是社交媒体营销的一大利器。用户会选择忽略网站和应用中的广告区域,却愿意相信来自朋友、家人、粉丝以及社区其他人的推荐,基于口口相传的营销模式也不断被探索。国内外社交媒体公司都在尝试和电商平台合作,希望打通从社交到购买的所有触点,以便提供更加高效的营销模式。

1.5　视频广告

1941 年 5 月 2 日,美国联邦通信委员会向电视台颁发了商业许可证。同年 7 月 1 日,Bulova 以 9 美元的价格,向纽约市的全国广播公司 NBC 旗下的电视台购买了棒球赛播出前的 10s,内容十分简单,一支 Bulova 手表显示在一幅美国地图前面,搭配公司口号"美国以 Bulova 时间运行",这被认为是第一个合法的电视广告。在随后的几十年里,视频类型的广告效果逐渐被认可。

互联网产生后,在线视频类广告的规模不断扩大,2017 年视频广告的支出达到 119 亿美元。YouTube 作为全球最大的视频类网站之一,它的广告类产品变迁从某种程度上反映了全球视频类广告的发展变化。下面本书整理了 YouTube 广告类产品发展历史中的部分重要事件,从中可以了解视频类广告的发展趋势。

Paypal 的三位员工——Steve Chen、Jawed Karim 和 Chad Hurley 一起出去吃饭,

Karim 通过数码相机记录下了一些当时的情景。后来 Karim 试图与朋友们分享视频,但是发现互联网上并没有非常方便的途径,便萌生自己搭建一个网站来分享视频内容的想法。于是 YouTube.com 在 2005 年 2 月 15 日诞生了,同年得到 Sequoia Capital 的投资。2005年 12 月正式推出,当时每天有大约 800 万的视频被观看。

一开始 YouTube 发展并不是很顺利,2006 年 2 月,由于视频的版权问题,NBC 要求 YouTube 撤下 NBC 公司的视频内容。2006 年 8 月,YouTube 推出品牌频道和 PVA (Participatory Video Ads),品牌频道允许公司创建自己的节目来积累观众并且用户可以对视频进行转发、评论等。YouTube 的价值开始被版权方重视,逐渐有公司和它寻求合作。10 月 9 日,Google 以 16.5 亿美元的价格收购了 YouTube 网站。

2007 年 8 月,YouTube 推出 InVideo 广告,可以将一个图片广告显示在 YouTube 视频播放器的底部,用户播放视频的时候,就能看到广告。同年 12 月,YouTube 推出合作伙伴计划,视频的创作者通过在平台发布视频内容,可以通过广告和订阅的分成获利。这一阶段产生了大量的网红歌手,例如大家比较熟悉的贾斯汀·比伯,他童年时期在剧场门口进行音乐表演,积攒了一些人气。2007 年年底,为了让一些不能出席他表演活动的家人和朋友看到自己,他和母亲在 YouTube 上上传自己的视频和翻唱的歌曲。一年之后,他现在的经纪人无意中看到这些视频,并很快带他和 R&B 歌手亚瑟小子签约。如今,贾斯汀·比伯已经是美国的当红歌手,在最近几年福布斯公布的 30 岁以下的名人收入排行榜上一直保持着前 10 的成绩。

2008 年,YouTube 推出 Insight 工具,视频创作者可以看到如观看时间、流量来源等更加详细的视频信息。同年 10 月,YouTube 推出 Click-To-Buy 的电子商务平台,通过 YouTube 的精彩内容吸引用户,用户可以在该平台轻松地点击购买一些产品,例如歌曲和电影。

随着视频平台广告的崛起,相关部门也推出了相应的视频广告标准,以规范行业发展。2008 年,IAB 推出了视频广告标准 VAST。同时年 11 月,YouTube 推出前贴片广告。2009 年 IAB 推出了交互式广告的标准。同年 11 月,YouTube 推出可跳过的前贴广告。

2010 年 3 月,YouTube 推出移动广告。同年,获得印度板球超级联赛的转播权,开始进军直播市场。一年之后的 4 月,YouTube 上线了自己的直播平台。之后,YouTube 不断细分视频市场领域,推出有针对性的产品,希望不错过任何拥有大量用户的市场热点。2012年1月,YouTube每日视频观看量已经达到40亿次,美妆、段子手、游戏等很多领域的博主都在YouTube上取得了成功。

在中国,2002年,CAS为电影《英雄》做了30s的宣传片,被业内认为是中国首个网络视频广告。2005—2006年,中国视频类网站激增,这些早期的视频网站,都分别进行了各具特色的在线广告探索。2008年,中国网络视频用户规模已经达到2.3亿,广告市场潜力巨大。2009年,中国网络视频广告行业因监督更加严格而变得日趋规范。同年,国家加大了网络视频内容版权的监控,网络视频的发展也越来越规范。

这期间,广告从业者和研究人员对视频广告的时长、投放方式、内容创意以及效果衡量等方面做了大量分析。移动互联网的发展,让用户每天要面对多个屏幕,时间进一步被瓜分,如何对合适的人在合适的时间投放合适的内容成为视频类广告的主要算法思想。同时,广告数据欺诈行为也开始受到广泛关注,直到今天,这个问题依然存在。

1.6 在线广告优势

在线广告相对于传统广告有很多优势,下面介绍几个最具代表性的优势。

(1)触达全球所有用户。全世界所有的计算机网络通过统一的通信协议连接到一起,无论在什么国家什么地区,冲浪的人都可以在同一个页面浏览同一条新闻,也可以在同一个网站讨论同一个话题,甚至可以成为朋友,互联网打破了地理位置的限制。网络中各种服务都是通过机器来提供,机器可以24小时不间断地工作。因此,对于广告主来说,网络是一个不受空间地理和时间限制、可触达全球用户、传播范围广、广告影响力大的媒介。

(2)互动性更好。在线广告除了曝光广告本身的创意外,往往都可点击,如果用户对广告内容感兴趣,通过点击广告就可以了解更详细的信息,甚至可直接完成购买。广告形式可以是图片、文字、视频或者声音,样式更加丰富,部分广告还支持互动和转发。这些特点让广告和普通用户的距离更近,体验更好。

(3)精准定向。在线广告可根据各种用户信息来定向用户,从而进行更加精准的广告投放。例如搜索引擎广告系统支持只有当用户搜索"鲜花"的时候才投放"鲜花快递"的广告，广告主也可以把自己的"宠物"类广告，只投放在网页内容和"宠物"相关的网页上，这些操作都能让广告主避免不必要的浪费。在线广告系统一般也提供基于地理位置、人群统计画像、兴趣、时间、设备等更多种类的定向条件，广告主可以实现更精细的定向投放。

（4）效果可以追踪。传统的电视广告和杂志广告无法跟踪到广告的具体效果，无法衡量效果就无法做更多的优化和改进。而在线广告，可以收集用户更多的信息，广告的曝光、点击、购买、转化都能被记录下来。用户在广告主网站内部的行为数据也可以整理成更形象的数据呈现给广告主，广告主可根据这些信息来设置投放计划，并且可以通过线上的对比实验来不断改进广告投放的策略，从而在预算固定的情况下取得更好的 ROI。

（5）广告主发布广告更容易，价格更低廉。传统的广告媒介，如电视、报纸等，广告的制作成本高，时间周期长。如电视广告片的拍摄，需要在作曲、演奏、配音、剪辑、合成等多方面投放大量的资金，且一旦发布就很难修改。而在线广告制作广告创意的要求相对较低，普通的非专业人士都能快速制作出一个满足标准的广告，广告发布后也可以修改，有些系统甚至支持随时修改。另外，网络可以接触到比传统媒体更庞大的受众人群，但价格却比传统媒体低很多。

（6）更多的广告主可以使用。传统媒体一般非常昂贵，并非所有的广告主都可以承担，而在线广告价格相对低廉，不同的广告主可根据自己业务的利润空间来选择不同的广告产品，并且很多广告平台几乎没有消费下限。在线广告也可以按照广告的效果付费，广告主只有在广告有效果的时候才支付一定的费用，这样更多中小广告主可以更放心地投放在线广告。

（7）未来发展空间巨大。社交网络的广告让普通用户和广告进行更多的互动，用户可以转发、评论、点赞和关注广告，广告除了本身的效果外，也会有社交加成效益。如果用户关注了广告主的账号，那么后期广告主就可以和对品牌感兴趣的用户做更多的互动交流，广告的收益是持续的。广告样式也有很大的改进空间，例如较新出现的用户可以玩的广告形式，用户体验可能会更好。用户的定向技术也在不断迭代改进中，在预算固定的情况下，可提供更好的广告效果，甚至在整个营销链路上都能对广告主有所帮助。并且，互联网不断有新应用和新技术产生，VR 技术、人工智能技术都会给在线广告提供新的投放场景和更多的想象空间。

1.7　在线广告规模

2016 年,中国在线广告市场规模达到 2902.7 亿元,同比增长 32.9%。2017 年中国在线广告市场规模达 3828.7 亿元,预计到 2019 年中国在线广告市场的规模将突破 6000 亿元。在经过多年的高速发展之后,未来两年在线广告市场规模仍将保持较高水平,但增速将略有放缓。

随着中国移动互联网的快速发展,移动广告也迅速崛起。2016 年,中国移动广告市场规模达到 1750.2 亿元,同比增长率为 75.4%,发展势头依旧强劲,增速远远高于在线广告市场增速。2017 年第二季度,在移动广告市场上,阿里巴巴、百度、腾讯收入占比达 76.3%,市场集中趋势明显,预计到 2019 年可以接近 80%。其中阿里巴巴的收入占比最高,其次是百度,腾讯第三。阿里巴巴主要围绕电商生态展开,通过大数据算法不断驱使转化率的提升,百度主要收入来源是搜索类营销,腾讯则是以社交为中心的泛娱乐产业。

在 2018 年中国互联网大会上,中国互联网协会发布的《中国互联网发展报告 2018》显示,截至 2017 年底,中国网民规模达 7.72 亿,手机的网民规模达 7.53 亿,手机已经成为最主要的上网工具。伴随着用户注意力向移动端的转移和精准化投放技术的升级,移动广告的投放效率将不断提高。未来几年移动广告在整体在线广告中的占比将持续增大,预计2019 年该占比将接近 80%。

参考文献

BRANDT F,WEISS G,2002. Antisocial Agents and Vickrey Auctions[J]. Intelligent Agents Ⅷ,2333:335-347.

BRIGGS R, HOLLIS N, 1997. Advertising on the Web: Is there Response Before Click-through? [J]. Journal of Advertising Research,37(2):33-45.

Commercial Advertising in China[EB/OL]. [2017-08-06]. http://depts. washington. edu/chinaciv/graph/

tcommain. htm.

FAIN D,PEDERSEN J,2006. Sponsored search：A brief history[J]. Bulletin of the American Society for Information Science and Technology,32(2)：12-13.

Google Launches Self-Service Advertising Program[EB/OL]. [2017-06-13]. http：//googlepress. blogspot. com/2000/10/google-launches-self-service. html.

History of Monetization at YouTube[EB/OL]. [2018-08-02]. https：//sites. google. com/a/pressatgoogle. com/youtube5year/home/history-of-monetization-at-youtube.

JANSEN B,MULLEN T,2008. Sponsored search：An overview of the concept,history,and technology[J]. International Journal of Electronic Business,6(2)：114-131.

KeywordAdvertising[EB/OL]. [2018-08-17]. https：//en. wikipedia. org/wiki/Keyword_advertising.

Marketers Think the 6-Second Pre-Roll Spot Is the Best Digital Video AdFormat[EB/OL]. [2018-08-06]. https：//www. adweek. com/tv-video/marketers-think-the-6-second-pre-roll-spot-is-the-best-digital-video-ad-format/.

MCAFEE R P, MCMILLAN J, 1987. Auctions and Bidding[J]. Journal of Economic Literature, 25：699-738.

MSN Adds Behavioral Targeting To Search[EB/OL]. [2018-08-17]. https：//www. mediapost. com/publications/article/47728/msn-adds-behavioral-targeting-to-search. html.

TAVOR T,2011. Online Advertising Development and Their Economic Effectiveness[J]. Australian Journal of Business and Management Research,1(6)：121-133.

TEMPLETON B,2008. Reflections on the 25th Anniversary of Spam[EB/OL]. [2017-06-14]. http：//www. templetons. com/brad/spam/spam25. html.

The History of Facebook Advertising[EB/OL]. [2017-08-15]. https：//blog. hubspot. com/marketing/history-facebook-adtips-slideshare.

The History of Online Advertising[EB/OL]. [2018-08-17]. https：//www. adpushup. com/blog/the-history-of-online-advertising/.

The History of SocialNetworking[EB/OL]. (2014-08-04)[2017-08-06]. http：//www. digitaltrends. com/features/the-history-of-social-networking.

This Is the World's First TV Ad[EB/OL]. [2017-07-12]. https：//mashable. com/2013/08/01/first-tv-commercial-bulova-video/♯RWkbTQpKCkqG.

TODI M,2008. Advertising on Social Networking Websites[J/OL]. Wharton Research Scholars,52. [2017-08-12]. http：//repository. upenn. edu/whartonresearchscholars/52.

CNNIC 年中报告：移动端全面吞噬 PC,互联网向农村渗透,社交网络大迁徙[R/OL]. [2018-08-16]. https：//36kr. com/p/213953. html.

IAB：2017 年全球数字广告市场达到 880 亿美元,同比增长 21%[EB/OL]. [2018-08-02]. http：//www. 199it. com/archives/722518. html.

2009 年中国正式进入 3G 时代[EB/OL]. [2018-08-17]. http：//tech. qq. com/a/20090909/000253. htm.

2017 中国移动游戏市场发展报告：收入超千亿,用户数达 5.5 亿[R/OL]. [2018-08-17]. http：//www. sohu. com/a/214642671_115479.

2018 年我国移动广告行业市场份额、收入规模及未来增速分析[EB/OL].[2018-08-08]. http://free. chinabaogao. com/chuanmei/201803/0363233932018. html.

2018 年全球移动视频广告支出将达 180 亿美元[EB/OL].[2018-08-15]. https://www. digitaling. com/articles/39203. html.

宋乐怡,宫学庆,张蓉,等,2013. 在线广告投放系统及技术的演变[J]. 上海：华东师范大学学报（自然科学版）,3：107-117.

史上最全最详细手机发展史[EB/OL].[2018-08-17]. http://www. sohu. com/a/204850736_257861.

手游收入去年首超 PC 主机游戏[EB/OL].[2018-08-07]. https://top. sina. cn/zx/2017-07-14/tnews-ifyiakur8930565. d. html? vt＝4.

支付宝大事件[EB/OL].[2018-08-07]. https://ab. alipay. com/dashiji. htm.

中国网民已达 7. 31 亿,2016 年互联网的最全分析在这里[EB/OL].[2018-08-08]. http://tech. ifeng. com/a/20170122/44535194_0. shtml.

全球安卓 APP 付费下载仅 1‰ 移动广告成救命草[EB/OL].[2018-08-08]. http://tech. qq. com/a/20111123/000295. htm.

抖音全球月活跃用户数突破 5 亿[EB/OL].[2018-08-07]. http://finance. people. com. cn/n1/2018/0717/c67737-30153417. html.

第2章

广告样式与创意

2.1 主流广告样式

在线广告在不同终端上的呈现方式五花八门,本节主要介绍在 PC 端和移动端比较常见的一些广告样式。

2.1.1 PC 端广告样式

PC 端的广告样式很多,综合考虑用户体验和广告效果,本节介绍其中 3 种最经典的类型:Banner 广告(见图 2.1)、文字链广告(见图 2.2)和富媒体广告(见图 2.3)。

Banner 广告(横幅广告)是最早出现的在线广告样式之一,需要嵌入到网站中,占据网站一定的版面,点击横幅广告后系统就会跳转到广告主设置的落地页面。图 2.1 就是 Banner 广告的一个例子,通过告知用户相关产品的特点,以图片等形式吸引用户点击,这是一种非常类似传统广告的广告样式。早期 Banner 广告的点击率可以达到 40%,但是随着这种样式的泛滥,用户对它开始无视或反感,现在 Banner 广告的点击率已经非常低了。

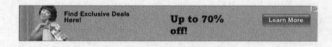

图 2.1　Banner 广告示例

文字链广告最早出现在 1993 年,比 Banner 广告出现的还早,后被搜索引擎发扬光大。只有文字和链接,这种广告样式对用户干扰最少,用户更容易捕获到广告的核心信息,简短且有表现力的一句话就有可能取得很好的广告效果。图 2.2 是文字链广告的一个示例。

图 2.2　文字链广告示例

Banner 广告主要通过图片的形式来展现,文字链广告主要载体是文字,富媒体广告则提供了更多的方式来吸引用户,例如展开、弹出、浮动,通过视频、音频或其他元素来鼓励用户观看、与内容互动。富媒体广告的表现形式非常多,图 2.3 是其中的一种。

图 2.3 富媒体广告示例

2.1.2 移动端广告样式

目前移动端的广告样式并没有完全标准化,种类繁多,且广告样式本身就是在线广告需要不断探索的一部分,并没有确切的分类和标准。不同媒体应该根据自身产品的特点设计适合自己产品的广告样式,总体原则是不引起用户的反感且能获得理想的广告效果。本书只介绍一些比较常见的广告样式。

1. 插屏广告

插屏广告是其中最常见的样式,这是在用户打开某个频道、应用或者暂停、退出应用时,弹出的一种广告样式。这种广告避开了用户正常使用应用的时间,可以保障正常的用户体验,并且尺寸大,视觉冲击力强,所以可以取得很高的点击率。

图 2.4 是在打开应用中某个频道的时候弹出的一个插屏广告,图 2.5 是在暂停视频观看的时候弹出的一种插屏广告,这两种广告对用户的影响都比较小,也是比较常见的广告样式。

图 2.4 插屏广告示例

图 2.5 视频暂停广告示例

2. 开屏广告

开屏广告最早起源于苹果的 Launch Screen,设计之初主要是为了更好的用户体验。在启动应用的时候,Launch Screen 能快速替换掉应用的第一个屏幕,从而给用户一种应用运行流畅的感觉,当时官方还强调了不要用于广告。但无论是开屏的时间点,还是Launch Screen 的全屏展现效果都非常适合投放广告,所以国内大多数应用都做了开屏广告,图 2.6 是其中一个例子,这是一个不可避免的趋势。一般来说,开屏广告按照图 2.7 所示的流程工作,开机的时候随机展现缓存中提前缓存下来的广告内容,当用户打开应用时,再同步获取新的广告物料信息到缓存。这种广告一般按天售卖,且卖的价格比较高,有些应用还支持按地域定向投放。

图 2.6 开屏广告示例

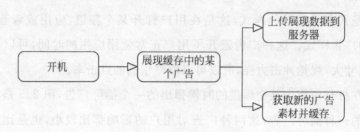

图 2.7 开屏广告流程图

3. Feed 流广告

现今,Feed 流广告已经是一种常见的广告类型,除了在具有媒体属性的社交应用和新闻资讯类应用中大量存在外,在搜索、浏览器、日历、天气、词典等工具类应用中也开始出现。这类广告的主要特点是可以很好地融入到应用的内容中,做到广告即内容,对用户体验的干扰较低。且这类广告一般支持通过大数据技术做人群定向,将广告推送给对它感兴趣的人群,这又更进一步降低了对用户的干扰。图 2.8 是新浪微博中的一个 Feed 流广告示例。

微信朋友圈广告也是一种 Feed 流广告,它以类似朋友原创内容的形式在朋友圈中展现,用户可以通过点赞、评论等方式和广告互动,广告内容也和普通的朋友圈内容一样。区别于其他类型的 Feed 流广告,用户只能看到朋友和广告之间的互动,具有很强的引导性,朋友的互动更容易引起基于社交关系的传播,带来除了单纯曝光效果外的社交加成效应。图 2.9 是朋友圈广告的一个示例。

图 2.8 Feed 流广告示例

图 2.9 朋友圈广告示例

4. 电商类搜索广告

另一种必须提及的广告类型是电商类搜索广告,电商类的搜索场景非常接近用户的最终购买点,类似 PC 传统的搜索引擎。电商类应用也推出了基于搜索的广告形态,图 2.10 是淘宝的直通车广告。在选定的关键词下,广告主通过竞价的方式来获得展现机会,按点击收费,收取的费用近似

$$\frac{bid_{next} \times Q_{next}}{Q_{ad}}$$

其中,所有广告基于 $bid \times Q$ 来排序,排名最高的广告主获得广告展现机会,bid 是广告主设置的竞拍出价,Q 是广告的质量得分,综合考虑相关性、创意和用户体验等因素。bid_{next} 是排名下一位广告主的竞拍出价,Q_{next} 是下一位广告的质量得分,Q_{ad} 是获胜广告本身的质量。拍卖采用的是二阶竞价的方式。可以看出,相同的竞拍出价,广告本身的质量越高,就越有可能竞价成功。

5. 视频类广告

视频类媒体最主要的广告样式是在视频播放前、播放中、播放后插入一段视频,分别称为前贴、中贴和后贴,这些样式我们已经非常熟悉,在各大视频应用中都可以看到。自从 YouTube 引入了 TrueView 广告,用户在观看 5s 后可以选择跳过该广告,国内很多视频类媒体也开始出现这类 TrueView 广告形式。图 2.11 是优酷视频的一个前贴广告。另外,短视频由于本身内容就比较短,一般采用原生的形式插入广告,即广告也作为一条短视频内容呈现。图 2.12 是抖音中的一个视频类广告。

图 2.10　淘宝的直通车广告

图 2.11　优酷视频的一个前贴广告

6. 冠名广告

冠名广告是在一些比较知名的产品或栏目中出现的一种广告,图 2.13 是微博热搜榜中出现的冠名广告,vivo 手机的产品内容集成到微博热搜榜的 Logo 中,这类广告一般搭配其他资源一起售卖,并且定价较高,主要对象是一些大型的品牌广告主。

图 2.12　抖音中的一个视频类广告　　　　图 2.13　冠名广告示例

　　移动设备多种多样,应用市场上的应用类型也千差万别,优秀的广告样式仍然需要不断探索。Google 在 AdMob 平台中推出的可玩广告做成了一个可以互动的游戏,用户可以和广告做更有趣的互动交流,这是非常有潜力的一种广告样式,互动性强,效果好。一般做成激励广告,例如游戏类应用的开发者可以把这类广告集成到应用内部,玩家可以通过播放广告获得额外的生命或者提升角色的力量。

2.2　技术驱动营销

　　菲利普·科特勒在《营销革命 4.0》中将客户的购买路径归结为了解、吸引、问询、行动和拥护。了解阶段,客户被动地接受多方信息,企业的广告和其他用户的口碑在这个阶段很重要;吸引阶段,客户将已知的信息加工成短期记忆或者长期记忆,随后会锁定几个特定的品牌,在这个阶段,有惊叹元素的品牌更容易被记住;问询阶段,客户受到好奇心的驱使,积极地跟进那些吸引他们的品牌,从家人、朋友、媒体甚至直接从品牌那里了解更多的信息;客户一旦在问询阶段确认到足够的信息,就会进入行动阶段,下定决心购买;随着时间的推移,部分客户会对品牌产生强烈的忠诚度,反映在留存率、再购买率和最终的拥护上。这个过程被称为

5A 架构,它适用于所有的产业,用来描述客户行为时,它能更真实地反映客户的购买过程。

数据可量化是在线广告天然的基因,广告投放过程中,我们能够很容易地获得广告的曝光和被点击次数,也可以详细地记录用户与广告的互动详情,甚至可以收集用户在广告落地页中的行为数据。从了解阶段到拥护阶段,每一个阶段的转化率都可以衡量,这些信息对营销人员非常重要。例如,吸引阶段的转化率不足,表明了解这个品牌的用户没有被产品吸引,原因可能是产品的定位和营销活动较差,解决这些问题就能提升吸引阶段的转化率。吸引到问询阶段的转化率低,则表示用户没有产生足够的好奇心,他们不想进一步了解和问询这个品牌。如果营销人员能及时发现每个阶段的不足,有针对性地投入资源、改变策略,整个营销过程将会更加高效。

从更细的粒度来看,通过设置不同的试验,将广告投放到不同频道或者投放给不同人群,统计这些试验的效果差异,便能获得更多信息。广告主根据这些试验的结果,可以了解到广告在不同人群或平台投放的优劣程度,进而对市场有更加量化的感知,及时地调整投放策略,以获得更多的收益。另外,广告系统有大量的定向信息可以被跟踪分析,如地理位置、性别、职业、年龄、兴趣等。广告系统一般都会结合线上和线下流程,对这些信息做大量的整理分析,很多情况下,可以用来优化当前系统的投放转化率。其实这些数据的价值远远没有被挖掘出来,广告系统需要和营销深度对接,整理分析营销核心触点中的信息,与营销人员沟通共享,参与到营销活动的全流程中,Facebook 和 Google 已经在推进类似的工作。

未来的在线广告,会进一步整合各种技术,广告的职责也会随之发生变化。不仅仅是帮助广告主将广告投放给最合适的人群,而是渗透到营销的关键环节,通过数据驱动的技术,在整个营销链路上优化资源配置,调整投放策略。对广告的理解,也将不再局限在投放逻辑和广告样式本身上。

2.3 广告样式发展趋势

网络拉近了大众的距离,让地理位置上隔离的人可以在一起讨论、交流和娱乐。连通性的增加,使网民能更便利地获取企业和产品信息,他们可以看到品牌更真实的面貌,对广告内容不再照单全收,而更愿意和亲人、朋友交流信息,或者向网友征求意见,参考网络上其他网友对品牌和产品的评价后才会做购买决定。企业失去了在营销活动中的绝对主导权,只在报纸或者电视上做一个广告就可以获得较好转化效果的时代已经过去,企业需要尝试更多途径和方法来推广品牌。

与此同时,网民在网络上遇到与品牌相关的有趣内容时,有可能会进一步探索,从而发现内容背后隐藏的更多企业品牌信息,并可能最终垂青这一品牌。内容营销就是通过制造有趣、贴切、有用的内容,让特定的用户群展开有关企业内容的对话,甚至主动传播推广。在生硬的广告效果越来越差的同时,有趣的内容更容易吸引用户浏览并传播。通过更加深度地挖掘社交网络的特性,利用它的优势来触达用户,已经成为很多营销人员的选择,越来越多的企业加大内容营销的投入。

除了社交网络,广告主还可在传统媒体网站、搜索引擎和视频网站等平台推广企业信息。随着移动互联网的快速发展,出现了更多可供选择的营销渠道。

自 Nike 以 2000 万元的价格拿下微信跳一跳的第一个广告,小游戏的商业化潜力开始被大家重视。截至 2018 年 7 月,微信的小游戏 DAU(日活跃用户数)已经达 2000 万,月流水超过 1 亿元,小游戏的用户画像比传统的游戏更广,为游戏厂商提供了新的导流渠道。短视频也异常火爆,抖音的日活跃用户数已经达 1.5 亿,用户在抖音上消耗的平均时间也很长。Video Feeds 类型的广告,只要内容新颖,就能获得非常好的效果,已经是企业非常关注的营销场景。

VR 技术也为广告的形式提供了新的可能,虽然目前只是在个别领域试水,但为广告创意注入了新的血液。随着人工智能的高速发展,智能音箱等产品走进越来越多人的生活。新的交互方式也为广告提供了新的战场,并且未来还会有更多的新鲜领域进入大众的视野。

传统电商也在加速商业化的节奏,由于离用户的最终购买点很近,电商广告的市场份额还会持续增加。智能电视广告正在逐步蚕食传统媒体的广告市场份额。大量的移动App 也在努力寻求流量变现的途径。

广告可以投放的渠道越来越多,广告形式也千差万别,广告主为了获得市场先机,需要跨平台,在更多场景中推广企业信息。然而,将广告物料整理成符合各渠道要求的格式是一项异常繁重的工作。因此,广告公司在不断地探索如何让样式更加标准、通用,如何更高效地生产创意。Google 成立了创意部门 The Zoo,Facebook 同样也成立了创意小铺 The Creative Shop,这些都是为了帮助广告主进一步提升广告生产效率。Facebook 的 Audience Network 还可跨各种设备,在多种类型的视频和展示型广告版位上投放,样式包括原生广告、插屏广告、奖励式视频广告和视频插播广告等。不论版位类型如何,广告主都无须创建和上传新的创意素材,系统会使用与广告主的 Facebook 广告相同的创意素材,自动渲染出符合各种创意格式的广告,做到格式标准化和生产自动化,还可以通过数据自动选择出最合适的创意元素。这一方向,也是广告创意发展的大势。

2.4　程序化创意

程序化创意是当前提升在线广告创意生产和投放效率的主流方法,本节和 2.5 节将对程序化创意和动态创意优化做简单介绍。

2.4.1　程序化创意的缘由

广告主投放广告前,需要先按照媒体要求的标准提前准备好广告物料,然后在媒体的广告平台或者中介提供的管理平台中提交这些物料信息。如果广告主希望广告能在多个媒体上同时投放,就需要修改广告物料以满足不同媒体平台的格式要求,这个工作非常费时费力。移动互联网中,媒体和平台相对 PC 端更加多样,并且多数情况下广告主需要跨媒体、跨平台投放广告,物料调整的难度大大加剧。

广告投放效果的相关因素中,创意的优质程度占比很大,好的创意更能吸引和打动用户。如果广告只有单一的创意,对所有的人都投放相同的广告,甚至对同一个人反复投放相同创意的广告,多数情况下,很容易引起用户的反感,一般广告投放系统只是通过对投放频次的控制来简单地缓解这个问题。然而,不同的人看待同一件产品或者服务的角度可能会有差异,例如,有些人更在意品牌,有些人则更在意价格,而往往同一款产品会同时有不同角度的亮点,如果能对不同的人曝光不同的创意信息,广告势必可以进一步吸引用户的眼球。

前期广告记录的日志数据多集中在投放数量、投放人群、广告详细效果等方面,而广告的物料信息或者物料中更细粒度的元素信息记录很少,因此通过数据很难确定广告创意中不同元素的效用,也很难对广告创意的优化给出指导。程序化创意被提出,就是希望解决这些问题。

2.4.2 程序化创意

程序化创意(Programmatic Creative)就是通过一系列的广告技术,将广告创意生产过程尽可能地程序化,以提升广告的制作、试验、优化调整以及规模化等方面的效率,降低人力成本,提升广告效果。

首先要解决广告创意如何规模化生产的问题,其中一种方法是通过将创意模板化,创意中不同的元素可以调整、替换。如图 2.14 所示,子图 1 和子图 2 是同样的模块,包括一个图片和右侧的一行文字,通过修改子图 1 中的文字就可以得到子图 2 的广告创意,通过调整子图 1 中的图片就可以得到子图 3 的广告创意,这样,通过对原始模板中元素的不断调整、替换就可以创造出很多创意。子图 4 和子图 1~3 是尺寸相同的广告模板,但是文字和图片的相对位置发生了变化,所以,通过调整模板元素的相对位置也能产生新的广告模板。根据不同广告位的大小来设置不同尺寸的模板,增加不同的元素就可以得到新的不同模板,调整模板中元素信息的相对位置也可以生产出不同的模板,改变模板中元素的内容就可以快速生产大量的广告创意。

创意元素可以动态调整,让广告创意的个性化曝光成为可能。广告主可以通过调整模板元素信息,为不同的人群设置不同的广告创意。例如,可以根据用户的性别,对创意背景颜色做不同的调整,男士用一些比较冷的颜色,而女士使用一些较暖的颜色。同时,部分广告元素可以做到实时获取,例如一个某航班机票信息的广告,其中一个元素是当前的票价,这个票价就可以通过程序的方式不断地获取最新的信息,从而给用户更好的体验。一般来说,可以被动态调整的创意数据有时间、地点、设备信息、天气信息、广告位信息和内容定向

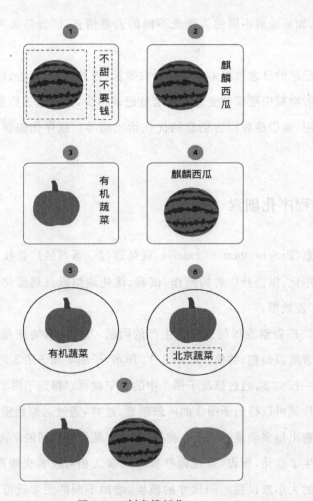

图 2.14 创意模板化

信息、行为定向信息、重定向信息和人群的统计画像等。

Google 推出的 UAC(Universal App Capmpaigns)广告,就可以从广告主在 Google Play 应用商店的 App 展示页面中提取图片、视频以及文字描述,并生成适用于不同传播载体的广告格式。广告生成后,系统还会自动对广告内容进行优化调整,通过不同的对比实验,尝试不同创意方案,以使该 App 被安装数量最大化。

程序化创意可以进一步提升广告的生产效率,也为提升广告投放效果提供了更多可用信息,是广告创意发展的一个必然趋势。

2.5 动态创意优化

动态创意优化(Dynamic Creative Optimization,DCO)是指基于大数据的分析技术,在某一个广告位上,根据不同的人群和场景展现出不同的广告创意,基于历史数据的统计分析和对比实验,通过算法来筛选或者预测效果最好的创意或者创意元素。如图 2.15 所示,动态创意优化属于程序化创意的一部分,主要的目标是优化创意或者创意元素,使得广告的效果更好。

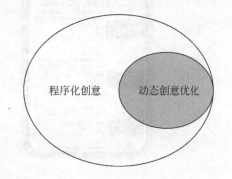

图 2.15 程序化创意和动态创意优化的关系

每个人都有不同的喜好和需求,同一个广告,如果能根据个人喜好,展现出广告产品最有可能吸引用户的一面,势必可以提升广告的点击率。一个店铺一般有大量不同的商品,如果能根据不同的人展现不同的商品广告,必然比千人一面的广告效果要好。根据不同的人展现不同的动态创意,其实由来已久。早期,广告主就开始利用重定向技术来对曾经在网站内部发生过浏览、加入购物车或者购买等行为的用户再次投放相同产品的广告,直到现在也仍然是一种有效的投放技术。图 2.16 是一个例子,我们在苏宁易购上搜索某机械键盘后,再到西瓜视频上浏览视频,就会出现苏宁易购的广告,并且创意图片就是我们浏览过的键盘。

更多的时候,我们并不知道用户的喜好,例如某个按钮的颜色是否合适、展现的文字内容是否吸引人、创意类型是多图还是大图加文字更好。非常多的因素会影响到用户对广告的态度,但是多数情况下,我们没法提前知道这些因素是如何影响用户的。一种比较常用的方法就是在线的 A/B testing。如图 2.17 所示,某一个广告位的某一种创意模板包括一张图片和右边的一段文本,通过改变文字和同时改变文字和图片,我们可以得到两个新的创意。但是事先并不知道哪个创意更适合投放,于是将这三个创意分别展现一段时间来对比它们的平均点击率,最后发现第三个创意的平均点击率最高,用户更愿意点击,所以选择最后一个创意来投放,这就是通过对比实验来选择最优广告创意的思路。

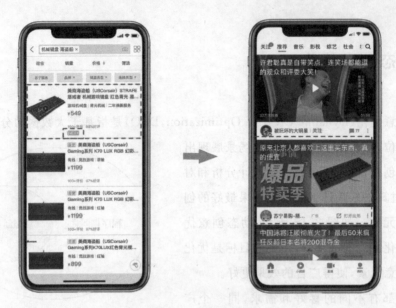

图 2.16　重定向创意

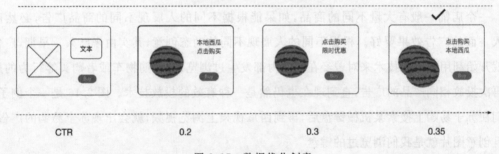

图 2.17　数据优化创意

Google 的 UAC 广告会从应用商店自动地选取应用所需要的创意。广告主可以提前设置一些文案,系统要求每个句子都可以单独成立,顺序可以改变,且长度需要控制在一定范围之内,例如广告主设置的文案如下:

> 1. 马上开玩
>
> 2. 注册我们的应用

系统就产生多种顺序组合的创意文字,如"马上开玩,注册我们的应用"和"注册我们的应用,马上开玩",最后选取哪个文案,取决于哪个文案线上实验的效果更好。

　　有些搜索引擎在选择推送哪个广告的时候,也会考虑样式对用户的影响。和上面提到的示例有一些差异,系统会引入机器学习方法提前预测选择了某种样式对用户造成的影响。用户使用搜索引擎的目的是为了获取信息,而往往自然结果的相关性会更好,引入广告会对用户的信息获取造成一定的损害。不同的样式,损害程度会不同。图 2.18 就是搜索引擎样式选择的一个示例子,横坐标是 Hidden Cost(隐藏成本),表示引入某种样式的广告对用户造成的潜在伤害,纵坐标表示这个广告曝光后的潜在收益(CPM+),图 2.18 中的点表示<样式,广告>组合的某个实例。系统希望可以赚到更多的钱,但是如果引入某种样式的广告对用户的伤害过大,会影响搜索引擎的长期收益,需要在 Hidden Cost 和收益之间找到一个平衡点。虚线上的点即潜在的最优解,最优解一定属于所有点集合的凸包,但最终选择哪个点,需要根据系统的具体情况决定。

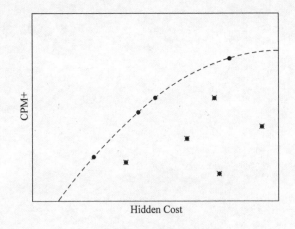

图 2.18　搜索引擎中的创意选择

参考文献

Ad formats in Universal App campaigns[EB/OL].[2018-08-09].https://support.google.com/google-ads/answer/6357595.

BRIGGS R, HOLLIS N, 1997. Advertising on the Web: Is there Response Before Click-through? [J]. Journal of Advertising Research,37(2):33-45.

Facebook's Sponsored Stories Are Way More Effective Than Display Ads[EB/OL].[2018-08-09].https://

www. businessinsider. com/facebooks-sponsored-stories-vs-display-2012-9.

Programmatic Creative vs. Dynamic Creative Optimization(DCO)[EB/OL]. [2018-08-09]. https://www. makethunder. com/programmatic-creative-vs-dynamic-creative-optimization-dco/.

2016 程序化创意行业指南[EB/OL]. [2017-07-10]. https://www. kuaizi. co/guidebook. html.

数据控：移动广告平台果合年度报告，插屏广告效果最佳[EB/OL]. [2018-08-09]. http://www. donews. com/201402/2713508. shtm.

月流水超 1 亿，DAU 超 2000 万[EB/OL]. [2018-08-10]. http://gameinstitute. qq. com/article/detail/228412.

抖音保卫 1.5 亿 DAU[EB/OL]. [2018-08-10]. https://36kr. com/p/5138598. html.

第3章

广告系统架构流程

3.1 投放引擎架构流程

在了解完在线广告的发展历史和常见样式后,相信读者已经对这个领域有了比较直观的认识,本书接下来会更深入地讲解在线投放广告的工作原理。本节首先介绍媒体内部一个完整的广告投放引擎所包括的主要功能模块和它的架构流程。

3.1.1 广告投放引擎架构

如图 3.1 所示,这里将广告投放引擎的功能模块分为 5 个部分,分别是客户系统、内部管理平台、基础架构和在此基础架构上工作的相关模块、广告投放引擎内部模块以及日常工作中会用到的一些工具和测试平台。这个架构图并不是设计广告投放引擎的标准,不同

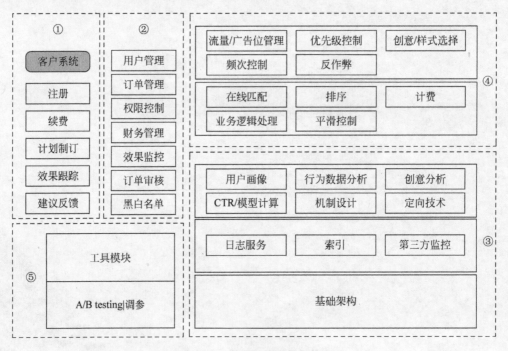

图 3.1　广告投放引擎架构

媒体的广告投放引擎会因处理业务的不同而有所差异,这里介绍的功能模块只是一些常用模块,较简单的广告引擎可能只包括其中一部分模块,而较复杂的系统还有更多图3.1中没有包括的功能模块。本节其他篇幅分别介绍这5个部分。

3.1.2 客户系统

第一部分是面向广告主的客户系统。广告主要投放广告,需要先注册账号,有一个自己的唯一标识。用这个账号在客户系统中登录后才可以创建自己的广告投放计划。且广告主需要向自己的账号中充值,有预算的情况下广告系统才会投放这个账号下的广告。在客户系统中,广告主还可以设置更细致的预算控制,如每天的最大消费上限,如果广告主一天的花费已经超过设置的消费上线,广告系统就会停止投放这个账号下的广告。

不同广告主的营销目标会有所不同,有些广告主的营销目标是让广告触达尽可能多的人群,而有些广告主的营销目标则可能是提升某个店铺的访问量。广告主需要提前选定自己的营销目标,这样广告投放系统便可以针对不同的营销目标采用不同的定向投放算法,使得广告投放效果最优。广告主在设置广告计划的时候也可以指定受众范围,例如指定广告投放到年龄在20~30岁的北京女性用户之中,合理的设置营销目标和受众范围可以让推广活动事半功倍。广告开始投放后,广告主可以在客户系统中的效果跟踪模块随时查看广告计划投放情况,例如当前广告的投放量和投放效果,也可以根据效果的反馈继续优化广告计划的设置。例如,有时候广告主不能提前确定自己产品的目标人群范围,就可以根据广告的投放效果不断调整广告计划的受众范围,直到广告投放效果达到最优。很多客户系统中还支持同时设置多个广告计划,并且可以对广告计划分组管理,便于广告主同时做多个对比试验。甚至有些客户系统还会根据历史投放情况,在投放前或者投放过程中给出广告计划的调整建议,进一步提高广告主的操作效率。

图3.2是在Facebook的客户系统中创建广告计划的一个截图,它将广告营销目标分为3大类:品牌认知、购买意向和行动转化。不同的营销目标适合不同类型的广告主,如大型品牌广告主可能会比较适合选择品牌认知,将广告投放到尽可能多的人群中,而小型广告主则更在意广告带来的行动转化,适合选择行动转化的营销目标,当广告系统判断有较大

概率发生行动转化的时候才投放该广告,节省广告主的开支。在此基础上,广告主可以继续设置广告的受众、版位和广告的投放时间等信息。另外,广告主还需要设置广告的展现格式并上传相关物料信息,有些广告投放系统会建议广告主同时设置多套物料,便于在投放过程中根据不同的情况动态调整广告的样式和内容,进一步提升广告投放效果。

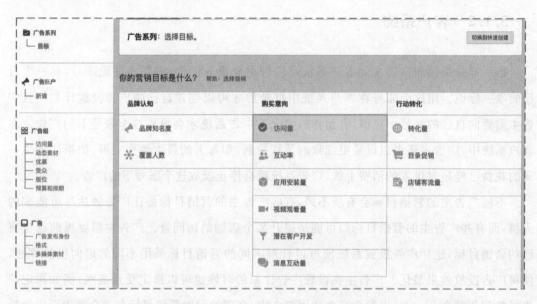

图 3.2　Facebook 广告计划创建截图

3.1.3　内部管理平台

第二部分是供广告投放引擎内部的运营人员与研发人员使用的相关工具平台,主要包括用户管理、订单管理、权限控制、财务管理、效果监控、订单审核和黑白名单模块。用户管理模块是对系统中所有注册用户统一管理的地方;订单管理模块可以控制广告主的订单状态,如人工干预订单的上线下线;在权限控制模块可以对内部用户设置不同的操作权限,降低系统的风险;广告主账户金额以及系统收益等财务相关内容可以在财务管理模块中进行操作;效果监控模块可以查看每个广告计划投放的具体效果数据,供内部运营人员随时了解系统的运行状况;内部运营人员在订单审核模块对广告主提交的物料进行人工审核,内容规范、质量符合规定的订单才可以进入系统投放,有些广告系统会引入人工智能技术来加快这个环节的效率;黑白名单模块可以对系统中的可信账号设置白名单,提升优先级别,对多次违规账号设置黑名单,禁止投放。

3.1.4 基础架构及相关模块

广告投放引擎是对性能要求很高的系统,它需要随时保持较高的系统稳定性和快速响应能力。当线上请求到达的时候,系统需要在非常短的时间内返回适合展现的广告结果,这个时间通常是几毫秒到几百毫秒不等。如果在这个限定时间内广告系统没有返回广告,那么这次请求将不展现任何广告,系统也不会有收益。

基础架构是完成大规模数据处理及提供高性能服务的基础,主要包括两部分。一部分是在线投放系统,即当一个请求到达的时候,能够快速处理完所有的逻辑,然后返回合适的广告结果。为了保障服务的稳定性,一般需要跨机房、跨网络布置线上广告系统,做到在部分机房和网络服务出现故障的时候,在线投放系统仍然可以提供正常的服务。另外一部分是需要计算和存储海量数据的大数据处理模块,日志存储、广告数据的实时或离线分析、计费等业务都需要它的支持。如果广告系统是通过关键词或者某些定向条件来触发的,还需要不断地对系统的合法广告建立索引。

广告计划投放结束后,广告主可以在客户系统中查看广告的具体投放数据,但是不排除有些媒体存在数据造假的情况,所以在一些交易金额巨大的业务中,广告主为了保障自己的利益,希望广告投放引擎能够支持第三方数据监测,通过在投放流程中添加第三方机构的代码,可以让第三方机构对广告投放的核心指标有所了解,从而更加客观地评估广告的投放情况。

不同广告投放引擎的广告投放效果差异较大,除了媒体流量质量有差异外,在用户画像、行为数据分析、创意分析、CTR(Click Through Rate)计算、机制设计、定向技术等业务模块的规模和计算能力上都会有显著的不同。小型的广告投放引擎可能只有CTR计算模块,而较成熟的大型广告投放引擎在每个业务模块上都会有专人深入研究,尝试从多种角度不断地优化改进系统,提升媒体的整体收益。这些模块除了服务于广告投放引擎外,有时候也可以在整个营销路径中给营销人员指导、建议。

如果广告投放引擎希望提供给广告主更多的操作,让那些对目标客户比较清楚的广告主可以更精准地定向目标客户,系统就需要做更多的数据分析和整理工作。例如广告主希望向对军事有兴趣的北京男性用户投放自己的汽车广告,那么系统就需要提前通过用户的历史行为数据判断哪些用户是对军事有兴趣的,且需要积累他们的人口统计信息,对用户的年龄、性别等信息有所了解。这些信息一般被称为用户画像,精准而全面的用户画像对广告投放引擎定向能力的提升有很大帮助。本书第 8 章将详细介绍用户画像和相关的定向技术。

无论什么类型的广告系统,如果广告投放引擎能将广告精准地投放到对这个广告感兴趣的人群,广告投放效果和媒体的盈利都会有大幅度地提升。所以开发高精度的 CTR 预估和推荐算法非常重要,这部分是在线广告算法中的一个经典问题,现在仍然被持续研究,本书第 9 章会详细介绍。

计算出来的多种因子如何融合到系统中才能使得系统收益最大化?如何融合才能保障广告主的利益或者公平性?如何融合才能保持整个广告业务生态的持续健康?这些都是机制设计需要考虑的问题,第 11 章将简单介绍这部分的一些重要概念。

3.1.5　广告投放引擎内部模块

这里通过搜索广告投放系统的一个具体例子,讲述广告投放引擎内部各模块是如何工作的。如图 3.3 所示,当用户在搜索引擎中搜索"西红柿"后,系统首先调用频次控制模块,假如系统限制每个用户每天最多只能浏览 10 次广告,频次控制模块会判断当前用户是否浏览广告已经达到 10 次,如果该用户还可以浏览广告,系统才会继续后面的流程。

广告投放引擎通过广告位管理模块,判断当前页面可以展现什么类型的广告,然后到相应类型的广告索引系统中查找可以展现的广告。之后,系统通过一系列的参数来确定哪些广告符合展现条件,然后把所有符合条件的合法广告放到一起,产生一个合法广告队列。例如某个广告的预算如果已经消耗完了,就不能进入合法广告队列了。

排序模块会对合法广告队列中的每个广告计算排序因子,这里用到的公式为 bid×ctr,其中,bid 是广告主在客户系统中提前设置的广告被点击后愿意支付的费用,ctr 是系统预

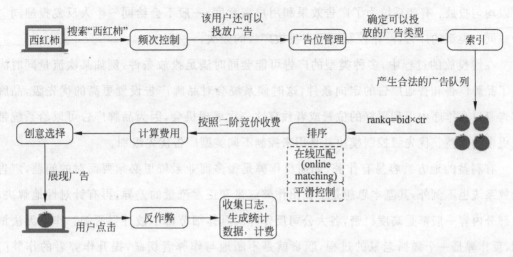

图 3.3　搜索广告架构流程

估这个广告会被用户点击的概率。不同广告投放引擎会有不同的排序方法,例如有些系统会引入平滑因子,对广告主的消费做平滑控制,让某个账号一天中某个时间段内的消费是平滑的。

根据排序因子可以判断哪个广告最终胜出,并可以计算胜出广告如果被点击后应该收取的费用(一般小于广告主设置的 bid),需要注意的是,这个时候该广告还没有被扣费。然后根据页面的上下文内容或者这个广告前期的投放情况,选择一个最优的样式将广告展现到用户的搜索结果中,有时候样式会作为一个影响因子融入到排序阶段。

如果该用户点击了广告,广告引擎通过反作弊模块判断这次点击的意图是否合法,例如是否是竞争对手的恶意搜索和点击,如果是一次正常的点击,就对该广告收取相应的费用。

图 3.3 中,排序因子使用的是 $rankq = bid \times ctr$,一般情况下系统选择 $rankq$ 最大的广告作为最后展现的广告,但是每次展现排序得分最高的广告,对系统来说并不一定是收益最大化的。在资源有限,预算有限,不同广告的投放条件也不同的情况下,如果知道了一天的所有流量信息后,往往可以离线找到收益更大的投放方式。如何优化系统的在线匹配策略,提升系统收益,一般被描述成一个二部图的匹配问题,也就是在线匹配(Online Matching),本书将在第 10 章中详细讨论。

不同的广告投放引擎有自己不同的业务逻辑,例如有些系统支持广告在某个时间段内可以均匀投放；有些系统为了广告效果和用户满意度，一般不会给同一个人反复投递同一个或同一类型的广告，严格控制对用户投放广告的频次。

在线投放的过程中，多种类型的广告可能会同时满足投放条件，例如某次流量同时满足了品牌广告和普通广告的定向条件，这时候系统会对品牌广告设置更高的优先级，品牌广告可以在排序中得到更好的位置或者独享这一次展现机会，因为品牌广告可以给系统带来更多的收益。优先级控制模块就是用来控制不同类型广告优先级别。

有利益的地方就容易有作弊，如何反作弊是很多商业系统里必须要面对的问题，广告投放系统也不例外，其基本思想是要找出作弊流量和正常流量的差异，再有针对性地解决，这部分内容一般都是高度机密，各大公司反作弊的具体细节都不被外界所知。作弊无法根除，反作弊是一个猫抓老鼠的过程，职责就是不断地与作弊者切磋，提升作弊者的作弊门槛。本书将在第 12 章介绍在线广告系统中的反作弊技术。

3.1.6　工具和测试平台

在具体工作中，很多上线策略生效后，可以知道它们的效果是正向提升的还是负向下降的，但并不是每种效果的变化都可以解释原因。广告系统从前端交互的改动到后端各种因子的改进以及机制策略的设计，往往没有一套完备的理论指导我们做出最正确的选择，多数情况下，我们无法提前预知新改动的效果变化趋势，尤其是广告往往会被投放到很多新鲜场景，系统中也会使用新的技术，很多方面都需要探索和学习，因此使用 A/B testing 来指导研发人员对系统进行迭代优化成为各大公司的共同选择。本书第 13 章将对实验架构做更细致的介绍。

3.2　收入分解

广告投放系统的主要目的还是营利，本节通过一些系统收入的计算公式来认识广告系统的关键点：

$$Revenue = PV \times CPM$$

$$CPM = CTR \times ACP$$

其中,PV(Page View)是系统一天的访问量,CPM(Cost Per Mille)是千次展现的收费。容易发现,想提升系统的收益,一方面是提升 PV,另一方面是提升 CPM。提升 PV 需要不断地优化媒体内容从而吸引用户更多的访问。CPM 则可以通过 CTR 与 ACP(Average Click Price)计算得到,CTR 是广告的点击率,ACP 是平均点击价格,要提升 CPM 需要提升 ACP 和 CTR。ACP 主要看市场和客户的成熟程度,广告效果好、竞争激烈的领域 ACP 就会高,这个系统一般无法直接控制。另外,系统可以通过优化广告的整体点击率来提升广告系统的整体收益。

$$Revenue = 有消费的客户数 \times ARPU$$

$$ARPU = 客户的平均点击 \times ACP$$

ARPU(Average Revenue Per Uers)是每位客户的平均收入,它与有消费的客户数的乘积就是系统的整体收益。所以提升有消费的客户数也是一个比较重要的优化角度,它的优化手段相对较多。例如:探索对广告主更有帮助的营销模式来拓展客户数量;提升广告投放质量;提升广告系统的便捷性和高易用性;让广告主和广告投放系统深度合作,形成良好的客户支持;提供高效的运营平台等。

另外,收入还有其他一些计算公式,请读者自行领悟。

$$Revenue = PV \times CPM_1$$

$$Revenue = PV \times PVR \times CPM_3$$

$$Revenue = PV \times PVR \times ASN \times CPM_2$$

$$Revenue = PV \times CTR_1 \times ACP$$

$$Revenue = PV \times PVR \times CTR_3 \times ACP$$

$$Revenue = PV \times PVR \times ASN \times CTR_2 \times ACP$$

以下是名词具体的解释。

CPM_1:每千次检索收费,即用户使用服务一千次给系统带来的收益。

CPM_2:每千次展示收费,即广告被展现一千次给系统带来的收益。

CPM_3:表示平均每千次有广告展现的检索请求给系统带来的广告收入。

PVR(Page View Rates)：等于出广告的检索量/总的检索量。

ASN(Average Show Number)：表示每次检索平均的广告展现个数。

CTR_1：表示平均每次检索请求对应的广告点击数。理论上 CTR_1 可能大于 1。因为每次检索客户可以点击一个广告,看完后再回原来的检索页,点击下一个广告。

CTR_2：表示平均每次广告展现对应的广告点击数。

CTR_3：表示平均每次有广告展现的检索请求对应的广告点击数,理论上 CTR_3 也可能大于 1。

3.3　程序化广告技术生态

很多中小型媒体并没有属于自己的广告投放引擎,就算有,有时候也很难吸引到足够的广告主来投放广告,导致部分流量无法售卖出去。而大型媒体虽然有很多广告客户,但它们的部分广告业务依然通过线下签订合约的方式完成售卖,需要参与的人员较多,费时费力。另外,如果广告主想在多家媒体同时投放广告,就需要分别与这些媒体对接,但不同媒体的接入流程和标准不同,这个过程需要广告主投入很多精力。程序化广告技术就是希望通过程序化的方式提升流量供应方和需求方对接效率的一系列技术。

图 3.4 是 RTBChina 发布的 2018 年中国程序化广告技术生态图,包括了国内程序化广告生态中的重要公司,并根据这些公司所在领域或在生态中的角色对它们进行了细致分类。通过了解这些分类,希望读者能对程序化广告技术有一个初步的认识。

有了广告投放引擎后,媒体首先需要面对的问题是如何找到广告主来投放广告。最开始,媒体都是各自为战,大流量媒体吸引广告主来投放广告还相对容易一些,但有些小媒体很难找到流量买家。后来出现了(Ad Network),把这些比较难找到广告主的媒体整合在一起,作为它们的代理统一找客户。小媒体整合到一起流量大了,找到合适的流量买家也容易一些。最后诞生了(Ad Exchange),作为实时的广告交易系统,为广告主和媒体提供了一个直接对接的平台,通过竞价的方式售卖流量,使媒体流量的售卖变得更加容易。广告主也可以通过 DSP(Demand Side Platform)接入到 Ad Exchange 中,由 DSP 的算法程序化竞

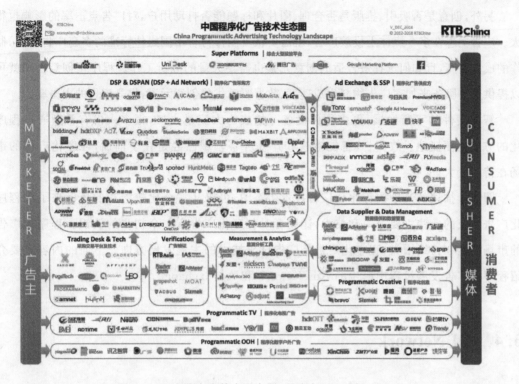

图 3.4　程序化广告技术生态图(图片来源于 RTBChina)

价,取得更高的 ROI(Return On Investment)。本章后续几节内容将详细介绍 Ad Network 和 Ad Exchange。

　　互联网发展到今天,数据的重要性已经不言而喻,有优质数据积累的公司仅依赖数据 也足以在市场上存活下去。利用优质的用户数据,广告投放引擎可以大幅度地提升广告的 投放效果,广告主也更容易在广告交易系统中找到适合自己的流量。DMP(Data Manage Platform)就是积累数据,并且提供数据管理的平台,DSP 一般通过接入 DMP 的数据来判 断流量对广告主的价值。

　　移动互联时代,用户接触到的屏幕越来越多,他们每天都在手机、平板电脑、计算机、电 视还有各种户外屏幕之间切换着。对广告主来说想要更加科学地分配预算,在不同的屏幕 上投放自己的广告,就需要能够对广告在不同场景下的投放效果进行监控和分析。并且, 随着市场的不断扩大,必然会有部分媒体作弊,广告主也需要引入第三方平台来对广告的 投放效果做更客观的验证。

另外,创意是否吸引、排版是否合理、图片和标题能否打动用户,对广告点击率的影响也很大。广告主想在多个媒体上投放广告,就需要认真制作符合不同媒体标准的多套广告物料,制作的成本很高,且如何选择最合适的创意元素也需要大量的分析工作。程序化创意公司就可以提供这些服务来加速广告物料生成速度、数据驱动优化创意元素,提升广告的点击率。

智能硬件的不断发展,更多硬件设备开始成为大流量入口,很多入口有希望通过程序化的方式更便捷地投放广告,智能电视和户外屏幕领域已经走在了前面,程序化广告的市场在持续变大。

图 3.4 描述的是中国程序化广告技术生态图,可以从一个比较宏观的角度来了解程序化广告涉及的一些主要公司和技术,让读者对程序化广告有一个初步的认识。程序化广告的市场仍然在持续增大,程序化广告是广告投放技术的主流发展方向。下面的内容主要介绍程序化广告发展过程中诞生的 Ad Network 和 Ad Exchange。

3.4 Ad Network

20 世纪 90 年代,多种技术的共同发展一起推动了网络经济的快速崛起,大量网站在这段时间建立,这些网站都希望能通过在网站上投放广告实现流量变现。但广告主在各个网站接入广告的成本相差无几,所以不愿意对接一些流量较小的网站。这些事实促使了 Ad Network 的诞生,它将这些小流量网站统一管理,作为一个大流量渠道来与广告主洽谈,会更容易得到广告主的认可。WebConnect Network 在 1995 年就已经接入了 150 个网站,著名的 DoubleClick 在 1996 年建立,它建立的目的就是将分散在不同网站的网民聚集起来,为广告主提供一种高效触达大规模人群的渠道。

3.4.1 工作流程

Ad Network 的工作流程如图 3.5 所示,包括 3 个部分。

(1) 整合广告网络中所有网站的流量资源,将不同网站的流量统一管理,并根据流量的特性进行分类打包,然后预估不同类型流量包的未来库存。

(2) 对接有购买意愿的广告主,根据他们的需求查找满足条件的流量库存,并售卖广告网络的流量。

(3) 当网络中有流量到达的时候,根据广告主设置的投放条件筛选出一个适合投放的广告,并将广告返回到流量来源网站显示。

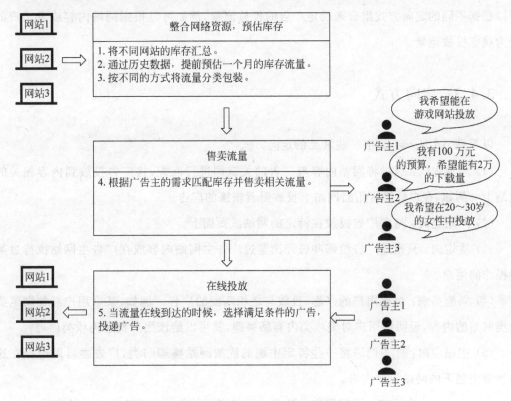

图 3.5　Ad Network 的工作流程

3.4.2　分类

根据 Ad Network 的特点,Ad Network 有多种分类,下面介绍其中 3 类比较特殊的 Ad Network。

(1) Vertical Ad Network:垂直类的广告网络,该网络只整合某一特定领域的流量。

例如健康类的广告网络,就是只整合健康类网站的流量,这种广告网络可以触达某一领域内的大量用户。

(2) Blind Ad Network:在这种网络中,广告网络投递广告后,广告主并不知道自己的广告具体投放在什么网站了。

(3) Targeted Ad Network:这种广告网络为广告主提供了大量用户定向方式,广告主可以根据不同的定向方式组合来确定广告的投放流量,例如可以根据网站内容或者用户的行为确定投放流量。

3.4.3 定向方式

以下是 Ad Network 中一些常见的定向方式。

(1) 内容定向:通过将网站内容与广告的关键词进行匹配,将广告投放到内容相关的网站上。例如,在户外体育用品网站上投放野营帐篷的广告。

(2) 网站定向:指定广告投放在特定的网站或页面上。

(3) 重定向:只投递广告给那些曾经浏览过广告主网站内容或在广告主网站执行过某种操作的用户。

(4) 兴趣类别:根据用户的兴趣,投放与之相匹配的广告。例如,某个用户经常浏览美妆类网站的内容,说明该用户对美妆类内容感兴趣,就可以给该用户投递美妆类广告。

(5) 主题定向:广告网络将一些特定主题的优质网站整理归类,广告主可以选择在这些特定主题下的网站投放广告。

(6) 地理位置和语言:根据用户的地理位置或者网站的语言来定向地投放广告。

(7) 人群画像:根据用户的年龄、性别、职业等人群画像来投放广告。

3.4.4 优势

相对以前的交易方式,广告网络提供了一种更加高效的交易方式,流量拥有者不再需要自己寻找广告主,广告主也可以更加便捷地触达更大规模的用户,双方都节约了时间成本。并且,广告网络还会提供灵活的用户定向方式和不同的定价模式,广告主可以根据情况制订适合自己的投放计划。

3.4.5　移动广告网络

截至 2017 年,中国移动上网的人群占比已经达到 97.5%,移动广告的市场份额也在持续增加,这一年全球的移动广告支出首次超过 PC 端。移动 App 越来越多,各种社交类、新闻类、游戏类、视频类 App 不断涌现到手机桌面,多数移动 App 都需要投放广告来获得收益,以维持 App 的继续迭代开发。移动广告网络由于移动互联网的崛起发展非常迅猛。图 3.6 是移动广告网络的一些重要事件。

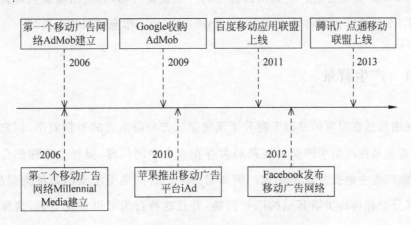

图 3.6　移动广告网络的一些重要事件

第一个移动广告网络 AdMob 在 2006 年建立,于 2009 年被 Google 收购。第二个移动广告网络 Millennial Media 与 AdMob 同一年建立。在移动市场快速发展的大背景下,多个移动广告网络在之后的时间里创建并快速发展,Google 和 Facebook 都开始重金投入移动广告市场。Google 推出的 UAC(Universal App Campaigns)广告和 Facebook 的 Audience Network 都已经吸引了大量的广告主,前者通过自动化的创意优化使得广告计划的设置过程更加简单,这类移动广告可以投放到 Google 旗下的产品和广告网络中;后者让 Facebook 的广告主可以在 Facebook 外的地方投放广告。国内,百度在 2011 年上线了移动应用联盟,腾讯在 2013 年也上线了广点通移动联盟。

随着移动类广告网络的迅速发展,移动端的欺骗行为也在快速蔓延。值得一提的是,为了让广告主更好地了解各移动广告平台的广告投放效果,AppsFlyer制作了一个移动广告最佳媒体渠道排行榜。它根据不同渠道广告投放的ROI、重定向能力、留存率等指标,对这些渠道在不同的国家或地区的广告投放效果做了综合对比,为行业的健康发展贡献了一份力量。

3.5 Ad Exchange

Ad Exchange是程序化广告发展过程中的一个重要产物,它的出现极大地提升了广告的投放效率,本章后续内容将重点介绍Ad Exchange的工作流程和核心机制。

3.5.1 产生背景

广告网络虽然在原有的基础上提升了流量供应方和需求方的对接效率,但它仍然存在较多问题,首先是在网络中的交易链路经常存在多个中间代理,而每个代理都会收取一定的费用,导致广告主的投放成本增加。例如当一个广告网络无法卖出某种类型的库存时,就会把这部分库存再转卖给其他的广告网络,并且这种行为可以重复下去,这样链路上的代理个数就会增加,势必会提高广告主的投放成本;其次是不同的广告网络掌握着不同的流量库存,广告主仍然需要在选择广告网络上花费很多的精力,即使广告主已经选定了多个广告网络,仍然需要考虑各渠道如何分配广告的整体预算。

Ad Exchange的出现就是在努力地解决这些问题,它通过提供一个统一的流量交易中心,平台方在这里可以方便地卖出自己的流量,广告主也可以在这里买到自己需要的流量。Ad Exchange通过提供实时的竞价交易模式,可以提升平台方的整体收益,因此平台方愿意参与。另外,每一次流量请求,Ad Exchange都会提供流量具体信息和浏览用户信息,广告主可以更加精准地判断是否需要这个流量,进一步提升了广告的投放精度。且广告主可以在同一个地方买到多种类型的流量,极大节约了时间成本,也非常愿意参与。

3.5.2 工作流程

Ad Exchange 的工作流程如图 3.7 所示。

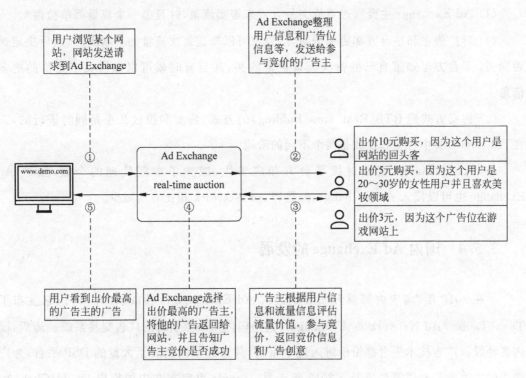

图 3.7 Ad Exchange 的工作流程

（1）用户浏览某个网页，该网站向 Ad Exchange 发起广告请求。

（2）Ad Exchange 接收到请求后，将这次请求的重要信息，如流量来源和用户信息等发送给所有接入到 Ad Exchange 参与竞价的广告主。

（3）广告主根据 Ad Exchange 发来的流量信息判断它的价值，决定是否参与竞价，如果参与，则返回 Ad Exchange 自己的报价。

（4）Ad Exchange 采用价高者得的方式选择出价最高的广告主，并将竞价是否成功的信息返回给所有参与竞价的广告主，然后将胜出者的广告物料返回给该网页。

（5）用户在网页上看到胜出者的广告。

这 5 个步骤通常在几十到几百毫秒内完成。

3.5.3 与 Ad Network 的不同

（1）Ad Exchange 主要通过竞价交易方式来售卖流量，并且每一个流量都单独售卖。

（2）对广告主和平台方都更加透明，广告主可以知道每次流量的基本属性，然后决定是否购买；平台方也知道自己的每次流量被谁购买，甚至有时候可以知道关于竞价的更多信息。

（3）售卖方式是 RTB(Real Time Bidding)的方式，售卖和投放几乎是同时进行的，而在 Ad Network 中售卖和投放是两个不同的阶段。

（4）Ad Exchange 直接对接平台方和广告主，减少了中间代理的个数，虽然 Ad Exchange 也可以接入 Ad Exchange，但是和 Ad Network 相比有所减少。

3.5.4 国内 Ad Exchange 的发展

早在 2010 年，淘宝内部就开始尝试进入 Ad Exchange 市场，2011 年 9 月，它发布了 Tanx(Taobao Ad Network & Exchange)，这是国内第一家实时的广告交易系统。随后，国内各种数据广告技术平台都纷纷进入这个市场，并且这期间出现了大量的 DSP 平台，为广告主的实时竞价提供算法支持。2012 年 4 月，Google 也宣布在中国推出 DoubleClick Ad Exchange 广告交易平台。2018 年，国内已经有非常多的 Ad Exchange 和 DSP 平台。

3.6 程序化售卖方式

大量流量通过公开竞价的方式加入到实时交易平台变现的同时，部分优质媒体为了保持自己的流量价值或者广告主的质量，并不愿意参与到公开竞价的模式中，为了解决这部分需求，程序化交易平台推出了其他可供媒体选择的程序化交易方式。

　　图 3.8 是 IAB(美国互动广告局)对程序化交易方式的划分,根据价格是否固定和售卖流量是否有保障,将主要的程序化售卖方式分两大类:第一类是基于竞价(Auction-Based)的方式,这类方式主要包括受邀竞价(Invitation Only Auction)和公开竞价(Open Auction)两种;第二类是价格固定的直接交易方式(Programmatic Direct),主要包括定价不保量(Unreserved Fixed Rate)和定价保量(Automated Guaranteed)两种方式。

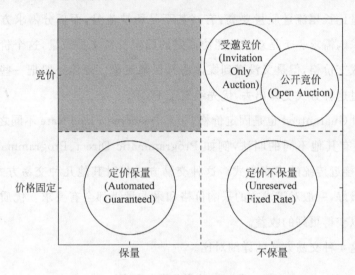

图 3.8　程序化售卖方式

　　其中 Open Auction 也就是 Real Time Bidding(RTB)的售卖方式,媒体允许所有的流量需求方通过这种方式接入它们的流量。媒体可以通过匿名设置功能屏蔽流量来源信息,需求方并不知道购买的流量来自哪家媒体,且由于接入到 Open Auction 中的流量多为长尾流量,质量普遍较低,需求方一般也不是很关心流量的来源。

　　Invitaion Only Auction 就是私有竞价的方式(Private Marketplace,PMP)。媒体希望能对接入的广告主有一定的把控,控制接入广告的质量,通过白名单或黑名单的方式邀请部分广告主参与竞价,媒体流量如果在 PMP 市场上没有售卖出去,才会将流量投放到公开竞价市场上售卖。这种方式有点像我们想出售某件物品,首先希望优先出售给周围的朋友,如果朋友们不购买,再考虑在网上销售。大型媒体的剩余流量会优先选择这种交易方式。

　　此前优质流量的售卖都是销售去联系客户,通过自家的广告平台来投放广告,但寻找客户费时费力,且灵活度不够。如果潜在的客户都在 Ad Exchange 系统中,使用 Ad

Exchange 直接交易的模式，能更加方便地找到潜在客户。如果流量没有售卖出去，再通过公开竞价的方式销售。并且，这些方式都可以实现程序的自动化，操作起来会更加方便。下面详细介绍第二类固定价格的直接交易模式。

Unreserved Fixed Rate 也叫 Preferred Deals，是一种定价不保量的模式，供需双方提前约定好广告售卖价格（CPM 或 CPC），但是最终能提供给需求方多少流量不能保障。这种方式销售的流量比长尾流量质量要高，有些甚至是稀缺流量，而部分需求方对特定类型流量也有一定的采购需求。于是双方按照协商好的固定价格交易流量，这个价格一般高于竞价交易模式的成交价格，但是又没高到媒体愿意保障流量。媒体一般把一些稀缺的视频和富媒体资源通过这种方式交易出去，优先级高于 PMP。

Automated Guaranteed 也是固定价格，和 Unreserved Fixed Rate 不同之处在于这种方式也保量，它还有其他不同的叫法，例如 Programmatic Direct、Programmatic Guaranteed 等，这种方式更接近传统的售卖方式。这种交易方式相对其他几种交易方式优先级最高，流量的质量也最好，一般对需求方的采购价格和采购量级都会有要求。优质的品牌流量通过这种方式可以获得更好的收益。

表 3.1 是这 4 种交易方式的详细对比。

表 3.1　各种售卖方式对比

模　式	价　格	是否保量	订单交易	其他名字
RTB	竞价	不保量	否	Open Auction Open Exchange Open Marketplace
PMP	竞价	不保量	是	Invitation Only Auction Private Auction Closed Auction
定价不保量（Unreserved Fixed Rate）	固定	不保量	是	Preferred Deals First Right Of Refusal
定价保量（Automated Guaranteed）	固定	保量	是	Programmatic Guaranteed Programmatic Direct Programmatic Reserved

不同的交易方式各有利弊，例如相对于 RTB，PMP 方式能采购到的流量质量会好一点，但有可能流量会不足或者 TA N＋Reach 值不达标，这时通过 RTB 可以起到补量的作

用。直接售卖方式流量的售卖价格较高,有时候不一定都能售卖出去,但如果放到 RTB 中售卖,可能会拉低广告位的价格,影响媒体后期资源的直接售卖。

3.7 其他机制

为了满足各种媒体的需求,打消它们投放的顾虑,进一步为媒体流量的程序化售卖提供便利,广告交易平台一般还会提供其他一些机制,这里介绍其中的最常见的 3 种:匿名设置、Reserve Price 和 Pre-Targeting。

3.7.1 匿名设置

对于一些媒体,它们希望将一些还没有售卖的流量通过 RTB 的方式在广告交易平台中售卖出去,但是有顾虑,如果让直接客户知道在 Ad Exchange 中能以更低的价格购买到媒体流量,很可能会影响到媒体的直接销售,因此 Ad Exchange 提供了一种匿名设置功能,买家购买流量的时候不知道流量的来源站点,即使竞价成功了也不知道流量的具体信息。虽然有时候这种方式会让流量的价值被低估,但是可以让媒体放心地在 Ad Exchange 中售卖,将剩余流量充分变现。

3.7.2 Reserve Price

竞价模式的最终收费取决于广告主们的出价情况和竞争的激烈程度,如果竞争不够激烈,流量有可能会以较低的价格售卖出去。对于这种情况,媒体可以在 Ad Exchange 中设置一个 Reserve Price(最低的收费价格,也叫 Floor Price),只有出价高于 Reserve Price 的广告主才可以参与最后的竞价。这个机制让媒体可以根据自身的情况灵活地设置 Reserve Price 来优化整体收益。

我们通过下面几个例子来理解 Reserve Price 如何影响最后的收益。如图 3.9~图 3.11

所示,横坐标表示不同流量的竞价情况,纵坐标表示参与竞价的广告主的出价,每个圆点表示一个广告主,被勾选的圆点表示最后竞价胜出的那个广告主。

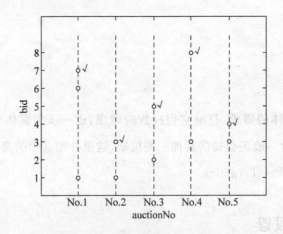

图 3.9　Reserve Price 例 1

例 1 中没有设置 Reserve Price,竞价采用的是二阶竞价的方式,所以最后的收益为

$$Revenue1 = 6 + 1 + 2 + 3 + 3 = 15$$

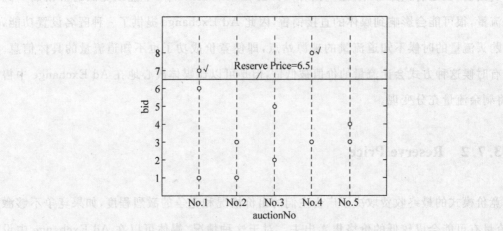

图 3.10　Reserve Price 例 2

例 2 中设置 Reserve Price 为 6.5,出价低于 6.5 的都不会胜出,如果某次竞价中没有一个广告主出价超过 6.5,那么这次流量不出广告。依然采用二阶竞价的方式,但是最低收费为 6.5,所以媒体最后的收益为

$$Revenue2 = 6.5 + 6.5 = 13$$

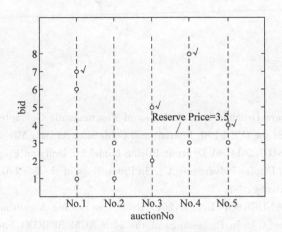

图 3.11 Reserve Price 例 3

例 3 设置 Reserve Price 为 3.5,同理可以计算最后的收益为

$$Revenue3 = 6 + 3.5 + 3.5 + 3.5 = 16.5$$

可以看出,Reserve Price 不是越高越好,也不是越低越好,而是根据媒体自身的情况设置适当的值,才有可能获得更好的收益。

3.7.3 Pre-Targeting

大型的 Ad Exchange 每天需要处理几十亿到上百亿的流量,但不是所有参与竞价的 DSP 都有能力处理这么大的流量,就算有能力处理,多数流量也是没有投放价值的。为了提升 Ad Exchange 的性能,也为了减少接入 DSP 的压力,Ad Exchange 提供了 Pre-Targeting 功能。

(1) DSP 可以设置预算和定向条件,只有满足定向条件并且有预算的广告主才会收到 Ad Exchange 的竞价请求。

(2) DSP 也可以设置一个自己可以承受的 QPS 阈值,Ad Exchange 会控制发送请求的频率,让各个 DSP 接收到的请求在设置的阈值范围之内。

(3) 另外,Ad Exchange 也可以根据每个 DSP 之前的竞价情况,线下训练机器学习模型,通过模型判断某个流量适合发送给哪些 DSP。

参考文献

CHEN B,2016. Risk-Aware Dynamic Reserve Prices of Programmatic Guarantee in Display Advertising [C]. In Proceedings of the IEEE 16th International Conference on Data Mining Workshops:511-518.

CHEN B,YUAN S,WANG J,2014. A Dynamic Pricing Model for Unifying Programmatic Guarantee and Real-Time Bidding in Display Advertising[C]. In Proceedings of the 8th International Workshop Data Mining Online Advertising:1-9.

CHEN Y,BERKHIN P,ANDERSON B,et al,2011. Real-Time Bidding Algorithms for Performance-Based Display Ad Allocation[C]. In Proceedings of the 17th ACM SIGKDD International Conference on Knowledge Discovery and Data Mining:1307-1315.

Facebook Audience Network[EB/OL]. [2017-09-03]. https://www. facebook. com/business/products/ audience-network.

Google Intros Playable & Multiple-Option Video Ads For AdMob[EB/OL]. [2018-05-03]. https://www. androidheadlines. com/2018/03/google-intros-playable-multiple-option-video-ads-admob. html.

KANAGAL B,AHMED A,PANDEY S,et al,2013. Focused Matrix Factorization for Audience Selection in Display Advertising[C]. In Proceedings of the IEEE 29th International Conference on Data Mining Workshops:386-397.

Mobile Ad Networks[EB/OL]. [2017-09-01]. https://verify. wiki/wiki/MobileAdNetworks.

The appsflyer performance index[EB/OL]. [2017-09-01]. https://www. appsflyer. com/index? utmcontent= indexfeb2018&utmmedium=cnsocial&utm_source=morketing.

The History of AdTech [EB/OL]. [2017-09-01]. https://datapath. io/resources/blog/the-history-of-adtech/.

YUAN S,CHEN B,WANG J,et al,2014. An Empirical Study of Reserve Price Optimisation in Real-Time Bidding[C]. In Proceedings of the 20th ACM SIGKDD International Conference on Knowledge Discovery and Data Mining:1897-1906.

第4章

品牌广告

4.1 品牌推广的意义

经国务院批准，从 2017 年开始，将每年的 5 月 10 日设为中国品牌日，这充分体现了国家为扩大自主品牌知名度和影响力的决心，也由此可见品牌的重要性。在古代，牧场的主人为了区分彼此所拥有的牲畜，往往会在牲畜身上打上烙印，因此品牌的英文单词 Brand 也有烙印的意思，这可能就是品牌最朴素的意思，就是用来区分彼此的一个标识。商业发展到今天，品牌被赋予了越来越多的意义，但是这个最朴素的概念一直不变。

自从产生了贸易，人们慢慢有了品牌的概念，越出名的品牌，它的产品和服务越容易被人们接受。于是，随着商业的发展，人们越来越重视品牌，在打造好的产品和服务的同时，也日益意识到品牌推广的重要性。特别是产品和服务种类、样式越来越多之后，客户早已挑花眼，酒香不怕巷子深已经不成立，推广品牌变得日趋紧迫。品牌推广效果的好坏，不仅影响到销量，更关系到商家的生死存亡。

现代营销学归纳出一个产品被客户购买前需要经历了解和吸引阶段，了解品牌和被品牌吸引的客户数量，直接决定着后期产品的销量规模，所以很多大型企业营销预算中有很大一部分用于提升品牌知晓度。企业通过反复在室内、室外各类媒体上的优质位置投放品牌的相关广告，让更多客户了解品牌，吸引更多客户的注意，从而影响客户的最终购买决策。

近期的品牌营销中，以人为本的营销接受度最高。这一策略就是把企业塑造成一个人，营销过程是企业和客户之间"人与人"的接触，营销目的就是给客户留下提前设定的拟人印象。例如，有些企业经常在社交媒体发表搞笑的评论或笑话来与客户互动，是希望让品牌有一种亲切的人性化印象；有些企业则在积极地倡导各种公益活动，它们希望企业呈现一种热情正面的形象，并通过其他一系列的营销活动，和客户建立类似人与人之间的可信赖关系，进而达到销售产品或者让客户拥护产品的目的。

4.2　品牌广告简介

品牌推广意义重大,很多大型企业每年会花费大量资金在品牌广告上,这种广告是非常重要的一种广告类型。本节将对品牌广告做简短介绍。

4.2.1　品牌广告

品牌广告是以提升品牌知晓度为主要目的的广告,它需要广告触达尽可能多的目标人群,一直以来都是广告市场上非常重要的一种广告类型。与之相对应,被提及最多的类型是效果类广告,这类广告更在意广告投放的短期转化,通过点击量、注册量、下载量、咨询量、产品售卖量等指标的变化情况来判断广告的投放效果,游戏类和电商类客户是效果类广告的典型客户。现实中,大多数的品牌广告主在扩大覆盖目标人群的同时也希望能获得较好的短期转化效果,且品牌广告和效果类广告有时候并不是两种互相冲突的广告,所以广告主会对广告有品效合一的期望。

从广告投放规模和对媒体整体盈利贡献上划分,广告客户主要被分为重点客户(Key Account,KA)和中小类客户(Small and Midsize Business,SMB)两大类,KA 客户较多的公司还会对其做更细的划分,例如全球性重点客户、全国性重点客户和地方性重点客户。KA 客户一般贡献了公司的大部分收入,他们会购买位置好、流量大以及重视广告人群覆盖率的品牌类广告产品。然而,随着营销思路的升级,越来越多的 KA 客户也会同时购买效果类广告产品,以提升广告投放的短期转化效果。

表 4.1 展示了 2011—2015 年中国成年人每天在各媒体花费时间的比例。可以发现,从 2014 年开始,中国成年人在数字媒体上每天花费的平均时间已经超过了他们在传统电视上花费的平均时间。另外,各种大数据技术经过多年的深耕,已经可以助力广告投放引擎较为精准地定向指定类型的目标客户,广告主更加认可在线广告的投放效果。在这样的大背景下,在线品牌类广告也在逐渐蚕食传统媒体品牌广告的蛋糕。

表 4.1　中国成年人每天在各媒体花费时间的比例

类　　别	2011	2012	2013	2014	2015
数字营销（Digital）	**35.8%**	**40.5%**	**45.4%**	**48.5%**	**50.4%**
移动营销（Mobile,nonvoice）	15.4%	21.0%	26.9%	30.7%	32.9%
一智能手机（Smartphone）	7.3%	12.5%	16.3%	18.8%	20.3%
一平板（Tablet）	1.7%	3.4%	6.5%	8.4%	9.5%
一功能手机（Featrue phone）	6.4%	5.1%	4.1%	3.5%	3.1%
台式机和笔记本电脑（Desktop/laptop*）	20.4%	19.4%	18.6%	17.8%	17.4%
电视（TV）**	**55.5%**	**51.7%**	**47.6%**	**45.1%**	**43.6%**
广播（Radio）**	**3.7%**	**3.6%**	**3.4%**	**3.2%**	**3.1%**
纸媒（Print）**	**4.9%**	**4.3%**	**3.6%**	**3.2%**	**2.9%**
一报纸（Newspapers）	4.4%	3.9%	3.2%	2.8%	2.6%
一杂志（Magazines）	0.5%	0.5%	0.4%	0.4%	0.3%

数据来源：eMarketer

4.2.2　品牌广告常见形式

1. 关键词定向的广告

百度的品牌专区（如图 4.1 所示）是比较典型的一种品牌广告，它包括链接、图片、视频等多种元素，将品牌的精华信息呈现在搜索结果最上方的位置，也可以将广告落地页面的

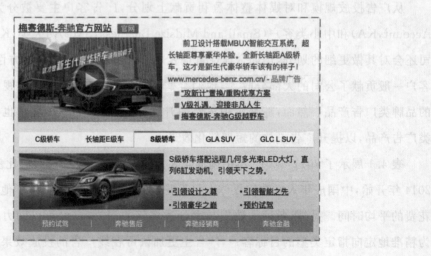

图 4.1　百度宝马广告示例

重要信息以更直接的形式整合到广告内容中,提升用户触达这些信息的效率。出于品牌保护的目的,品牌专区只允许企业购买自家品牌或产品的词,也可以购买"品牌＋地域""品牌＋行业""品牌＋网站"等形式的词。这种类型的广告一般购买周期在一个月到一年之间,按月购买。移动端百度搜索也有相同的产品,图 4.2 是百度搜索移动端的品牌专区示例。

品牌专区要求的购买门槛较高,而有些位置的品牌广告购买门槛则会低一些,例如百度搜索结果右侧区域的品牌广告,它允许企业购买品牌相关的词,也可以购买部分通用词和节日词,甚至

图 4.2　百度搜索移动端的品牌专区示例

多个客户可以同时购买同一个词,有资格购买这类广告的企业会相对更多。这种广告不仅提升了搜索结果的内容优质程度,广告的效果也非常好,做到了广告即内容,是商业化探索中双赢的典型案例。类似的广告还有为明星设置的明星专区广告,展现方式和品牌专区类似,可以为明星在一些主流媒体中开辟一个属于自己的宣传阵地。

通过关键词触发的品牌广告还有其他很多形式,例如在图片类、百科类、问答类网站的优质位置都可以找到品牌广告的身影,媒体将广告以原生的形态集成到原有的内容中,对用户的干扰也很小。

2. 其他形式的广告

媒体往往会把内部产品的优质位置和流量入口整合,通过每天的超大流量和丰富的广告落地形式来吸引品牌广告主,导航类、榜单类产品就是非常典型的例子。媒体把部分导航位置或榜单位置售卖给品牌广告主,再搭配落地页面丰富的广告形式,打包统一售卖,这种形式的广告也非常适合品牌的推广。

此外,还有开机广告、冠名、彩蛋、浮层、下推 Banner 等很多形式的品牌广告。也有一些品牌广告由地理位置等信息触发,通过与品牌相关的冠名活动、发红包、摇奖等形式来达到品牌曝光和宣传的目的。

4.2.3　计费和购买方式

品牌广告常见的计费方式主要有按天计费、按点击计费(Cost Per Click,CPC)和按展现计费(Cost Per Mille,CPM)3 种。相应的购买方式可分为独占式和非独占式。独占式广告是指某个广告位置在一定时间周期内只售卖给一个广告主;非独占式广告是指在同一段时间内,同一个广告位置允许多个广告主同时购买。最终如何确定哪个广告主可以投放广告,不同的媒体有不同的方法。例如,有些媒体以一定周期通过竞价的方式来确定购买价格和胜出者,价高者得,胜出的一个广告主可以获得在这个周期内展现广告的机会,且按天计费;有些品牌广告按照 CPC 方式来计费,但由于广告位置优质,广告形式会特殊处理,更能吸引用户的注意,因此广告单次点击价格会比普通广告高很多;另外,就是通过 CPM 方式来计费的品牌广告,又可细分为保量和不保量 2 种,保量的广告是指广告系统会保障每个广告的展现量,但具体每次广告请求展现什么广告一般由系统决定。不保量的广告就是系统不保障广告的展现量,而是将某个大流量入口的流量让某一个广告主独占或者通过轮播的方式同时分给多个广告主,但大流量入口每天的流量会有所波动,所以每个广告的流量也无法保障。

4.2.4　样式和创意

除了优质的曝光位置可以提升广告的推广效果外,广告的样式和创意也同样重要,有些媒体会给广告主提供可供选择的多种样式,当然,不同样式的推广效果和收费也会不同。广告投放系统可以收集到品牌广告物料中具体元素的详细点击情况,根据这些数据的反馈可以不断优化广告的样式和创意,广告素材的大小、位置以及各种素材如何搭配仍然有很大的改进空间,目标是吸引更多的用户注意、提升广告的点击率、增加用户与广告内部素材的互动量,这也是品牌广告相关工作人员非常重要的一块工作。为了进一步提升媒体流量的商业价值,各媒体还会继续加大投入探索跨平台、场景化、更加精准的人群定向广告,以及分行业优化适合该行业品牌广告的展现方式。

4.3　品牌广告的有效性

品牌广告多按照广告被展现的次数或广告被展现的时间来向广告主收费,但根据数据统计(Lewis and Reiley,2010),Google 富媒体展现广告在 2010 年 10 月至 2017 年 4 月间的平均互动率是 2.59%,平均点击率为 0.16%。这些结果是否表示展现广告对大部分用户并没有影响,对销售等行为的影响更加微弱?

为了得到答案,研究人员在 200 万欧洲工作人员的计算机上安装了专门的监控软件(Fulgoni and Morn,2008),以便能够准确地追踪到所有成员的互联网活动。然后将他们精心地划分为对比组和测试组,使得对比组和测试组中的成员满足下面的条件:

- 在广告活动之前,使用互联网的习惯类似;
- 在广告活动之前,有类似的搜索行为;
- 有类似的人口统计特性(年龄、收入、地点等);
- 有相同的互联网连接方式;
- 对广告的落地页有类似的历史访问;
- 对比组不投放广告,在测试组上投放展现广告,涉及金融、媒体、电信、零售、汽车、旅游、健康和公共事业等多领域的广告计划。

如图 4.3 所示,通过对测试组成员多达 13 亿次的广告曝光,发现测试组成员在广告曝光一周内在广告相关网站的到达率提升了 99%,两周之内的到达率有 75% 的提升,三周之内的到达率仍然有 73% 的提升。

并且,广告的曝光也会影响用户的其他行为,如图 4.4 所示,测试组成员在广告曝光一周内搜索广告相关品牌词的概率提升了 99%,两周之内的提升为 89%,三周之内仍然有81% 的提升。

在不同的国家和地区做相同的试验,到达率和搜索概率的提升幅度会有差异,但试验结果都表明展现类广告的效果要远大于广告曝光时的点击和互动,并且广告效果有持续的滞后效益。展现广告对用户的作用方式类似于电视媒体广告对用户的作用方式,通过曝光让用户了解熟悉,并在较长的周期内对用户的观念和购买行为产生影响。

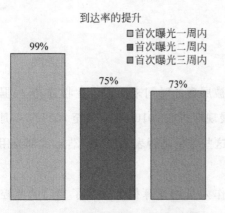

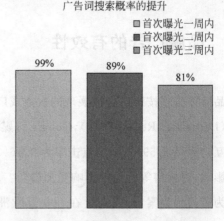

图 4.3　广告曝光周期内测试组成员　　　　图 4.4　广告曝光周期内测试组成员
　　　　在相关网站到达率的提升　　　　　　　　　搜索广告相关词概率的提升

　　虽然知道展现类广告的效果远大于广告曝光周期内用户与广告的互动行为，但是如何精准地衡量它的投放效果(Effects of Online Advertising, adfx)仍然是一个难题，现在还没有一个公认的科学方法，目前比较常见的方法如下。

　　(1)针对某个广告，将人群分为曾被曝光该广告的人群和没被曝光该广告的人群，对比他们在关键指标(如点击、购买、登录、搜索等行为)上的变化。

　　(2)通过一系列用户特征，寻找两组尽可能相似的人群，对其中一组人群曝光某一广告，然后对比两组人群在关键指标上的变化。

　　(3)收集某一人群所有历史行为数据，对比该人群在某一广告曝光前后关键指标的变化。

　　然而，上面三种方法都存在问题。对于第一种方法，如果一个人近期在搜索引擎中搜索过"北京到海南的飞机"，这个人很有可能会收到"海南酒店"的相关广告，通过对比被曝光了该广告的人群和没有被曝光该广告的人群在"海南酒店"网站的登录数量差异，来推断该广告的投放效果显然有问题。因为那些在搜索引擎中搜索过"北京到海南的飞机"的人，他们点击广告并进入"海南酒店"网站的概率本来就会比其他人高，而广告投放引擎的定向算法较高概率也会对这部分人投放广告，这种内生的因素导致单纯地对比这两个人群是不合理的。第二种方法中刻画用户的特征会非常多，很多特征又没法准确观察到，这样得到的两组人群还是会有所不同，所以这种方法多数情况下仍然不合理。另外，用户的行为可能很不稳定，在特定的时间、地点可能会浏览比以往更多的页面，搜索更多的内容。第三种方法单纯比较用户在广告曝光前后的行为差异也不能准确衡量广告的效果。

很多学者(Lewis et al. ,2011；Gordon BR et al. ,2016)更建议采用随机的方法将人群分为曝光广告的人群和用来做对照的不会曝光广告的人群，在广告投放后，通过对比两组人群关键指标的变化来衡量广告的效果。但在真实的广告系统中，通过损失一部分流量来做对比试验往往是不现实的。

4.4 品牌广告效果评估指标

有些品牌广告主推广的主要目的是为了扩大品牌广告在特定人群中的曝光量，希望品牌的知晓度能有所提升，使得企业能得到更加长远的收益，而有些广告主对广告投放的短期转化也非常看重。图 4.5 是品牌营销人员从营销链路中的关键触点出发，整理出的品牌广告核心评估指标 KPI(Key Performance Indicator)，主要包括品牌关注、品牌传播、落地页/App 内访问、品牌认知、ROI、投放保障以及 A/B testing 几部分。

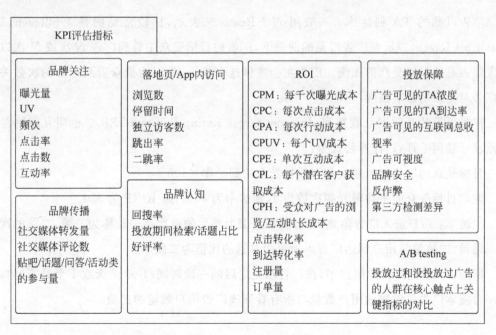

图 4.5 品牌广告效果评估指标

在投放保障中一个比较重要的问题是数据是否真实。广告主一般会对比广告投放平台与第三方机构给出的投放监测数据,避免广告投放平台对数据造假。并且,出于品牌安全考虑,品牌广告主需要监测广告是否被投放到了有损品牌形象的位置上。

另外,为了更准确地衡量广告投放效果,也可以对投放过广告的人群和没有投放过广告的人群在某些核心触点上做 A/B testing 试验,对比售卖量、产品咨询量、口碑等核心指标。具体对比哪些指标,则需要根据具体的推广任务而定。

下面是对部分指标的解释。

广告可视度:指广告出现在浏览器或 App 窗口可见区域内的面积占广告总面积的比例,广告曝光面积大于一定的比例、达到一定的曝光时长才算可见。不同类型广告的可视度标准不一样,一般要求展现广告有大于或等于 50% 的像素面积在可见区域内,并且展示时间大于或等于 2s。有些视频类广告会自动播放,需要播放时长大于或等于 3s。

广告可见的 TA 浓度:TA(Target Audience)是目标受众的意思,TA 浓度表示广告目标受众占广告曝光人群的比例。广告可见的 TA 浓度是在广告可见的前提下计算的 TA 浓度。

广告可见的 TA 到达率:一般用 $N+$Reach 来表示,比较常见的是 $1+$Reach、$2+$Reach、$3+$Reach,表示在广告可见的前提下,广告的目标受众中看到广告 N 次或 N 次以上的人数占总体目标受众的比例。广告主会考核这个指标,是因为受众看到广告的次数关系到广告对受众的影响强度。

广告可见的互联网总收视率(Internet Gross Rating Points,IGRP):也叫互联网总收视点或互联网毛评点,计算公式为:

目标受众的平均曝光频次数×目标受众的到达率×100

假如目标受众的平均曝光频次数为 4,到达率为 80%,则 IGRP 为 320。

二跳率:用户进入广告落地页面后,在页面上产生的首次点击被称为二跳,二跳的次数为二跳量,二跳量与用户到达广告落地页面总量的比值为二跳率。

回搜率:看到广告的用户中,在广告曝光之后的一段时间(1 天、7 天或 1 个月等)内,在各平台搜索广告关键词的用户数量与所有看到该广告用户数量的比值。

4.5 Benchmark

孙子兵法云："知己知彼,百战不殆。"在优化广告投放效果的时候,也需要了解同行业其他公司广告效果的平均水平,知道差距后才能不断优化改进。这里的 Benchmark 是基准的意思,由于 Facebook 和 Google 的广告业务是当前全球规模最大的,所以我们将这两家公司的广告效果作为 Benchmark,有助于读者后续衡量广告的效果在什么水平。

表 4.2 是 Facebook 2017 年第 4 季度的 Benchmark,展示了 News Feed 和右边栏广告以及 Audience Network 中广告的平均 CPM、CPC 和 CTR(Click Through Rate)。

表 4.2 Facebook 广告第 4 季度的 Benchmark

广 告 类 型	CPM/美元	CPC/美元	CTR/%
News Feed 和右边栏广告	12.45	0.54	2.39
Audience Network 中的广告	3.37	0.27	1.42

来源：https://blog.adstage.io/2018/02/13/facebook-ads-benchmarks-q4-2017.

表 4.3 是 Google Adwords 2017 年第 4 季度的 Benchmark,平均 CTR 比 Facebook 的要高,CPC 要比下 Facebook 高很多。

表 4.3 Google Adwords 2017 第 4 季度的 Benchmark

广 告 类 型	CPM/美元	CPC/美元	CTR/%
Google Adwords	78.47	0.97	8.33

来源：https://blog.adstage.io/2018/02/14/google-adwords-benchmarks-q4-2017.

表 4.4 是 Google 2016 年 1 月至 2017 年 4 月全世界范围内各种样式展现广告的平均点击率。

表 4.4 Google 2016 年 1 月至 2017 年 4 月全世界范围内各种样式展现广告的平均点击率

	各种广告 (各种尺寸)	中页单元广告 (300×250)	首页横幅广告 (728×90)	摩天楼广告 (160×600)
样式				
平均点击率	0.15%	0.10%	0.17%	0.24%

来源：https://www.richmediagallery.com/learn/benchmarks.

一般情况下,广告效果在不同领域上差异会很大,且各领域的广告主也经常会关心自己的广告效果是否在正常水平,所以有必要了解各领域广告效果的 Benchmark。表 4.5 是 Facebook 2016 年 11 月至 2017 年 1 月不同领域下广告的平均点击率(CTR)、广告的平均转化率(CVR)、广告的平均点击收费(CPC)和广告的平均每次行动收费(CPA)。表 4.6 是 2017 年 8 月至 2018 年 1 月 Google 展现广告网络(Google Display Network,GDN)和 Google Search 在同样 4 个维度下广告效果的平均值。

表 4.5　Facebook 2016 年 11 月至 2017 年 1 月不同领域的平均效果

行　业	平均 CTR	平均 CVR	平均 CPC	平均 CPA
服装	1.24%	4.11%	$0.45	$10.98
汽车	0.80%	5.11%	$2.24	$43.84
B2B	0.78%	10.63%	$2.52	$23.77
美妆	1.16%	7.10%	$1.81	$25.49
客户服务	0.62%	9.96%	$3.08	$31.11
教育	0.73%	13.58%	$1.06	$7.85
求职招聘	0.47%	11.73%	$2.72	$23.24
金融保险	0.56%	9.09%	$3.77	$41.43
健身	1.01%	14.29%	$1.90	$13.29
家居装修	0.70%	6.56%	$2.93	$44.66
医疗健康	0.83%	11.00%	$1.32	$12.31
企业服务	0.71%	0.71%	$2.14	$38.21
法律	1.61%	5.60%	$1.32	$28.70
房地产	0.99%	10.68%	$1.81	$16.92
零售	1.59%	3.26%	$0.70	$21.47
技术	1.04%	2.31%	$1.27	$55.21
旅游住宿	0.90%	2.82%	$0.63	$22.50

来源:https://www.wordstream.com

表 4.6　2017 年 8 月至 2018 年 1 月 Google 广告各领域指标

企　业	平均 CTR (search)	平均 CTR (GDN)	平均 CPC (search)	平均 CPC (GDN)	平均 CPA (search)	平均 CPA (GDN)	平均 CVR (search)	平均 CVR (GDN)
宣传	4.41%	0.59%	$1.43	$0.62	$96.55	$70.69	1.96%	1.00%
汽车	4.00%	0.60%	$2.46	$0.58	$33.52	$23.68	6.03%	1.19%
B2B	2.41%	0.46%	$3.33	$0.79	$116.13	$130.36	3.04%	0.80%
客户服务	2.41%	0.51%	$6.40	$0.81	$90.70	$60.48	6.64%	0.98%

续表

企　业	平均 CTR (search)	平均 CTR (GDN)	平均 CPC (search)	平均 CPC (GDN)	平均 CPA (search)	平均 CPA (GDN)	平均 CVR (search)	平均 CVR (GDN)
约会交友	6.05%	0.72%	$2.78	$1.49	$76.76	$60.23	9.64%	3.34%
电子商务	2.69%	0.51%	$1.16	$0.45	$45.27	$65.80	2.81%	0.59%
教育	3.78%	0.53%	$2.40	$0.47	$72.70	$143.36	3.39%	0.50%
就业服务	2.42%	0.59%	$2.04	$0.78	$48.04	$59.47	5.13%	1.57%
金融保险	2.91%	0.52%	$3.44	$0.86	$81.93	$56.76	5.10%	1.19%
健康医疗	3.27%	0.59%	$2.62	$0.63	$78.09	$72.58	3.36%	0.82%
家居用品	2.44%	0.49%	$2.94	$0.60	$87.13	$116.17	2.70%	0.43%
企业服务	2.61%	0.50%	$2.56	$0.54	$79.28	$51.58	3.37%	0.94%
法律	2.93%	0.59%	$6.75	$0.72	$86.02	$39.52	6.98%	1.84%
房地产	3.71%	1.08%	$2.37	$0.75	$116.61	$74.79	2.47%	0.80%
技术	2.09%	0.39%	$3.80	$0.51	$133.52	$103.60	2.92%	0.86%
旅游住宿	4.68%	0.47%	$1.53	$0.44	$44.73	$99.13	3.55%	0.51%

来源: https://www.wordstream.com

参考文献

BHANDARI M, RODGERS S, 2018. What does the Brand Say? Effects of Brand Feedback to Negative eWOM on Brand Trust and Purchase Intentions[J]. International Journal of Advertising, 37(1): 125-141.

BHARGAVA N, KIM E, 2014. Democratizing ad ratings: Using a crowd-sourced rating system to help businesses improve results[EB/OL]. [2017-12-20]. https://allfacebook.de/wp-content/uploads/2014/09/Facebook_study-Democratizing_ad_ratings.pdf.

BRUCE N I, PETERS K, NAIK P A, 2012. Discovering How Advertising Grows Sales and Builds Brands [J]. Journal of Marketing Research, 49(6): 793-806.

BüSCHKEN J, 2007. Determinants of Brand Advertising Efficiency: Evidence from the German Car Market [J]. Journal of Advertising, 36(3): 51-73.

CHATTERJEE P, 2008. Are Unclicked Ads Wasted? Enduring Effects of Banner and pop-up ad Exposures on Brand Memory and Attitudes[J]. Journal of Electronic Commerce Research, 9(1): 51-61.

CHEN B, YUAN S, WANG J, 2014. A Dynamic Pricing Model for Unifying Programmatic Guarantee and Real-time Bidding in Display Advertising[C]. In Proceedings of the 8th International Workshop on Data Mining for Online Advertising: 1-9.

CHEVALIER J A,MAYZLIN D,2006. The Effect of Word of Mouth on Sales: Online Book Reviews[J]. Journal of Marketing Research,43(3): 345-354.

Facebook Ads CPM,CPC,& CTR Benchmarks for Q4 2017[EB/OL]. [2018-06-03]. https://blog. adstage. io/2018/02/13/facebook-ads-benchmarks-q4-2017.

FULGONI G, MORN M, 2008. How online advertising works: Whither the click[R]. Comscore. com Whitepaper.

FULGONI G,MORN M,SHAW M,2010. How Online Advertising Works: Whither the Click in Europe? [EB/OL]. [2017-12-21]. https://iabireland. ie/wp-content/uploads/2012/08/Whither_the_Click_in_Europe. pdf.

GOLDFARB A,2014. What is Different About Online Advertising? [J]. Review of Industrial Organization, 44(2): 115-129.

GOODRICH K, 2011. Anarchy of Effects? Exploring Attention to Online Advertising and Multiple Outcomes[J]. In Psychology and Marketing,28(4): 417-440.

Google AdWords CPC Decreased 42% in Q4 2017[EB/OL]. [2018-06-03]. https://blog. adstage. io/2018/02/14/google-adwords-benchmarks-q4-2017.

Google Display Benchmarks[EB/OL]. [2018-06-03]. https://www. richmediagallery. com/learn/benchmarks.

GORDON B R, ZETTELMEYER F, BHARGAVA N, et al, 2016. A comparison of approaches to advertising measurement: Evidence from big field experiments at Facebook[R]. In Working paper, Kellogg School of Management,Northwestern University,Evanston,IL.

HOLLIS N, 2005. Ten Years of Learning on How Online Advertising Builds Brands[J]. Journal of Advertising Research,45(2): 255-268.

IMBENS G, RUBIN D B, 2015. Causal Inference for Statistics, Social, and Biomedical Sciences: An Introduction[M]. London: Cambridge University Press,2015.

KAMBER T,2002. The brand manager's dilemma: Understanding how advertising expenditures affect sales growth during a recession[J]. Journal of Brand Management,10(2): 106-120.

KUISMA J,SIMOLA J,UUSITALO L,et al,2010. The Effects of Animation and Format on the Perception and Memory of Online Advertising[J]. Journal of Interactive Marketing,24(4): 269-282.

LAVRAKAS P J,2010. An Evaluation of Methods Used to Assess the Effectiveness of Advertising on the Internet[J]. Interactive Advertising Bureau Research Papers.

LAVIDGE R J,STEINER G A,1961. A Model For Predictive Measurements of Advertising Effectiveness [J]. Journal of Marketing,25(6): 59-62.

LEWIS R A, REILEY D H,2008. Does retail advertising work: Measuring the effects of advertising on sales via a controlled experiment on Yahoo! [EB/OL]. [2018-06-26]. https://ssrn. com/abstract= 1865943.

LEWIS R A,REILEY D H,2014. Online ads and offline sales: Measuring the effects of retail advertising via a controlled experiment on Yahoo! [J]. Quantitative Marketing and Economics,12(3): 235-266.

LEWIS R A,RAO J M,REILEY D H,2011. Here,There,and Everywhere: Correlated Online Behaviors Can Lead to Overestimates of the Effects of Advertising[C]. In Proceedings of the 20th ACM

International World Wide Web Conference：157-166.

LIAO H，PENG L，LIU Z，et al，2014．iPinYou Global RTB Bidding Algorithm Competition Dataset[C]．In Proceedings of the 8th International Workshop on Data Mining for Online Advertising：1-6.

MCCOY S，EVERARD A，POLAK P，et al，2007．The Effects of Online Advertising[J]．Communications of the ACM Emergency response information systems：emerging trends and technologies，50(3)：84-88.

NICHOLS Z，STEIN A，2018．Attribution Inference for Digital Advertising Using Inhomogeneous Poisson Models[C]．In Proceedings of the 2018 World Wide Web Conference：1885-1892.

PROVOST F，DALESSANDRO B，HOOK R，et al，2009．Audience Selection for On-line Brand Advertising：Privacy-friendly Social Network Targeting[C]．In Proceedings of the 15th ACM SIGKDD international conference on Knowledge discovery and data mining：707-716.

RADOVANOVIC A，HEAVLIN W，2012．Risk-aware revenue maximization in display advertising[C]．In Proceedings of the 21st International Conference on World Wide Web：91-100.

ROBINSON H，WYSOCKA A，HAND C，2007．Internet advertising effectiveness：The effect of design on click-through rates for Banner ads[J]．International Journal of Advertising，26(4)：527-541.

SETHURAMAN R，TELLIS G J，BRIESCH R，2011．How Well Does Advertising Work? Generalizations from Meta-Analysis of Brand Advertising Elasticities[J]．Journal of Marketing Research，48(3)：457-471.

VASHISHT D，2018．Effect of Product-Involvement and Brand Prominence on Advergamers' Brand Recall and Brand Attitude in an Emerging Market Context[J]．In Asia Pacific Journal of Marketing and Logistics，30(1)：43-61.

WANG Y，SUN S，LEI W，et al，2009．Examining Beliefs and Attitudes toward Online Advertising among Chinese Consumers[J]．Direct Marketing：An International Journal，3(1)：52-66.

第5章

搜索类广告

5.1 搜索广告简介

20 世纪 90 年代后期,各种领域、各种类型的网站如雨后春笋般急剧增加,普通用户对搜索引擎的需求日益凸显,市面上出现了很多家搜索引擎,用户会从这些搜索引擎中选择搜索结果最好的引擎来使用。为了留住用户,各家搜索引擎一方面需要不断地优化自然结果的排序,希望用户能尽快进入其他网站,寻找到他们需要的信息。另一方面,当时的搜索引擎是通过在搜索结果页面上放置 Banner 广告来获得收益,所以搜索引擎的设计者们同样希望用户能在结果页面中停留较长时间,以便 Banner 广告可以获得足够的曝光时间,这样,设计者们陷入了两难境地。后来,搜索引擎让有商业推广诉求的公司将自己的网站通过付费的方式放置到指定内容的搜索结果中,即 Sponsored Search,才解决了设计者们的这个两难问题,并且这种形式一直延续到了现在。图 5.1 是在百度中搜索“机器学习”的结果,标识“广告”的搜索结果都是付费内容,一般放置在自然结果的上方。

图 5.1 百度搜索截图

5.1.1 搜索广告的模式

最开始的 Banner 广告通过广告展现次数或展现时长来向广告主收取费用,这种模式下,广告效果的波动很大,广告主的投资回报率(ROI)很不稳定。同时,随着在线广告市场的不断繁荣,广告的投放费用也水涨船高,广告主急需一种 ROI 更加稳定的广告产品。1996 年,按点击付费的广告首次被 Planet Oasis 网站提出,一经推出就受到了广告主们的欢迎。这种形式下广告的展现不收费,只有在广告被用户点击之后,才会向广告主收取费用,这样广告主的 ROI 相比以前就更加稳定,直到现在按点击收费依然是搜索类广告最主要的收费模式。

当然,按广告曝光时长或展现量付费依然有它适合的场景,例如第 4 章中提到的搜索品牌专区广告。搜索引擎通过更大的品牌曝光位置、更多的交互元素、更好的位置可以让品牌得到更加充分的曝光,广告的投放价值会远超过曝光时用户的点击,广告主还是愿意为之买账。

Sponsored Search 让广告主提前选定想要付费展现广告的关键词,如果这个关键词没有其他人竞争,广告的单次点击价格是约定的系统最低收费。如果有多个广告主同时竞争了一个关键词,就通过二阶竞价的方式选出最后的获胜者,将出价由高到低排序,出价最高的广告主获得广告展现机会,广告的单次点击价格则是排序中下一位的出价。这种模式是在 2002 年被首次提出,同年 Google 也提出了基于质量因子的二阶竞价方法,在排序的时候不仅考虑广告主的出价,也将广告的质量考虑进来,后来越来越多涉及资源竞争的场景都采用了这种机制。

现在,搜索引擎的自然结果中一般会加入多条广告,主流的模式依然是基于质量的二阶竞价,按 $q \times \text{bid}$ 由大到小排序,q 表示广告的质量,bid 表示广告主的出价,然后系统会将排序最靠前的几个广告返回到搜索结果中。这种模式下,广告主想要获得更好的排位,就需要提高出价或者提升广告自身的质量。

5.1.2 广告投放及相关问题

投放广告前,广告主首先需要选择在哪些查询下展现广告,这个查询一般被称为 Query,不同的查询,广告主竞争激烈程度不同,越多广告主参与竞争,这个查询下广告的单次点击价格往往就越高。不同查询下广告的投放效果也有差异,但并不是竞争激烈的查询才会有好的推广效果。如何选择合适的查询是广告主必须慎重思考的问题。

广告系统支持用户按天设置一个消费上限,广告主每天的推广费用超过这个消费上限时,系统就会停止该广告主的推广计划。随着广告系统越来越精细,广告主在设置投放查询的同时,也支持更细粒度的用户筛选,例如只将广告投放给使用 iOS 系统手机的女性客户。

广告主还需要为每个查询下的广告设置 bid,意思是在这个查询下,广告主最多愿意为广告的每次点击支付多少费用。例如苹果公司为 apple 这个查询设置 bid 为 10 元,表示苹果公司愿意最多为 apple 下广告的每次点击支付 10 元。当然,广告投放系统也会对广告内容的质量有要求,当广告质量低于某个阈值时,即使出价再高也不会被展现,广告质量达标后才有资格参与后面的竞价活动。当用户搜索某个查询的时候,搜索引擎会把所有可以投放的广告整理出来,按照基于质量的二阶竞价方式选出获胜者,系统会在很短的时间内将获胜的广告返回到搜索结果页面。当用户点击了某个广告后,就会跳转到广告主的推广页面,这个页面一般称为落地页,与此同时,系统会从该广告主的账户里扣除相应的费用。

每天都有大量用户使用搜索引擎,每一次搜索都会触发广告主的竞价活动,竞价是一个动态、连续的过程。广告主可以实时观察广告投放情况或者根据自己的需求,随时调整自己的 bid,控制广告的展现次数。例如,广告主如果想在春节的时候推广自家的男装,可以在春节期间提高"男装"下的 bid 来获得更多的展现机会。

5.1.3 搜索广告的优势

根据 internetlivestats.com 的统计,Google 每天的搜索量已经超过 40 亿,搜索引擎依然是用户与各种网站之间的重要桥梁。随着网站数量与质量的不断提升,即使内容优质的网站,也需要很长时间持续积累,才可能在搜索引擎中有一个较好的排名。这种情况下,通过付费的方式,使得网站快速获得更好的排名,为网站带来更多的流量,成为网站运营者非常重要的一个选择。

所有广告主都希望能将广告精准投放到产品的目标人群中,减少不必要的预算消耗,而搜索引擎中的搜索词自带用户的意图,非常适合用来识别目标人群。例如当用户在搜索引擎中搜索"鲜花快递"的时候,他一定是想了解有关"鲜花快递"的信息,而提供鲜花快递服务的企业如果在这个时候能将企业的信息推送到这个用户面前,不仅精准锁定了有"鲜花快递"需求的目标人群,同时还在最合适的时间点通过广告影响了该用户,产品更能得到用户的关注甚至购买。

5.2 常见产品形态

词或语句是搜索类广告最重要的定向媒介,通过这个媒介可以确定用户的意图或者上下文环境,投放与该媒介相关联的广告,尽可能地减少对用户的干扰,甚至广告可成为用户需要的内容。一般来说,可以把定向条件抽象成词或语句的场景,均可使用搜索类的广告投放引擎,本节将介绍几种比较常见的搜索类场景。

5.2.1 综合搜索

互联网发展到今天,网络上的信息爆炸式增长,并且仍在高速增长。早在1971年,诺贝尔经济学奖获得者 Herbert Simon 就曾经说过:"信息的丰富促成了注意力的缺乏。"用户每天会在各种终端上接触到五花八门的海量信息,注意力越来越难聚集到某一个焦点上。而搜索引擎的每一次查询背后都是一次注意力的汇集,在获取用户注意力方面具有天然的优势,是用户为数不多较为专注的场景之一。

商业推广的第一步就是获取用户注意力,所以如百度、Google 等综合搜索引擎依然是非常重要的商业推广阵地。如图5.2所示,用户搜索"母亲节礼物"时,他的注意力一定在选择什么样的母亲节礼物上,这个时刻返回与之相关的推广信息,势必可以获得更多的用户注意力。

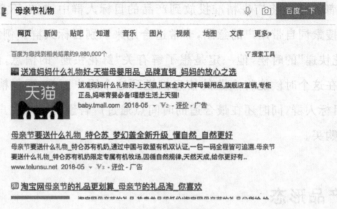

图 5.2　搜索示例

5.2.2　定制类搜索

有些大型搜索引擎为中小网站提供定制化的搜索功能,以便这些网站能为用户提供个性化的搜索服务。网站可以自定义搜索框和搜索结果的外观,还可以对搜索结果进行优化,使用户能更容易在网站上找到所需要的信息。并且使用该功能的所有中小网站可以利用大型搜索引擎提供的同一个广告投放引擎,为每一次搜索插入广告来实现流量变现。图 5.3 是 wikiHow 基于 Google 的定制搜索引擎,展现的广告由 Google 提供,如果网站用户点击了广告,网站会分得相应的导流报酬。

图 5.3　定制类搜索引擎

5.2.3 图片类搜索

图片类搜索引擎的流量也非常大,并且图片也很容易吸引用户的注意力。图 5.4 是百度图片搜索的结果,广告以图片的形式展现在普通搜索结果上方。

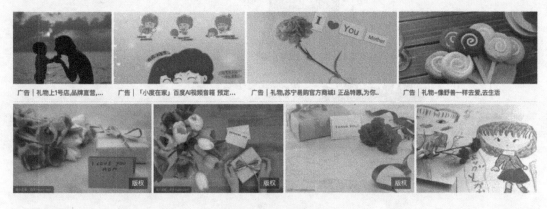

图 5.4 图片类搜索

5.2.4 内容定向

搜索类的广告投放引擎不是必须要有搜索框才能使用,只要能用关键词做内容关联的场景,都可以使用它。例如 Google AdSense 会提供一段 JavaScript 代码给合作的网站,网站将这段代码嵌入到自己网站的页面中,当有用户浏览这个页面的时候,这段 JavaScript 代码会向 Google 的广告服务器发送一个广告请求,服务器会对网页的内容进行分析,返回与之相关的广告。图 5.5 是 buildeazy.com 上一个内容定向的例子,假如广告服务器发现网页内容是描述餐桌和椅子的,就会从内容中抽象出类似"餐桌、椅子"形式的核心词,然后搜索与之相关的广告,并将其中一个广告展现到该页面,如果有人点击了这个广告,Google 和该网站都可以获得收益。

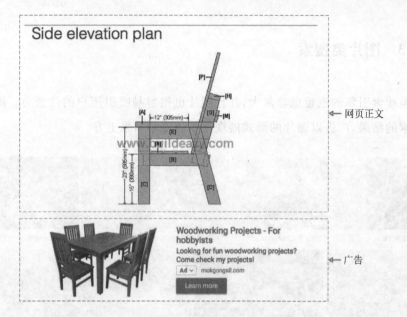

← 网页正文

← 广告

图 5.5　内容定向广告

5.2.5　电商类搜索

电商类搜索广告是搜索类广告中的又一个典型,已经成为中国搜索广告的第二战场。2016 年,中国电子商务广告份额达到在线广告市场份额的 30%,首次超过搜索类广告位列第一,这一年,中国在线广告市场的整体规模达到了 2902.7 亿元,并且仍然在高速增长中。与传统搜索引擎相比,在电子商务网站中,用户搜索的内容更具体,品牌加产品名称的组合在电子商务网站中的搜索量更大,用户对护肤品、汽车和旅游相关内容的网络搜索行为有 9% 是在电子商务网站中进行的。在这个场景中,用户带着购买意图而来,搜索结果的位置更为重要,排位靠前就意味着潜在的大量订单。图 5.6

图 5.6　淘宝电商广告

是淘宝电商广告。

用关键词检索广告的过程中,词的匹配方法有很多种,表5.1是亚马逊网站曾经使用的词的匹配模式。宽泛匹配一般要包含关键词,也可以是包含同义词和近义词的相关词语;词组匹配则必须包含关键词,可以添加很少的修饰;精准匹配必须是完全一样的词才算匹配上。

表 5.1 亚马逊网站曾经使用的词的匹配模式

宽泛匹配	词组匹配	精准匹配
支持无序匹配,单复数;支持错误拼写匹配;支持近义词匹配等	与关键词相同或者在关键词前后增加单个修饰词的相似度高的词语,支持匹配单复数,但不支持乱序,也不支持错误拼写	精确匹配
跑鞋→蓝色运动跑鞋	跑鞋→红跑鞋	跑鞋→跑鞋

5.2.6 应用商店搜索

苹果搜索类广告(App Store Search Marketing, ASM)是苹果应用商店的搜索广告,作为高质量的流量入口,会给很多应用带来更多的机会。投放过程首先是选词,苹果官方网站会根据应用推荐适合的关键词,广告主也可以自己制定关键词,广告触发有精准匹配和宽泛匹配两种模式可选,广告按点击支付费用。

5.2.7 其他

输入法和浏览器也都可以用词来定向投放广告。例如在输入法中输入某个词的时候,输入法下方弹出直达区,并弹出相关的广告,或者导流到搜索引擎,产生搜索广告;浏览器除了可以导流到搜索引擎外,也可以在浏览器渲染的时候产生与页面内容相关的广告。

5.3 系统架构和重要模块

搜索类广告投放引擎的架构和第3章中提到的基本版广告架构大同小异,本节希望通过一个简化版的广告架构介绍其中部分重点模块。

5.3.1 广告架构

如图 5.7 所示,客户如果要在系统中投放广告首先需要在账户中充值并设置广告投放计划,然后将广告信息提交到广告库中。当用户搜索的时候,会触发广告检索流程,该流程会将满足一定条件的广告筛选出来,过滤掉部分低质量广告,这个过程叫"准入",然后对剩余广告再做更细致的筛选,这里会涉及 3 个比较重要的工作:预算控制、在线匹配和机制设计。最后,将被选择的广告返回给前端,如果用户点击了这个广告,就会触发计费模块,该模块会到广告主的账户中扣取相应的费用。下面对简化版架构中提到的各部分一一介绍。

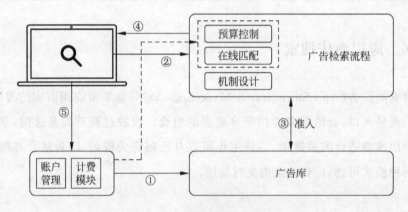

图 5.7　简化版广告架构

5.3.2　广告账户组织结构

图 5.8 是典型的广告账户组织结构,广告主通过设置广告计划来投放广告,每个广告计划可以设置多个关键词和定向条件组合,也可以设置单独的最高消费预算。所有的广告计划可被分到多个广告组下,例如每个广告组下放置不同的广告,同一个广告组下不同的广告计划定向条件不同,这些广告组也可以单独设置最高消费预算。一旦某个单元的最高消费预算已经达到,就会停止投放其下的所有广告。例如某账户每天总的消费预算无限制,该账户下有 3 个广告组,每个广告组每天的最高消费预算为 500 元,每个广告组下又都有 3

个广告计划,每个广告计划的最高消费预算为 300 元。系统会为每个线上到达的流量自动选择最适合的广告计划投放,但是如果某一个广告组下所有广告的消费总和超过 500 元,那么这个广告组下的所有广告都将不再被投放。而如果某个广告组下所有广告的消费之和还未达到 500 元,但其中的某个广告计划消费已超过 300 元,则该计划不再投放,但同组下其他没有超出预算的广告计划都可继续投放。通过设置不同的广告组和广告计划,营销人员可以同时做多个对比试验,以便快速找到最适合的投放方法。

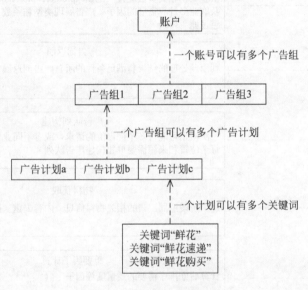

图 5.8　广告账户组织结构

5.3.3　广告检索流程

本小节将通过一次具体的检索过程,介绍从触发广告请求到广告的展现需要经历哪些操作。图 5.9 是该过程的一个简易流程图。

查询解析是将广告请求进行分析,得到后续流程中需要的所有原始信息。例如,为便于后期日志数据的统计分析,需要每次搜索的唯一标识,这里用 searchid 表示,有时候同一个 searchid 下可能同时带有多个广告位的请求,不同的广告位信息也需要记录下来。有些广告投放系统对接多条业务线,检索请求到达的时候还需要带着这次请求的具体业务线来

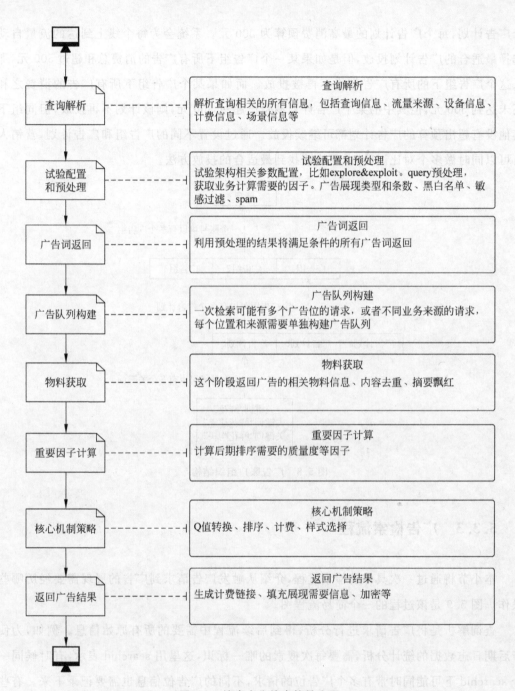

图 5.9 搜索广告检索简易流程

源。此外,还有本次检索的查询、搜索用户和相关人物画像、IP 等位置信息、浏览器信息和设备信息、广告主和广告相关信息等。

下一步是试验配置和预处理阶段。为了获得系统性能或整体收益的提升,研发人员会不断地优化广告投放系统,大型广告系统可能每周都会有新改动上线,这些改动在上线之前首先需要确定它的效果比当前的线上版本更优。最常用的方法就是从线上分出一部分流量来为最新改动版本做试验,在开始后续流程之前确认试验的流量和对应的配置,此外还有计算 CTR 的 explore&exploit 算法中相关参数的确定。预处理的主要工作则是对查询、用户和页面内容详细分析,过滤掉作弊流量和不适合出广告的敏感流量,确定当前流量需要展现的广告类型及数量,获得查询分词以及它们的同义词、近义词,确定当前流量满足的定向条件等。

广告主会提前选定多个词,当这些词和查询以某种方式匹配上的时候,就可以展现这个广告主的广告,如果某一个词被多个广告主同时选定的话,则后续会通过竞价的方式决定最终展现哪个广告主的广告。例如,广告主选择的词是"葡萄",且他选择了精准匹配方式,那么在查询为"葡萄干"时,不可以展现他的广告,但如果这个广告主选择的是较为宽泛的匹配方式,这个时候就可以展现他的广告。每个广告主选定的广告词及匹配方式都会被系统提前保存下来,当广告请求到达的时候,系统会利用上面的预处理结果查找到所有满足条件的广告词。

通过这些广告词,以及本次请求满足的定向条件,广告系统会把所有符合展现条件的广告筛选出来,这些广告的集合称为广告队列。如果一个流量同时为多个广告位请求了广告,一般需要为每个广告位构建独立的广告队列。然后从广告队列中把一些预估 CTR 较低的广告过滤掉,不同类型、不同领域的广告,过滤的条件会有所不同。

有了广告队列后,需要获取队列中每个广告的物料信息,之所以需要在这个时刻获取它们的物料信息,是因为后续的算法中需要用到。然后为每一个广告计算质量度、用户满意度、落地页质量、预算消耗等一系列参数因子。

队列中的广告都符合展现条件,一般通过竞价的方式选择出最终展现的广告。利用上面计算出来的因子,使用类似 $q \times \mathrm{bid}$(q 是广告质量,bid 为广告主的出价)的排序公式将队列中的广告由大到小排序,将最大的一个或几个广告返回给前端,不同的广告系统有不同的计费机制,最常见的是通过二阶竞价的机制确定每个广告的点击收费。为了获得更多的整体收益,常常会对 q 做某种形式的调整,这个操作称为 q 转换,本节后面会有更详细的介绍。另外,有些广告系统在对广告排序的时候也会将广告的样式考虑进来。

最后返回前端广告展现需要的所有信息,生成计费链接并加密,一次完整的广告检索逻辑就完成了。

5.3.4　预算控制

有些广告主的预算有限,如果选定的广告词比较热,预算将会在较短的时间内消耗完毕,有时候他们希望预算能够在一段时间内比较平滑地被消费,使得广告投放更长的时间。另外,根据数据人员的离线数据分析,多数情况下,预算平滑的消费也有助于提升广告系统的整体收益,所以,广告系统一般支持对广告的消费速率进行控制。

控制广告消费速率最常用的方法是提前制订一条预算消耗比例目标曲线,定期用真实的预算消耗比例和目标预算消耗比例进行比较,判断当前广告投放速率的快慢,再根据这个结果对当前广告投放速率进行调整,让真实预算消耗比例尽可能拟合目标预算消耗比例。

这里列举一种简单的 PID 控制器方法,其中包括 P(Proportional)比例控制、I(Integral)积分控制、D(Derivative)导数控制 3 种控制方式。该方法首先计算观察值(ObservedValue)和目标值(SetValue)之间的差异,然后在这个差异上通过比例控制、积分控制、导数控制来修正系统中的重要参数(ControlValue)达到拟合目标曲线的目的,如图 5.10 所示。

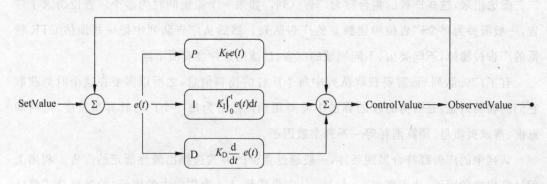

图 5.10　PID 控制器

PID 具体的公式为

$$\mathrm{ControlValue} = K_{\mathrm{P}} e(t) + K_{\mathrm{I}} \int e(t) \, \mathrm{d}t + K_{\mathrm{D}} \frac{\mathrm{d}}{\mathrm{d}t} e(t)$$

$$e(t) = \mathrm{SetValue} - \mathrm{ObservedValue}$$

其中 K_{P}、K_{I}、K_{D} 分别是 3 种控制方式的系数，想要尽可能拟合目标曲线，需要适当地调节这 3 个系数的值。图 5.11 是通过 PID 算法控制广告预算消费速率的一个例子，这里通过不断计算下一个采样周期内应该消费的预算量来调整广告消费速率，横轴为时间轴，纵轴是预算的消耗比例，黑色实线为提前设定的预算消耗目标曲线，虚线是经过 PID 控制后的预算消耗比例真实曲线。因为真实情况下很难严格按照 ControlValue 来执行，所以经过调整后，真实的曲线会在目标曲线附近不断波动。

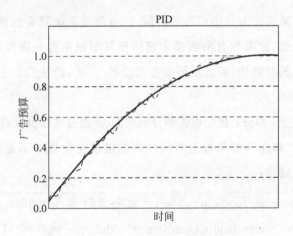

图 5.11　PID 控制广告预算消费速率

5.3.5　在线匹配

在线匹配是解决在预算不足或者资源不足的情况下，如何投放广告的问题。如果所有广告的预算无限制，在特定的竞价机制下，每次通过广告排序算法，找到排序因子最大的广告展现，系统收益往往可以接近最优。但是，在出现很多广告预算不足的情况下，这种方法却有很大的改进空间。在线匹配就是研究如何在预算不足的情况下，通过改进查询和广告的匹配方法提升系统收益,这部分内容将在第 10 章详细介绍。

5.3.6 机制设计

机制可以理解为一个框架或者游戏规则,小到简单的投票方法,大到国家的运转体制都可以理解为机制。第 11 章将讲述机制设计中的部分重要问题以及广告投放系统的竞价机制是如何设计的。

5.3.7 计费流程

当用户在搜索结果页面上点击广告的时候,广告投放系统就会向该广告账户收取一定的费用。广告能被投放,该账号有余额或未超出预算限制是首先需要满足的条件,因此计费系统需要具有较高的时效性,而且还需要考虑公平、公正,防止广告主的利益被恶意行为所损害。

计费流程主要包括 3 部分:接受点击和分析点击、点击过滤以及计费,具体流程如图 5.12 所示。在百度上搜索"鲜花",如果查看对应广告的链接会发现并不是广告主的推广链接,而是类似下面的一个链接:

> https://www.baidu.com/baidu.php? url=加密编码 &ck=6263.4.9999.344.148.
> 425.573.1169&shh=www.baidu.com&sht=baiduhome_pg&us=1.0.1.0.1.302.0&
> wd=鲜花 &issp=1&f=8&ie=utf-8&rqlang=cn&tn=baiduhome_pg&inputT=1109

用户点击广告后,这个链接会发送相关请求到系统的服务器,服务器会根据链接中的加密编码和参数获得广告相关信息,完成计费逻辑,然后重定向到广告主的推广链接上。

对计费链接解析分析后,还需要判断这次点击是否有效。例如有些网盟的广告主会点击自己网站的广告来获得更多的广告收入,也有一些广告主会恶意消费竞争对手的广告预算。点击过滤就是把这些违规或者恶意的点击去掉,大型广告公司一般会有一个专门处理链接点击反作弊的团队来保障广告生态的健康。

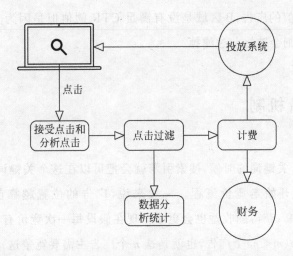

图 5.12　计费流程

5.3.8　准入

大型广告系统中都会有准入模块,一方面用来控制广告质量,把用户体验不好的广告提前过滤掉,另一方面可以进一步提升竞价效率。图 5.13 是一个典型的准入设置方法,首先会设置一个 CTR 的阈值,CTR 高于该阈值的广告才能进入广告队列,另外也可设置一个 CPM 的阈值,把没有达到 CTR 门槛,但是 CPM 足够高的广告进一步召回。图 5.13 中 C

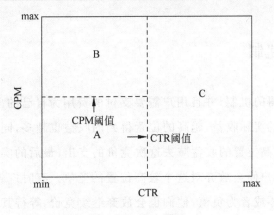

图 5.13　准入图示

区域是满足 CTR 阈值的广告,B 区域是没有满足 CTR 阈值但是因为 CPM 较高被召回的广告,A 区域的广告则会被提前过滤掉。

5.4　主流竞价机制

当用户搜索一个关键词的时候,搜索引擎就会把可以在这个关键词下投放并且还有预算的广告筛选出来,开始走竞价流程。一般来说,广告的位置越靠前,它的 CTR(Click Through Rate)也越高,获得的收益也会更多。现在假设每一次竞价有 n 个广告主,这个关键词下可以同时出 $m(m < n)$ 个广告,也就是这 n 个广告主需要竞争这 m 个位置。

比较有代表性的竞价机制主要有 3 种:广义第一价格(Generalized First Price,GFP),广义第二价格(Generalized Second Price,GSP)和 VCG(Vickrey-Clarke-Groves)机制。VCG 以表 5.2 为例,α_{ij} 表示用户 n_i 的广告放置在第 j 个广告位上的点击概率(CTR),u_i 表示每次广告点击用户 n_i 可以获得的收益。

表 5.2　广告主的点击率和收益

广 告 主	u_i	α_{i1}	α_{i2}
n_1	10	0.9	0.3
n_2	4	0.7	0.2
n_3	1	0.8	0.3

5.4.1　GFP 机制

这是一种价高者得的机制,并且用户需要支付的费用为自己的出价。在这种机制下,用户会不断计算自己的实际收益,越高的位置得到的收益也越多,同时也需要支付更多的钱。然而,有时候在更高位置的收益减去这次竞价的支出,最后的实际收益小于在较低位置的实际收益,这时用户便会放弃对这个较高位置的竞争。有时广告主竞价虽然成功,但是实际收益却可能为零或者为负值,他们也会放弃继续竞价,等待其他广告主竞价降低的时候再来参与。

图 5.14 是根据表 5.2 绘制的模拟竞价图,三条曲线分别代表 n_1、n_2、n_3。为了简化竞价过程,假设这 3 个广告主轮流出价,根据上一轮的真实收益判断下次的最优出价。如图 5.14 所示,广告主会不断地调整出价,价格会螺旋式上升,然后突降。这种机制下,广告主需要不断地调整出价才可能达到最优收益,系统的整体收益也会因为广告主不断的调整而很不稳定。

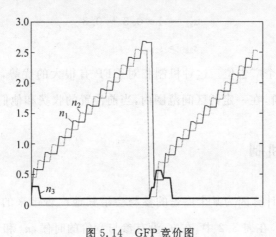

图 5.14　GFP 竞价图

5.4.2　GSP 机制

这种机制下,搜索引擎会为每一个广告主 n_i 计算一个权重 ω_i,如表 5.2 中,广告主 n_i 在第 j 个广告位的权重 $\omega_{ij} = \alpha_{ij}$,他在这个位置对应的分数为 s_{ij},由于每个位置只会分配一个广告主,我们用 s_j 来代替 s_{ij},用 ω_j 代替 ω_{ij},b_j 代替 $b_{ij} = u_i$,表示广告主 i 愿意为每次广告的点击支付的最大费用,$s_j = \omega_j b_j$。j 越小位置越高,j 越小往往收益也越高。每次竞价,系统都会为每个广告主计算这个分数,然后按这个分数递减排序,分数最高的广告主得到最高的位置。每个位置的收费并不是他们的出价,而是 s_{j+1}/ω_j。如果这里所有的 ω_j 都为 1,就是最基础的 GSP,一般比较常见的是加权的 GSP。

如表 5.2 所示,假设用户 n_1、n_2、n_3 分别出价 10,4,1。那么先看第一个广告位:

$$s_{11} = 10 * 0.9 = 9$$

$$s_{21} = 4 * 0.7 = 2.8$$

$$s_{31} = 1 * 0.8 = 0.8$$

$$s_{11} > s_{21} > s_{31}$$

所以 n_1 获得第一个广告位，他需要支付 $s_{21}/\omega_1 = s_{21}/\alpha_{11} = 2.8/0.9 \approx 3.1$。再看第二个广告位：

$$s_{22} = 4 * 0.2 = 0.8$$
$$s_{32} = 1 * 0.3 = 0.3$$
$$s_{22} > s_{32}$$

同理 n_2 获得第二个广告位。这种机制相对 GFP 有很大的优势，排名靠前的用户不需要随时调整自己的出价，在一定的区间范围内，当前位置的收费和他们的出价无关。

5.4.3 VCG 机制

VCG 机制是通过计算因为某个广告的参与会给其他广告带来的收益损失来确定这个广告所需收取的费用。在表 5.2 中，在 n_1 没有参与竞价的时候，n_2 和 n_3 的收益总和为

$$u_2 * \alpha_{21} + u_3 * \alpha_{32} = 4 * 0.7 + 1 * 0.3 = 3.1$$

当 n_1 加入的时候，n_2 和 n_3 的收益总和为

$$u_2 * \alpha_{22} + u_3 * 0 = 4 * 0.2 = 0.8$$

因此 n_1 的加入，n_2，n_3 的收益损失为 3.1-0.8=2.3，因此系统需要向 n_1 每次点击收费 2.3。

VCG 也是一种激励兼容的机制，广告主按照真实收益出价是它的最优出价，而且 VCG 可以得到全局的均衡状态。但是由于 VCG 的计算比 GSP 复杂，所以现实中很多系统更愿意使用 GSP。

5.5 搜索生态

如果要了解搜索广告中哪些因子比较重要，必须先了解这个生态中都有哪些参与者，如图 5.15 所示，一般来说最重要的参与者有广告主、搜索引擎和搜索用户，他们有意无意的行为都会对彼此产生影响。搜索引擎的首要目标是获得尽可能多的收益，但如果广告定价

过高,广告主参与的积极性必然降低,定价过低,部分有
强烈投放需求的广告主不一定能获得需要的曝光机会,
这两种情况系统不仅收益不高,生态也不健康。最理想
的情况是能根据市场的需求来动态地调整价格,把相关
重要因子交与市场决定,广告主和搜索引擎在交互中不
断优化。

图 5.15　搜索引擎主要参与对象

有流量才有变现的可能,如果广告系统对所有广告
的质量不管不顾,导致大量低质量广告进入搜索结果,对
搜索用户体验会有很大的伤害。用户一旦找到了可以替
代的产品,便会义无反顾地放弃该产品。搜索引擎流量少了,收益自然会随之下降。即使
广告质量都很高,但如果每次搜索结果中展现广告个数过多,也会引起用户的反感。此外,
搜索引擎还需要不断优化自然结果的内容来满足用户需求,毕竟先做好用户产品才能谈如
何更好地变现。

广告主选择在搜索引擎中投放广告,并不是将所有事情都交给搜索引擎就可高枕无忧
了。产业分类很多,推广目的也五花八门,很多情况下,搜索引擎也不确定如何投放才能取
得最好的推广效果。广告主还是需要提前制订一些投放计划,例如广告投放在哪些查询下
面、投放给什么类型的用户、什么时间段投放等。即使成功引导用户进入推广页面,如果没
有一个比较好的交互体验,用户产生购买的可能性依然不高。

在不断的博弈过程中,广告主会通过一些指标来衡量自己的需求是否被满足,如果发
现指标异常就会尽快优化调整。广告主在意的因素有广告展现次数、广告点击率、客户到
达率、二跳率、购买率等。

5.6　GSP 优化

机制设计有很多不同的优化目标,例如可以设计激励兼容(讲真话)的机制,也可以设
计收益最大化的机制,激励兼容的机制在竞价场景里面是一种相对公平的方法,但是往往不

是收益最大化的,大部分广告系统会更侧重于如何提升整体收益。

主流的搜索类广告基本都是采用 GSP(广义第二价格拍卖)来实现竞价模型,但实际应用中都会对 GSP 做各种调整,有大量与之相关的研究工作,有些内容甚至有完备的数学理论支持,但各系统具体如何调整是机密,不会对外透露。本节介绍几种公开的调整方法,让大家了解研究人员如何通过调整竞价机制来获得更多收益或者让广告生态更加健康。

5.6.1 Weighted GSP

首先介绍 Weighted GSP(Generalized Second Price auction)。假设每一个广告主 i 都有一个质量度 $q_i \in (0,1]$,q_i 表示广告主 i 的广告如果被放置在第一个位置时的点击概率,b_i 是广告主 i 为广告的每次点击愿意支付的最大费用。

$$OrderQ = b_i * q_i \tag{5.1}$$

所有广告通过公式(5.1)来排序,OrderQ 最大的广告获得最好的位置,其他广告以此类推。如果有用户点击了广告,广告投放系统会向广告主收取一定的费用,这个费用的计算参见 5.4.2 节。

Weighted GSP 是最常用的调整竞价机制,在它的基础上,现实中的投放系统会再继续进行各种改进,下面列举几种常见的改进方式,它们都已经被应用到现实的系统中。

5.6.2 Squashing

Squashing 就是在质量度上加一个调节参数 s,使得 $OrderQ = b_i * q_i^s$,有时候也称为 q 变换。当 $s=0$ 时,就是纯粹按照出价来竞价,如果 $s=1$ 就是普通的 Weighted GSP,大多数系统中 $s \in (0,1)$。图 5.16 是 $s \in \left[\frac{1}{3}, \frac{1}{2}, \frac{3}{4}, 1\right]$ 的曲线情况,可以发现 s 越低,OrderQ 中质量的权重越低。现实中不同的系统,能使得系统在当前生态中收益最大化的 s 值各不相同,需要根据具体情况调节。

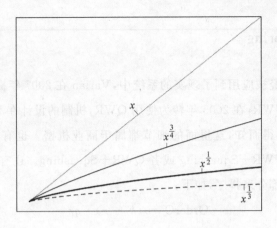

图 5.16 $s \in \left[\dfrac{1}{3}, \dfrac{1}{2}, \dfrac{3}{4}, 1\right]$ 的曲线情况

5.6.3 UWR

UWR(Unweighted Reserve Price)：系统设定一个最低点击价格 r(Reserve Price)，广告主如果希望自己的广告能够被展现，最少需要出价 r 才有资格参与竞价，他们为每一次点击的付费最少也是 r。之所以称之为 Unweighted，是因为这个最低点击价格不考虑广告的质量，任何广告的最低点击价格都相同。

5.6.4 QWR

QWR(Quality-Weighted Reserve Price)：也是设定一个最低点击价格 r，但是这个最低点击价格会根据广告质量的不同而不一样，更高质量的广告需要更高的最低点击价格。这里看起来很诡异，质量越高不是应该将这个价格设置越低吗？细想原因，这是因为计费不是根据广告主的出价来定的，而是与排名下一位广告的出价有很大关系。这样做一方面是希望质量高的广告通过竞价胜出的概率更高，提升展现广告的整体质量；另一方面是希望低质量的广告需要付出更多的代价才能获得展现机会。

5.6.5 Anchoring

上面的方法都已经被应用到了现实的系统中，Varian 在 2007 年提到，Google 最开始使用的是 0.05 美元的 UWR，在 2005 年转为使用 QWR，机制的设计在不断变化，现在 Google 使用的是何种方法，不得而知，这里面的细节都属于商业机密。也有系统使用的是多种方法的混合版本，例如 UWR＋Squashing 或者 QWR＋Squashing。还有一种设计是通过出价超出最低点击价格的部分来排序，如下：

$$OrderQ = (b_i - r) * q_i$$

其中，b_i 是广告主的竞价 bid，r 是最低点击价格，这种方法叫作 Anchoring。

5.6.6 模型对比

如图 5.17 所示，左边是 VCG 的竞价机制，右边是最优参数的 Squashing 方法。实验场景中有两个广告主，他们争夺同一个广告位，横坐标表示广告主 1 的出价，他的广告质量 $q_1 = 1$，纵坐标表示广告主 2 的出价，他的广告质量 $q_2 = \frac{1}{2}$，区域 A 表示广告主 1 胜出，区域 B 表示广告主 2 胜出。通过图 5.17 可以比较直观地看到，不同竞价模型内部的竞价生态不同，如果有更多的广告主争夺多个广告位置，内部竞价的情形会更加复杂。

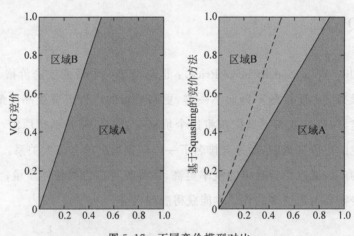

图 5.17　不同竞价模型对比

5.6.7 Hidden Cost

一味追求短期利益的最大化并不理智,有些广告的用户体验很差,有些甚至会利用一些欺骗的行为来获得更高的点击率,严重损害用户的体验,导致搜索引擎用户点击广告的概率越来越小,对整个生态的负面影响是长期和持续的,从长远来看得不偿失。

Abrams 和 Schwarz 在 2008 年提出了一种 GSP 的修正方案,将广告对用户体验的损害考虑进来,由于这种损害一般不容易被发现,所以称为 Hidden Cost。场景是这样的,现在有多个广告位,有多位广告主来参与竞争,广告主的集合用 I 表示,b_i 为广告主 i 的出价,h_i 是对应的 Hidden Cost,可以理解为对未来收入的影响。具体的竞价算法如下。

算法 Hidden Cost GSP 机制

1:$\forall i \in I, b'_i = b_i - h_i$。
2:基于 b'_i 执行广义二阶竞价。
3:$\forall i \in I, i$ 每次点击收取费用 $\text{Price}_i + h_i$(其中 Price_i 为根据二阶竞价机制计算出的收费),并保持 i 的相对位置不变。

图 5.18 Hidden Cost GSP

使用 b'_i 来参与竞价,通过 GSP 计算收费后再将 Hidden Cost 加回来作为最终的收费。

5.7 长尾查询

除了百度、Google 等综合性的搜索引擎,还有大量的中小型搜索引擎和垂直类搜索引擎,不同的搜索引擎有不同的流量类型。

但搜索引擎的查询一般都服从幂律分布,也叫二八分布,就是头部 20% 的查询所拥有的流量占所有流量的 80%,对应剩下 80% 的查询所拥有的流量占比为 20%,一般称这部分查询为长尾查询。如图 5.19 所示,横坐标表示不同的查询,按照流量从大到小排序,纵坐标表示这个查询一天的流量。一般情况下,媒体首先会关心头部流量如何变现,因为 KA 客户也更关心这部分流量是否可以投放自己的广告,尤其是品牌类广告,更希望能够投放在这些热门流量上。不过现在的系统开始越来越关注长尾查询的变现。

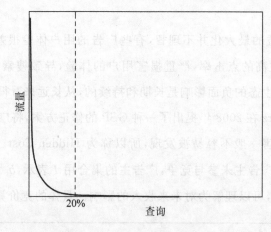

图 5.19　搜索引擎流量分布

2004 年 10 月,《连线》杂志主编 Charis Anderson 在 *The Long Tail*(Anderson,2004)中首次提出了长尾理论。文章指出,只要产品的存储和流通的渠道足够大,需求不旺或销量不佳的产品所共同占据的市场份额可以和那些少数热销产品所占据的市场份额相匹敌甚至更大,即众多小市场可汇聚出能与主流相匹敌的市场能量。

图书类在线销售就是长尾理论的一个典型场景,亚马逊网上书店的图书销量中,畅销书的销量占据一半,而另一半则是种类繁多的非畅销书,它们积少成多,销量也非常大。支付宝也是一个比较典型的案例,2014 年 1 月初,天弘基金发布了余额宝用户的各项特征数据,截至 2013 年年末,余额宝规模为 1853 亿元,用户共计 4303 万户,用户平均年龄仅 28 岁,人均持有金额为 4307 元,大量的长尾汇聚在一起可以形成一个巨大的市场。

在流量变现领域,网络联盟就是一个典型的消费长尾流量的例子,虽然每个小网站的流量都非常小,但是如果把它们汇集起来,总体的流量却非常可观。

互联网时代,既要利用好头部优质流量,做好热点营销,也要寻求长尾变现的途径,只要能够把大量的长尾资源汇集起来,市场潜力也非常巨大,并且生态的稳定性也非常好。

5.8 市场规模

　　根据中国互联网络信息中心(CNNIC)发布的第 42 次《中国互联网络发展状况统计报告》显示,截至 2018 年 6 月,我国搜索引擎用户规模达 6.57 亿,使用率为 81.9%,用户规模较 2017 年末增加 1731 万,增长率为 2.7%;手机搜索用户数达 6.37 亿,使用率为 80.9%,用户规模较 2017 年末增加 1342 万,增长率为 2.2%。用户规模仍在增加,搜索广告市场规模也将继续扩大,预计 2021 年全球搜索广告市场规模将达到 1425 亿美元。中国是增速最快的国家,预计 2021 年中国搜索广告收入将接近 549 亿美元。随着中国移动设备的普及,移动端搜索广告的收入占比将越来越大,预计 2021 年移动端搜索广告收入将从 134.06 亿美元增长至 497.99 亿美元,中国移动端搜索广告收入的占比将远大于美国和欧洲。

参考文献

ABRAMS Z,SCHWARZ M,2008. Ad auction design and user experience[R]. Applied Economics Research Bulletin:98-105.

AGARWAL A, HOSANAGAR K, SMITH M D, 2011. Location,Location,Location:An Analysis of Profitability of Position in Online Advertising Markets[J]. Journal of Marketing Research,48(6):1057-1073.

AGARWAL D, GHOSH S, WEI K, et al, 2014. Budget Pacing for Targeted Online Advertisements at LinkedIn[C]. In Proceedings of the 20th ACM SIGKDD International Conference on Knowledge Discovery and Data Mining:1613-1619.

ANDERSON C,2004. The Long Tail[EB/OL]. [2018-09-28]. https://www.wired.com/2004/10/tail/.

EDELMAN B, OSTROVSKY M, SCHWARZ M,2007. Internet advertising and the generalized second price auction:Selling billions of dollars worth of keywords[J]. American Economic Review,97(1):242-259.

FENG J,BHARGAVA H,PENNOCK D,2007. Implementing Sponsored Search in Web Search Engines:Computational Evaluation of Alternative Mechanisms[J]. INFORMS Journal on Computing,19(1):137-148.

GILLARD G,2012. An introduction and tutorial for PID controllers[EB/OL]. [2018-06-18]. http://

smithcsrobot. weebly. com/uploads/6/0/9/5/60954939/pid_control_document. pdf.

KIREYEV P,PAUWELS K,GUPTA S,2016. Do Display Ads Influence Search? Attribution and Dynamics in Online Advertising[J]. International Journal of Research in Marketing,33(3): 475-490.

LAHAIE S,PENNOCK D,2007. Revenue Analysis of a Family of Ranking Rules for Keyword Auctions [C]. In Proceedings of the 8th ACM Conference on Electronic Commerce: 50-56.

LEE K,JALALI A,DASDAN A,2013 . Real Time Bid Optimization with Smooth Budget Delivery in Online Advertising[C]. In Proceedings of the 7th International Workshop on Data Mining for Online Advertising,1: 1-9.

MANGANI A,2004. Online advertising: Pay-per-view versus pay-per-click[J]. Journal of Revenue and Pricing Management,2(4): 295-302.

NABOUT N A,KIERA B S,2012 . Return on Quality Improvements in Search Engine Marketing[J]. Journal of Interactive Marketing,26(3): 141-154.

THOMPSON D R,LEYTON-BROWN K,2013. Revenue Optimization in the Generalized Second-price Auction[C]. In Proceedings of the 14th ACM Conference on Electronic Commerce: 837-852.

VARIAN H,2007. Position Auctions [J]. International Journal of Industrial Organization, 25 (6): 1163-1178.

YUAN S,WANG J,ZHAO X,2013. Real-time bidding for online advertising: Measurement and analysis [C]. In Proceedings of the 7th International Workshop on Data Mining for Online Advertising,3: 1-8.

第6章

社交类广告

6.1 社交媒体

社交网络是互联网发展史上一项重大的发明,它对人类的生活产生了极其深刻的影响,并在逐渐改变着企业的营销思路。在介绍社交类广告前,本节首先对社交媒体相关内容做简单介绍。

6.1.1 社交网络国度

目前全球有近 76 亿人口,2017 年第二季度,全球第一大社交网络 Facebook 月活跃用户数达到 20 亿,已经超过全球人口的 1/4,比中国人口总数还要多,已然是一个非常庞大的虚拟国度。且世界范围内,类似的虚拟国度还有很多。网民就是这个虚拟国度的公民,他们每天在这里娱乐、交流、学习,已经成为真实生活的一部分。

现实中的明星、领域名人在社交网络分享内容并可得到及时的互动,他们可以与关注者更近距离地接触;政府部门、企事业单位也在这里建立自己的账号,通过分享有价值的信息来获得用户的关注,粉丝越多,这个账号的影响力也就越大;在一些亚文化领域,同样有人可以把不同地理位置的人聚集在一起,只要塑造出的形象是这个圈子喜闻乐见的,就会赢得比现实生活中更多的关注,账号的话语权也越大。在这里,任何人都可能找到自己的关注者,没有那么多年龄、背景的限制。现实中发生的事情,这里也会发生,所以网民觉得很真实,有存在感。

这是一个全新的世界,它有自己的运转方法。借助大数据分析,企业能够知道网民的喜好,它们通过不断塑造自己的形象,呈现出受网民喜欢的一面,可以是正能量的、公益的、风趣的,也可以是专业的。有些企业通过宣扬女权,维护女性形象,解答女性的大众问题来获得女性的共鸣,这样在某一个女性圈层里,企业的信任度就会不断增强。以人为本的营销就是这样的思路,企业通过发现人群中的需求与渴望,塑造一种人性化的形象来更好地满足用户的需求,达到营销的目的。

截至 2017 年,中国的移动社交用户规模已经达到 5.9 亿,并且仍然在稳步增长中,基于社交化的推荐传播已经是一件不容忽视的工作。国内,除了微信、微博、QQ 等明星社交功能的媒体工具外,很多论坛、视频网站、电商类产品等都开始尝试添加社交化功能。

6.1.2 社交网络的特点

社交网络有很多特点,这里介绍其中最典型的几点。

- 行为透明。用户在社交网络中发表文章、阅读内容、关注、评论、转发等行为,都是可以被发现和记录的。
- 可塑性强。网络形象可以通过个人或团队不断塑造,同一个人既可以科学严谨,也可以风趣幽默;既可以客观公正,也可以嬉笑怒骂。
- 内容传播和消费更快。通过头部用户的传播,很多新闻、娱乐、资讯等领域的热点事件可以在非常短的时间内被庞大的用户群消费。
- 彼此距离更近。在这个虚拟国度,用户只要接入网络,近在咫尺和远在天涯没有什么区别。不同文化的用户通过社交媒体一起娱乐、工作、辩论、学习,彼此的距离变得越来越近。
- 趋向现实化。我们对网络世界的认知在不断提升,这个世界也在以更高的效率整合着。在这里,我们所见所想所思,越来越真实,与现实中的界限也越来越模糊。

6.1.3 常见的社交应用

除了传统意义上的综合社交,越来越多的媒体也开始具备社交属性,表 6.1 列举的是一些常见的社交类媒体。

表 6.1 一些常见的社交类媒体

分 类	举 例
综合社交	Facebook、微信、微博
婚恋	世纪佳缘、百合网
图片视频社交	抖音、快手、美拍
职场社交	脉脉、猎聘网
社区	豆瓣、知乎、贴吧

6.1.4　社交网络影响购买行为

根据 Nielsen 的调查结果显示,92％的消费者更愿意相信来自家人、朋友、社交媒体上的熟人、粉丝等对某个产品的评价,他们对消费者的影响超过了所有形式的广告。过去消费者更愿意听取专家和内行的意见,但是对于各行业的调查表明,近些年,消费者超过57％的消费抉择取决于其他用户的评价,远高于品牌和价格因素。

根据调查显示,9.5％的消费者在通过社交推荐后会产生购买倾向,而现实生活中有10.6％的消费者会因为他人面对面的推荐而购买,社交媒体中的推荐效果和现实中面对面的推荐效果几乎相同。与此同时,负面评价也会极大地削弱用户的购买欲望,大约超过11％的用户会因为负面评价而不购买某个商品。

6.2　社交广告

相对其他类型广告,社交广告最主要的特点是具有互动和传播属性,本节主要从常见的广告类型和定向方式两个角度来介绍社交广告。

6.2.1　常见广告类型

如今,移动端已经成为国内主流社交媒体的主要流量来源,本节以移动端广告为例介绍社交广告的类型,最常见的类型主要有 Banner 广告、信息流广告、视频广告、H5 广告、开屏广告、插屏广告等。

Banner 广告作为一种历史最悠久的在线广告类型,在移动端仍然很常见,但由于手机屏幕较小,移动端上很多 Banner 广告的用户体验并不好,甚至会影响媒体新用户的发展和老用户的留存。而主流社交媒体基本都采用信息流的内容展现形式,信息流广告成为一种更加主流的广告类型,微信的朋友圈广告和微博的效果类广告都属于这种类型。

视频作为一种形象生动的内容展现形式,一直以来都是广告投放的主阵地。信息流中加入的视频类型广告是社交媒体非常重要的一种广告类型,通过这种广告,社交媒体在逐步瓜分传统电视广告的市场。加上视频网站和短视频社交平台上的视频广告,视频类广告市场份额已经非常大,且仍在继续扩大。

在社交媒体上,经常会看到一些能互动、有特效的 Web 页面,这也是一种不可忽略的广告形式,它们基于 HTML5 开发,所以一般称为 H5 广告。H5 是一种网页编程的行业规范,其间经历过 5 次重大的修改,2014 年 10 月 HTML5 最终定稿,它最大的优点是广告经过一次开发后,可以嵌入到不同类型的设备上展现,例如 Android 和 iOS 上的同一个广告不用重复开发两次。

开屏广告是在应用首次被打开的时候投放的广告,一般会覆盖整个屏幕,以图片或动画的形式居多。插屏广告多出现在视频暂停或首次进入子频道的时候,是半屏或全屏的广告。这两种广告对用户体验的伤害都相对较小,点击率却往往很高,也是被社交媒体广泛采用的广告类型。

6.2.2　定向方式

社交媒体中广告的定向方式主要分为两大类:一类是基于人的定向;另一类是基于内容的定向。基于人的定向,就是根据当前用户的属性来定向投放广告,例如,通过用户的性别、年龄、职业等用户画像数据定向投放广告,基于用户兴趣定向投放广告,或基于用户所在城市、地理位置定向投放广告等。社交媒体一般都会将内容分频道,不同的频道下是不同领域的内容,在某个领域的信息流中投放该领域的广告,更容易保护用户的阅读氛围,这就是基于内容的定向。例如,在军事频道投放洗面奶的广告和在汽车频道投放与汽车相关的广告,后者更可能不破坏用户的阅读氛围,但可惜并不是所有的广告都可以融入一个阅读氛围里。

社交媒体中,用户关系是一个独有的特征,它可以直接作为一种定向方式,例如微博粉丝头条可以投放广告给自己的粉丝以及粉丝的粉丝。另外,用户关系经过分析挖掘也可以产出很多重要的数据,例如通过分析用户的关注、转发、评论、赞等行为数据以及相关互动博文的内容,系统可以判断出用户的喜好,从而推荐给他们喜欢的广告。也可以对用户进行社区分类,然后基于社区分类来做广告推荐。

社交类广告的效果也不只局限在广告的展现和点击等直接影响上,它有一个很重要的特点是可以互动和传播,如何衡量以及控制广告在社交网络中的互动效果和传播也是一个非常值得研究的问题。且用户与广告的互动量会因用户状态不同而差异很大,在广告的传播过程中,需要考虑用户当前与其他内容的互动情况来决定如何推荐广告,不同的传播方式,广告的效果会大不相同。

6.3 基于社交关系的算法

基于社交关系的算法有很多,本节对其中的社交内容推荐算法、社区分割算法和社交内容扩散算法做简单介绍。

6.3.1 社交内容推荐算法

有数据显示,用户每天在 Feed 流中平均消费约 300 条信息,而系统每天可以推送给用户的信息远远高于这个数字,所以社交媒体需要强大的算法从信息候选池中选出用户最可能喜欢的信息。而广告的插入个数和用户每天消费的信息个数密切相关,信息流中广告占比太大会引起用户的反感,据艾瑞咨询的调研结果显示,多数人每天愿意接受的广告推送量为 3～5 条。

每天用户能消费的信息有限,从海量的 Feed 流里挑选出最适合的信息推荐给用户是一个非常复杂的算法,Facebook 将这个算法的目标定义为"把用户最关心的信息找出来"。社交广告的优化目标也类似,如果能把用户关心、感兴趣的广告优先找出来,不仅可以降低用户的反感程度,也能增加广告的点击率。

想要从广告队列中把用户最可能感兴趣的广告选取出来,首先需要选择有效的特征,找到合适的特征,算法就成功了一半。大型社交系统中,这类特征的数量可能会从几万到几百万不等,以下是部分特征的分类。

- 用户和广告主关系的密切程度。
- 广告博文质量。
- 用户历史兴趣和博文匹配程度。
- 社交关系类特征。
- 上下文场景类特征。

6.3.2 社区分割算法

社交类博文的文本内容一般较短,甚至很多内容以图片和短视频为主,从中分析核心信息会很困难。这时,基于社交关系的挖掘结果不仅可以有效地提升广告投放效果,且对进一步挖掘社交类广告的潜力也很有意义。所以对于社交类媒体来说,做好社交关系的挖掘非常重要,本节讲的社区分割就是其中一种。

社交网络中,有时候从个体角度去分析用户的行为,相关数据会过于稀疏,如果对相似用户聚类,例如将喜欢同一个领域的所有用户作为一个整体来分析,就会有更多的数据可以利用。大型社交网络往往有几千万到上亿的用户数,除了传统的领域类别,还有更多关系密切的小圈子平时很难发现,但是对研究用户的行为却十分有用。社区分割算法就是根据网络的结构来对网络进行分割,最终将一个大网络分割成一些连接更加稠密的小网络。

图 6.1 表示网络中的一个子图,包括结点和结点之间的边,结点代表网络中的个体,边代表它们之间的关系,有时候这些边会有权重。社区分割的结果就是把联系更加紧密的子图分离出来,使得子社区之间的连接更加稀疏,例如将图 6.1 分割为图中虚线所示的两部分。

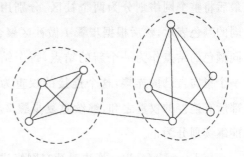

图 6.1 社区划分示例

社区分割的算法很多,Blondel 等在 2008 年提出的 Fast Unfolding(快速社区发现)算法是其中具有代表性的一种。主体思路是通过把某一个结点 i 从当前社区移除,添加到相邻的社区 C 中,然后通过对比调整前后的变化来确

定是否做这个调整,这个变化用社区模块度来衡量,具体公式为

$$\Delta Q = \left[\frac{\sum_{\text{in}} + 2k_{i,\text{in}}}{2m} - \left(\frac{\sum_{\text{tot}} + k_i}{2m}\right)^2\right] - \left[\frac{\sum_{\text{in}}}{2m} - \left(\frac{\sum_{\text{tot}}}{2m}\right)^2 - \left(\frac{k_i}{2m}\right)^2\right] \tag{6.1}$$

其中,$\sum_{\text{in}}$ 是社区 C 所有内部连接权重的总和,$\sum_{\text{tot}}$ 是和 C 中所有结点相关连接的权重和,k_i 是和 i 相关的所有连接的权重和,$k_{i,\text{in}}$ 是和 i 相关的并且在 C 内部的连接的权重和,m 是整个网络所有连接的权重之和。具体算法如图 6.2 所示。

算法:Fast Unfolding

1:初始化,每个结点属于一个独立的社区。

2:遍历每个结点,尝试将它划入相邻的社区,计算社区模块度的变化 ΔQ,如果为正数,则接受这次划分,否则放弃。

3:重复 2 直到不能继续划分为止。

4:把划分出来的社区作为一个新的结点,社区间的权重为社区之间所有连接权重之和,社区内部连接的权重之和作为一个指向自己的内循环的权重,然后重复上面的步骤。

图 6.2 Fast Unfolding 算法

图 6.3 是使用 Fast Unfolding 算法做社区分割的一个示例。最开始每个结点为一个独立的社区,并且结点之间连接的权重都相同(假设都为1),然后不断重复 Fast Unfolding 算法中步骤 2,最后将整个网络划分为两个社区,分别用两种不同的颜色表示,然后根据步骤 4 做社区聚合,把相同颜色的结点作为一个新的结点,每个结点都有一个指向自己的连接,这个连接的权重为社区内部所有连接的权重之和,继续重复步骤 2,直到不能继续划分为止。

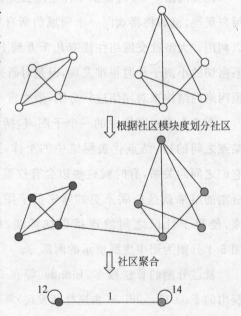

图 6.3 Fast Unfolding 社区分割过程

用 Fast Unfolding 算法对社交网络进行社区分割,一个用户只能属于其中一个社区,还有一些社区分割方法,同一个用户可以属于多个社区,下面的分割方法就是其中一种,主要分 3 个步骤。

第一步将与目标客户 u 有直接互动的所有用户作为一个集合 U_1，然后找到 U_1 中所有的最大团，这里最大团的意思是团中的所有结点都是强连通的，即两两之间都有直接的互动关系，最终找到多个最大团 $T_i, i \in 1, 2, \cdots, n$。

第二步是对每一个 T_i 进一步扩展，这次扩展的对象是属于 U_1 但又没有在 T_i 中的用户，假设其中某个用户 $\hat{u}$ 被划入到了 T_i，新的集合为 $\hat{T}_i$，通过下面的公式判断 $\hat{u}$ 是否可以划入：

$$U(\hat{T}_i) = \frac{\sum\limits_{\text{in}} \text{Weight}(\hat{T}_i)}{\sum\limits_{\text{out}} \text{Weight}(\hat{T}_i)}$$

其中，$\sum\limits_{\text{in}}$ 为 $\hat{T}_i$ 内部所有连接权重之和，$\sum\limits_{\text{out}}$ 为 $\hat{T}_i$ 外部所有连接权重之和。如果 $U(\hat{T}_i) > U(T_i)$，则 $\hat{u}$ 可以划入到新的社区中。

第三步是对第二步中产生的新的社区集合继续扩展，这次扩展的对象是和 U_1 有互动行为的用户集合，扩展的方法同第二步。

主要思路是把一个圈子中的核心小圈子找到，然后基于核心小圈子不断扩展。

6.3.3　社交内容扩散算法

人们的购物决定更容易受关系亲密的亲人、朋友的影响，如果某商品有他们的推荐，人们购买的可能性会大大增加，所以如何控制好社交网络中的相互影响关系非常重要。另外，社交类广告的效果不仅仅停留在投放期间的即时互动上，好的社交广告会引发大众的传播效应，大幅提升社交类广告的作用。社交内容扩散算法就是控制内容传播和用户相互影响的算法，这里通过两个比较简单的场景，来说明社交内容扩散算法解决什么问题。

假设用户与社交网络中内容的互动行为受两个因素的影响：一是用户的喜好和性格，例如某些人在社交网站中的互动量非常大，他们喜欢主动与感兴趣的各种内容互动，而有一些人则与所有内容的互动率都不高；另一个就是社交网络中他人的行动，如果某个用户发现很多朋友与社交网络中某内容有互动，很可能会促使他与该内容互动。那么，在一个特定的用户集合里，通过什么样的顺序投放给他们同一个广告，最后可以使该广告的互动率最高？

我们经常见一些在网络上疯传的有趣内容，它们的传播主要依靠用户的主动传播来完成，那么如何投放内容给最少的用户，最后使得该内容的传播范围达到预期？

社交媒体的内容扩散，从开始投放到目标达成需要不断地分析当前扩散情况然后修正扩散策略。图 6.4 以广告扩散为例，在系统检索出广告后，需要经过用户圈定、实时传播分析、社交排序到投放 4 个步骤，然后再重新圈定新的用户开始新的循环，而传统的效果类广告的投放路径只是检索、定向和投放。

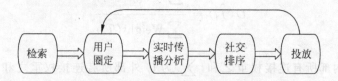

图 6.4　社交广告投放路径

这个扩散路径上主要需要解决两个问题：一是用户之间如何扩散，他们之间的相互影响如何定义；另外一个问题是如何圈定用户。

解决用户之间相互影响的模型有很多，独立级联模型(Independent Cascade Mode, IC)是较常用的一种。思路如图 6.5 所示，一个结点被激活后，它会尝试同时激活它的所有相邻结点，并且这个尝试只进行一次，它

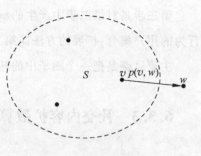

图 6.5　独立级联模型

激活周围邻居的概率为 $p(v,w)$，这个概率需要通过历史社交数据和实时的传播特征来计算获得，概率越大，说明该结点被激活的可能性越高。w 可以同时被它的所有激活邻居来激活，它们的顺序任意，某个结点被激活后即转化为激活状态，下一时刻便开始尝试激活它的邻居结点。一个结点尝试激活它的邻居后，它本身仍然处于激活状态，但是不能再继续激活其他结点。

第二个问题是如何不断选择优质的种子用户来扩大信息的传播范围，常用的种子用户有当前活跃用户、与当前圈定用户亲密度较高的用户、传播能力较强的用户。这个过程需要实时地观察信息的传播路径和传播范围，并不断调整。

6.4　社交网络营销

2012 年 Nielsen 发布的 *Global Trust in Advertising* 表明,相对于所有类型广告对用户的影响,全球范围内 92％的消费者更愿意接受家人、朋友和非广告宣传途径获得的推荐。另外一个最值得信赖的品牌信息来源是线上用户的评价,用户的购买决定越来越依赖社交网络上的 WOM(Word of Mouth)。

传统推广方式中,营销人员一般通过定向目标群体,寻找合适、有效的沟通方式,传达正确的信息来达到营销的目的,传播途径中传播者和信息接受者一般是一对多的关系。而社交网络上的 WOM 是多对多的关系,这种传播更容易产生"病毒",然后疯狂地传播到世界上的每一个角落。甚至有时候营销人员根本不需要做目标人群定向,只需要做好一个创意,然后"扔"出去,信息就会通过传播抵达不同的人群,这些人群中有些是不可能提前定向出来的。

传统营销方式中,企业通过定位不同类型的人群,采用有效的方式和目标人群沟通,有点类似狙击式的营销,因为对传统营销来说,散弹式的广告投放方法成本太高。但随着社会的发展,很多商品的目标人群越来越大,例如 iPad 几乎已经被所有年龄段所有地区的人使用,通过传统的分割定向方法已经很难区分目标用户,甚至这样的分割定向可能对企业的发展产生不利因素。社交网络可以覆盖更大的人群,能为这些企业提供更好、更高效的营销场地。

另外,网络上的社区也悄然兴起,通过特定的社交媒体把不同地点的用户聚集在一起,他们产生友谊,变成朋友,分享彼此的观点,互相推荐品牌产品,企业在营销上已经失去了绝对主导的地位。这些变化影响着营销人员和消费者之间的关系,也影响着消费者和产品的联系方式,企业必须对可能产生的诸多情况积极响应,才可能达成良好的营销目的。

在这个过程中,内容营销的概念越来越响亮,营销不再是一个静态的、可控的过程,在社交网络上的内容营销是需要引导的动态过程,加入了更多的用户互动和传播,有时用户甚至可以改变品牌的一些属性。这虽然使得营销过程出现更多的不确定因素,但是也受到了越来越多企业的欢迎。

例如匡威让它的忠实客户为品牌提供他们自己的视频,然后通过传播达到营销的目的。欧莱雅为了给旗下的美容品牌提供好的营销内容,专门制作美妆教程,并和 YouTube 合作,上传相关视频,例如"如何塑造你的眉毛"这个视频,在没有付费的情况下,累计了近万的浏览量。

杜蕾斯的营销人尽皆知,每次微博上有热点事件或者热门节日,杜蕾斯都会想到一些有趣的内容来借势,等着网民的二次传播,最终达到营销的目的。图 6.6 是杜蕾斯在愚人节发布的文案。

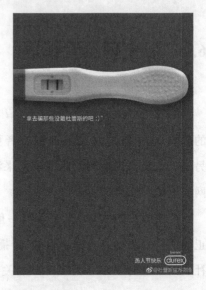

图 6.6 杜蕾斯在愚人节发布的文案

参考文献

BHARADWAJ V, CHEN P, MA W, et al, 2012. Shale: an efficient algorithm for allocation of guaranteed display advertising[C]. In Proceedings of the 18th ACM SIGKDD Conference on Knowledge Discovery and Data Mining: 1195-1203.

BLONDEL V D, GUILLAUME J L, LAMBIOTTE R, et al, 2008. Fast Unfolding of Communities in large networks[J]. Journal of Statistical Mechanics: Theory and Experiment, 10: 1-12.

CURRAN K, GRAHAM S, TEMPLE C, 2011. Advertising on Facebook[J]. International Journal of E-Business Development, 1(1): 26-33.

CHEN W, FONG S, 2010. Social Network Collaborative Filtering Framework and Online Trust Factors: a Case Study on Facebook[C]. In Proceedings of the 2010 15th International Conference on Digital Information Management: 266-273.

CHEN P, MA W, MANALAPU S, et al, 2012. Ad serving using a compact allocation plan[C]. In Proceedings of the 13th ACM Conference on Electronic Commerce: 319-336.

VEE E, VASSILVITSKII S, SHANMUGASUNDARAM J, 2010. Optimal Online Assignment with Forecasts[C]. In Proceedings of the 11th ACM Conference on Electronic Commerce: 109-118.

GIRVAN M, NEWMAN J, 2002. Community Structure in Social and Biological Networks[J]. In

Proceedings of the National Academy of Sciences,99(12): 7821-7826.

HEGGDE G,SHAINESH G,et al,2018. Social Media Marketing: Emerging Concepts and Applications [EB/OL]. [2018-08-28]. https://link. springer. com/content/pdf/bfm％3A978-981-10-5323-8％2F1. pdf. DOI: 10. 1007/978-981-10-5323-8.

PANDEY S, AGARWAL D, CHAKRABARTI D, et al, 2007. Bandits for Taxonomies: A Model-based Approach[C]. In Proceedings of the SIAM International Conference on Data Mining: 216-227.

WILHELM H,VOHS K,BAUMEISTER R,2012. What People Desire,Feel Connected About,and Try to Resist in Everyday Life[J]. Psychological Science,23(6): 582-588.

第7章

视频类广告

7.1 视频广告简介

我们对视频类广告并不陌生,每天都会在视频网站看到各种类型的广告,本节将从常见的广告类型、售卖方式和广告时长 3 个角度介绍视频类广告。

7.1.1 常见的广告类型

最常见的视频广告是前贴、后贴、中插、暂停广告、角标以及放置在显著位置的 Banner 广告。其中,前贴广告就是在视频开始和结束的时候弹出的广告,如图 7.1 所示。

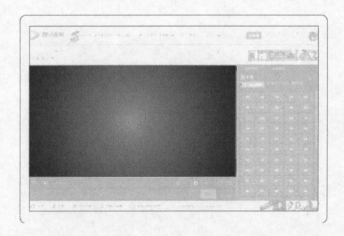

图 7.1 前贴广告

中插广告就是在视频播放期间插入的广告,或者由剧中演员表演的一些创意广告。现在很多影视剧中都会插入这种形式的广告,由于玩法新颖,效果非常好。

暂停广告是在执行暂停操作的时候在画面中央弹出的广告形式,如图 7.2 所示。

角标广告是在视频的一个角上弹出的一种广告形式,如图 7.3 所示。

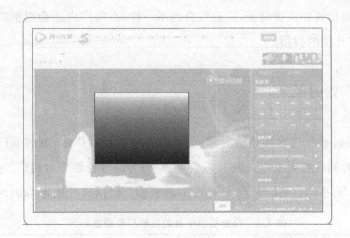

图 7.2　暂停广告

图 7.3　角标广告

7.1.2　售卖方式

视频类广告主要按 CPM 售卖,也有一些广告是按 CPD 售卖,例如移动端的开机、关机广告和 OTT(Over The Top)端的开机视频、关机广告、屏保广告等,都是按天售卖。这些广告位可以被独占,也可以支持多个广告轮播。视频网站对一些版权产品上的广告会单独售卖,例如独播剧和欧美剧,一般支持多屏投放,且在不同终端上售卖的价格会有所差别。

另外,不同的创意形式和广告时长,广告收费也不一样,有些广告还会根据广告主设定的定向条件加收一定比例的费用。

7.1.3 广告时长

在不同的视频平台观看视频的时候,会出现各种时长的广告,有时候广告很长并且连续播放多个,有时候广告则很短。表 7.1(仅供参考)为部分视频平台的广告播放时长,最短广告时长都是 15s,平均广告时长在 60s 左右,最长的广告播放时长为 120s。

表 7.1 部分视频平台的视频广告播放时长

平　　台	视频广告播放时长	平　　台	视频广告播放时长
优酷	15～120s	乐视网	15～110s
腾讯视频	15～90s	芒果视频	15～95s
爱奇艺	15～75s		

那么广告的投放时长由哪些因素决定?用户在观看视频的过程中一般希望最好没有广告或者出现尽可能少的广告,但对于平台方而言,广告的播放时长和收入有关,播放的广告越多、时间越长,相关收入也就越高。但是广告时间太长或个数太多,又会引起用户的反感,可能影响平台的长期收益,且用户也可能会离开屏幕前,直到广告播放完毕再回来,这样广告实际并未被用户观看,失去广告效果,所以广告的播放时长是各平台权衡用户容忍度和平台收益后的结果。另外,广告投放时长还和下面这些因素有关。

- 视频内容的长度。越长的视频,用户能接受的广告播放时长也越长,例如一个 2h 的视频,播放 120s 的广告用户一般可以接受,但是一个 30s 的短片,仍然播放一个 120s 的广告,用户体验就会非常差。
- 不同领域的视频,广告长度会有所不同。例如儿童频道的广告可能要相对短一点,因为用户的年龄比较小,容忍度和关注度相对成人来说较低。
- 视频内容的优质程度。例如独立版权的最新视频,用户对广告的容忍时间会较长一些。
- 广告投放的效果。前贴的广告效果好于后贴,对视频平台来说,希望更多的广告能投放到效果更好的位置,从而带来更好的收益。

- 当前用户观看视频的时长和个数。有些平台会根据用户观看视频的时长和个数调整他们看到广告的时长。

7.2 视频广告生态和投放流程

在了解视频类广告的基本情况后,本节介绍视频广告生态以及广告投放流程,希望读者在了解其他相关知识前对视频广告的工作流程有更加深入的理解。

7.2.1 视频广告生态

视频平台除了传统的综合视频播放平台和OTT外,其他多种类型视频媒体的视频播放量都有显著增加,其中社交网站、短视频应用中的视频播放量提升异常迅猛。广告生态中除了广告服务和内容制作外,还包括政策监控、版权服务和相关服务支持,具体内容见图7.4。

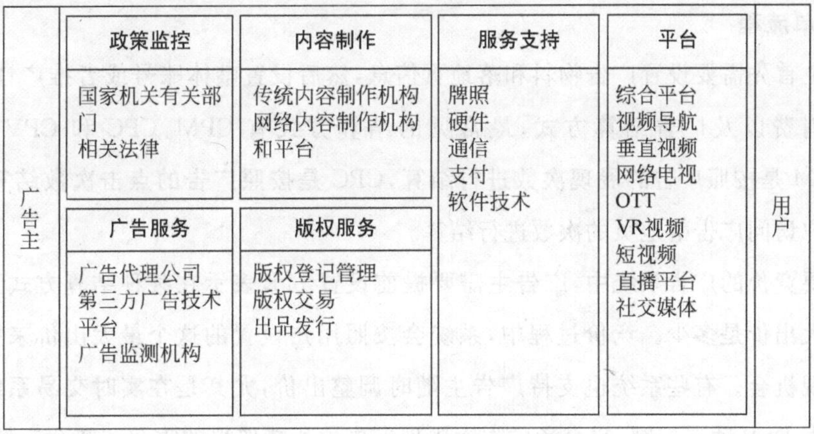

广 告 主	政策监控	内容制作	服务支持	平台	用 户
	国家机关有关部门 相关法律	传统内容制作机构 网络内容制作机构和平台	牌照 硬件 通信 支付 软件技术	综合平台 视频导航 垂直视频 网络电视 OTT VR视频 短视频 直播平台 社交媒体	
	广告服务	版权服务			
	广告代理公司 第三方广告技术平台 广告监测机构	版权登记管理 版权交易 出品发行			

图7.4 网络视频广告生态图

目前,贴片视频广告的发展已经进入成熟期,市场份额占比高达89.1%,原生视频广告正在迅速抢占市场。作为一种互动和体验都比较好的广告形式,包括社交网络、新闻资讯在内,越来越多的应用开始在原生视频广告上发力,预计到2020年这种类型广告的市场规模将达 2471 亿元。随着视频广告对用户影响力的进一步增大,如何控制内容的健康和优质成为各平台的首要问题。

根据今日头条数据,短视频消费更加碎片化、高频次,平均每个用户每天在头条平台消费 37 条短视频。目前,各大短视频网站都开始尝试商业化,例如将有意思的视频直接导流到电商网站,这种方式迎合了年轻网民的喜好,取得了很好的效果。

同时,如何与市场进一步结合也是下一步的研究重点,例如游戏相关内容的视频消费时间很长,根据市场研究公司 SuperData 发布的报告,在全球范围内,游戏视频内容的观看人数已经达到 6.65 亿,超过了 Netflix、HBO、Hulu 和 ESPN 的观众人数总和,这背后潜在的用户兴趣点和商业价值有待进一步挖掘。

7.2.2　广告投放流程

图 7.5 是一种常见的视频广告投放流程,左侧是广告主的下单流程,右侧是广告系统的投放流程。

1. 下单流程

广告主首先需要设置广告物料和落地页信息,然后设置整体账号或者推广计划级别的每天最高消费以及广告结算方式,最常见的结算方式有 CPM、CPC 和 CPV(Cost Per Visit),CPM 是按照广告的展现次数进行结算,CPC 是按照广告的点击次数结算,CPV 就是按照用户访问广告落地页的次数进行结算。

在需要竞价的广告系统中,广告主需要提前设置 bid,表示在某种结算方式下,他可以接受的最大出价是多少。竞价过程中,系统会按照用户设置的这个最大出价来排序,胜出者获得展现机会。有些系统也支持广告主随时调整出价,尤其是在实时交易系统中,用户每次出价由 DSP 动态控制,它会考虑本次展现广告主所能取得的收益和整个市场的竞价情况,然后确定一个最合适的出价。另外广告主也需要选择投放速率,主要有两种方式:一种方式是在广告能展现的时候就尽可能快地展现;另一种方式是让广告预算在某个时间段内平滑的消费,有时候预算平滑的消费无论是对广告主还是广告系统都是双赢。

频次控制是指广告在单位时间内最多可以曝光给同一个用户多少次,同一个广告曝光

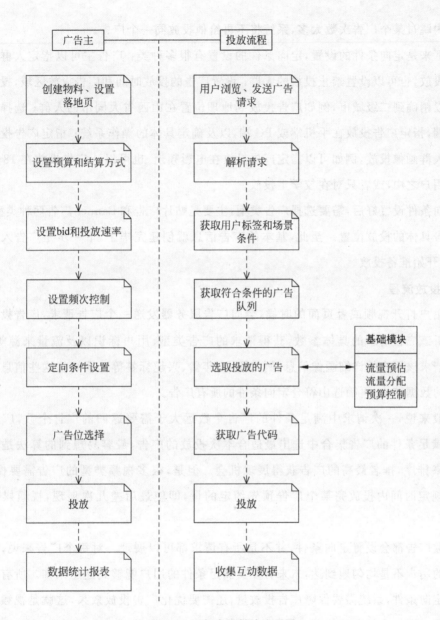

图 7.5 视频广告投放流程图

给某个用户的次数达到上限后系统就需要切换其他广告创意给该用户,以提升广告的吸引力。对于 TrueView 类型的广告,在广告播放几秒后用户可以选择跳过,只有在用户没有跳过的时候系统才向广告主收费。广告主可以为这类广告设置跳过频率,如果某个用户在单位时间内跳过某个广告次数太多,系统将不再给他投放同一个广告。

接下来是定向条件的设置,定向条件的设置有很多种类:广告主可以指定人群包进行重定向投放,也可以设置禁止投放的人群;设置广告的投放时间和广告投放区域,投放区域一般可以精确到二级城市,例如广告投放到地理位置在山西省大同市的人群;选择广告投放的终端,指定广告投放在手机端或 PC 端,以及确定具体的操作系统;指定广告投放频道或根据人群画像投放,例如可以指定广告投放在电影频道,也可以让广告投放在 18～25 岁的男性用户之中,或者只对在校学生投放。

定向条件设置好后,需要选择广告类型,主要是贴片广告和 Banner 广告两种类型,以及选择广告具体的投放位置。至此,基本的广告信息就创建完毕了,下一步是广告入库并建立索引,开始准备投放。

2. 投放流程

当用户打开视频或者页面的时候,会向广告服务器发送一个广告请求,广告投放系统首先解析该广告请求的具体参数,获得请求的广告类型、用户标识以及流量来源等信息。接下来请求该用户的详细画像信息,例如职业、年龄、兴趣标签等。系统将这些信息格式化为特定的数据结构,再筛选出符合定向条件的所有广告。

一般来说,一次请求中满足条件的广告个数远大于需要返回的广告个数,广告系统需要从满足条件的广告集合中选出最适合本次投放的广告,最容易想到的算法是根据广告质量来排序,排名最高的广告获得展现机会。但是,很多视频类型的广告需要保量,即必须在规定时间内投放完某个广告预先约定的量,即使最后差几次展现,视频媒体也算违约。

多数广告都会设置定向条件,并不是所有请求都可以展现。对每个广告来说,满足定向条件的用户不是均匀地到达,未来有多少满足条件的用户能够到达也未知。所有广告需要满足定向条件,系统需要保障广告投放量,还需要优化广告投放效果,这就是视频类广告投放系统需要解决的主要问题。这里涉及 3 个非常重要的模块:流量预估、流量分配和预算控制,本章后面的内容中将分别介绍。

系统选择出最终投放的广告后,获取广告的信息并展现给用户,这里有时还需要解决系统性能的问题,例如有些网站播放视频广告时会出现加载缓慢的情况,很影响用户体验。

常用的解决办法是增加本地缓冲,把可能播放的广告预先加载到本地缓存,也有系统将视频分割,通过预先加载前几帧来提升性能,保障用户体验的同时也为获取完整的广告物料赢得时间。

7.3 流量预估

在按流量售卖的广告系统中,很多订单都提前售卖,流量预估是必不可少的一个模块,系统需要在订单开始投放前预估有多少流量满足订单的定向条件,然后分配给广告主可以在约定时间内投放完的量。一般来说,流量是有规律的,例如,每天凌晨的流量比较少,晚上的流量相对较高;工作日的流量随时间波动比较明显,而周末的流量则是另外一种曲线。这些流量波动规律和用户的行为规律息息相关,这为流量预估提供了可能。

7.3.1 优化目标

流量预估的优化目标用数学公式可表示为

$$\arg_\theta \min \sum_{\forall d,t} \mathrm{loss}(h(X_{d,t}\,;\,\theta), Y_{d,t}), \quad 1 \leqslant d \leqslant D, \quad 1 \leqslant t \leqslant T$$

其中,D 表示训练数据采用了多少天的数据,把每天分割为均匀的时间窗口,例如 $T=24$,表示每天分为 24 个时间段,$Y_{d,t}$ 表示在第 d 天的第 t 个时间段的流量,$X_{d,t}$ 为该时间段对应的量化特征,$h(-\,;\,\theta)$ 为流量预估函数,θ 为其中的参数,loss 可以为预估值和真实值的均方差,流量预估就是寻找使得 loss 最少的预估函数。

7.3.2 模型特征

Lai 等在 2016 年给出了一种较为简单的流量预估方法,主要提取以下 3 个特征。

- LastNDayReqs:当前时间点所在时间段在前面 N 天相同时间段的流量。
- LastSlotReqs:当前时间点上一个时间段的流量。

- SlotNumber：时间段的编码。

第一个特征通过一个长期的历史趋势来预估相同时间的流量，而使用上一个时间段的流量是为了引入流量的近期特征。

但是如果只用这两个特征的预估曲线，如图 7.6 所示，由于 LastSlotReqs 的影响，预测结果的调整总是滞后于真实曲线的变化，所以需要引入 SlotNumber 来标识当前的位置，如果 $T=24$，那么一天中的第一个时间段的编码为 $[1,0,\cdots,0]$，其他以此类推，该数组的长度为 24。

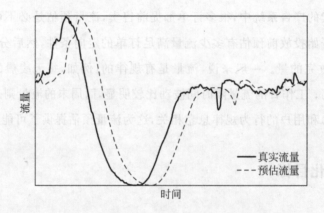

图 7.6　无时间段编码的流量预估曲线

7.3.3　特征平滑处理

为了使模型更加准确，需要对部分特征做平滑处理，具体方法如下。

Reqs：一维的历史流量，每一个时间段 t 有一个值。

len：最新时间段的索引值。

T：一天的时间段个数。

k：使用历史多少天的数据进行平滑。

tol：异常点判断的阈值。

具体的流程如下。

（1）计算 LastSlotReqs 的原始值，OriginalLastReqs＝Reqs[len]。

（2）计算前 k 天相同时间段流量的均值和方差。

$$\text{avg} = \frac{1}{k}\sum_{i=1}^{k}\text{Reqs}[\text{len}-k*T]$$

$$\text{std}^2 = \frac{1}{k}\sum_{i=1}^{k}(\text{Reqs}[\text{len}-k*T]-\text{avg})^2$$

（3）判断流量是否需要平滑，判断条件为

$$\frac{|\text{ OriginalLastReqs}-\text{avg }|}{\text{std}} > \text{tol}$$

（4）如果符合平滑条件，那么 $\text{LastSlotReqs} = \sqrt[k]{\prod_{i=0}^{k}\text{Reqs}(\text{len}-k*T)}$，否则 $\text{LastSlotReqs}=$
OriginalLastReqs。

例如 $k=3$，$\text{tol}=1$，$\text{OriginalLastReqs}=40\,000$，前 3 天的流量值分别为 $12\,000$，$15\,000$，$18\,000$，这样 $\text{avg}=15\,000$，$\text{std}=5000$，因为

$$\frac{|\,40\,000-15\,000\,|}{5000} = 5 > 1$$

所以 $\text{LastSlotReqs} = \sqrt[4]{12\,000\times15\,000\times18\,000\times40\,000} = 18\,973$。

LastNDayReqs 的平滑方法类似 LastSlotReqs，只是不需要判断是否需要平滑，直接采用下面的公式计算：

$$\text{LastNDayReqs} = \sqrt[k]{\prod_{i=1}^{N}\text{Reqs}(\text{len}-k*T+1)}$$

7.3.4 流量预估函数

流量预估函数采用逻辑回归方法，具体的公式为

$$\min\sum_{\forall d,t}\text{loss}[(\omega^{\text{T}}X_{d,t}+b)-Y_{d,t}],\quad 1\leqslant d\leqslant D, 1\leqslant t\leqslant T$$

其中，$X_{d,t}$ 包括平滑后的 LastNDayReqs、LastSLotReqs 和 SlotNumber。ω 和 b 是模型需要训练的系数。每天将最新一天的数据加入，删除最早一天的数据，保持训练数据为 D 天，每天重新训练一次模型。

7.3.5 模型评估方法

模型效果通过 RMSE（Root Mean Squared Error，均方根误差）和 MAPE（Mean Absolute Percentage Error，平均绝对比例误差）来评估，具体公式如下：

$$\text{RMSE} = \sqrt{\frac{\sum_{i=1}^{n}(Y_i^{\text{predict}} - Y_i)}{n}}$$

$$\text{MAPE} = \frac{1}{n}\sum_{i=1}^{n}\left|\frac{Y_i^{\text{predict}} - Y_i}{Y_i}\right|$$

其中，Y_i^{predict} 和 Y_i 为同一时刻对应的预估值和真实值。

这种预估流量模型相对简单，但是所提取的特征比较有效，对于有规律的流量预估效果较好，可以用于真实的广告系统，如果有些定向流量经常有突发情况，则需要挖掘更多能够刻画相关流量变化的特征。

7.4 库存分配问题

很多网友经常都会光顾腾讯视频、优酷、爱奇艺等大型视频网站，常常碰到各种类型的广告，对视频类广告并不陌生，那么，这些广告如何投放呢？本节将讲解视频广告的一个核心问题：库存分配。下面通过两个问题了解库存分配需要解决的问题。

视频类广告可分为 GD（Guaranteed Delivery，保量交付）广告和 NGD（Non-Guaranteed Delivery，不保量交付）广告两种类型。GD 广告是广告主提前和视频媒体签订协议，媒体需要在指定的时间内投放约定数量的广告，如果在合同生效期间没有完成投放任务，就需要按照合同赔付广告主，这种订单可以提前几个月售卖。NGD 广告是媒体不需要保证投放量的广告，一般通过实时竞价的方式售卖，出价最高的广告获得展现，类似搜索引擎的竞价广告。这样，当一个流量抵达的时候，在投放条件满足的情况下，既可以出 GD 广告也可以出 NGD 广告。于是出现了第一个问题：广告系统如何分配流量库存给 GD 广告和 NGD 广告,才既能保证 GD 广告可以顺利投完约定量又能使整个广告系统收益最大化?

另外,不同的广告主投放广告的目的不一样,品牌广告主(Brand Advertisers)的主要目的是让广告触达尽可能多的目标人群,提升品牌知晓度,有些广告主(Performance Advertisers)则更关心广告的点击率和转化率,也有一些广告主(Performance-Brand Advertisers)的诉求介于二者之间,既有提升品牌知晓度的需求又对广告的短期互动率很关心。另外,不同类型的广告主可能会选择不同的付费方式,例如以提升品牌效应为主的广告主可能会选择 CPM 方式来结算,而只看中效果的广告主更多会选择 CPC 或 CPA (Cost Per Action)的方式,诉求介于两者之间的广告主,这些付费方式都有可能选择。于是就有了第二个问题:广告系统如何分配流量库存给追求不同目标的广告主和采用不同付费方式的广告主,并能使得他们的目标都能达成?

库存分配问题可以理解成图 7.7 所示的一个二部图,s_i 表示用户的一次浏览,d_i 表示一个广告活动,它可以是一个 GD 广告活动,也可以是一个实时竞价的 NGD 广告活动,它们之间的连线表示广告系统的一次流量分配。

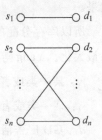

图 7.7 流量分配

当一个用户浏览视频的时候,系统会整理出该用户的各种相关信息,并把这些信息保存为键值对的形式,例如某一个用户的信息被抽象为:

性别=男;
年龄=30~40;
地点=北京;
时间=12:35;
兴趣={军事,体育,美食}
…

而一个广告活动,也需要提前设置定向条件,用来确定广告的投放范围,例如某个广告活动的定向条件为:

性别=男;
年龄=小于50;

> 地点＝不限；
>
> …
>
> 兴趣＝{军事}

当广告请求到达的时候,系统判断该请求的用户信息满足哪些广告计划的定向条件,然后选择其中一个广告展现给用户,做出一次分配。例如示例中的浏览用户信息就满足示例中广告活动的定向条件,这时称这个用户是这个广告活动的合法用户。

由于 NGD 广告通过竞价方式售卖,所以对于 NGD 广告,分配的目标应该是让广告系统的收益最大化,尽可能赚到更多的钱。而 GD 广告首先需要保量,保障在合同期间将广告投放完约定的数量,但是有些 GD 广告主也非常关心短期的广告效果,系统还需要优化广告效果。

所以库存分配的目标应该包括 3 部分:NGD 广告的收益最大化、GD 广告保量、广告效果最大化。Yang 等人在 2010 年用数学公式描述了这些目标,具体如下。

r_i:某一类或者某一个用户 i 竞价广告的平均收入。

s_i:某一类或者某一个用户 i 的库存。

d_j:GD 广告活动 j 的目标投放量。

y_{ij}:s_i 中分配给 GD 广告活动 j 的数量。

V:所有浏览用户的集合。

B_j:所有浏览用户中,GD 广告活动 j 的合法用户集合。

q_j^c:每一次 GD 广告活动 j 点击的价值。

q_j^a:每一次 GD 广告活动 j 转化的价值。

p_{ij}^c:s_i 会点击 GD 广告活动 j 的概率。

p_{ij}^a:会在 GD 广告活动 j 上转化的概率。

那么,$z_i = s_i - \sum_j y_{ij}$ 为 s_i 分配给 NGD 广告的数量。

NGD 广告收益最大化的目标函数可以表示为

$$\max \sum_i r_i z_i$$

如果,$S_j = \sum_{i \in B_j} s_i$ 表示 GD 广告活动 j 所有合法的库存总量,$\theta_{ij} = s_i \dfrac{d_j}{S_j}$ 表示 s_i 分配给

GD 广告活动 j 的理想分配量，那么 GD 广告保量的目标函数可以表示为

$$\max - \sum_j \sum_{i \in B_j} \frac{Q_j}{2\theta_{ij}} (y_{ij} - \theta_{ij})^2$$

其中，Q_j 为 GD 广告活动 j 的重要度。

而广告效果则可以用下面的公式来衡量：

$$\sum_j \sum_{i \in B_j} (q_j^c p_{ij}^c y_{ij} + q_j^a p_{ij}^a y_{ij})$$

如果

$$\omega_{ij} = q_j^c p_{ij}^c + q_j^a p_{ij}^a$$

那么广告效果最大化的目标函数可以表示为

$$\max \sum_j \sum_{i \in B_j} \omega_{ij} y_{ij}$$

库存分配问题的最终优化函数应该是式(7.1)中的多目标优化问题：

$$
\max
\begin{cases}
- \sum_j \sum_{i \in B_j} \frac{Q_j}{2\theta_{ij}} (y_{ij} - \theta_{ij})^2 \\
\sum_j \sum_{i \in B_j} \omega_{ij} y_{ij} \\
\sum_i r_i z_i
\end{cases}
$$

$$\text{s. t.} \quad \sum_{i \in B_j} y_{ij} + z_i = s_i \quad \forall i$$

$$\sum_{i \in B_j} y_{ij} = d_j \quad \forall j$$

$$y_{ij} \geqslant 0 \quad \forall i, j$$

$$z_i \geqslant 0 \quad \forall i$$

(7.1)

式(7.1)在约束条件中假定库存充裕，即如果系统只投放 GD 广告，可以完成所有 GD 广告活动的投放需求。而现实中，GD 广告计划往往都是提前签订的，合法用户库存根据历史数据预估生成，且合约有可能提前几个月签订，真实的库存和预估出来的库存可能存在很大差异，所以就算在签订合约的时候非常保守，还是有可能无法完成某些 GD 广告计划的投放需求。7.5 节将讲述实践中如何实现流量分配。

7.5 库存分配算法

在现实的系统中,还需要解决更多的问题。首先大型广告系统每天的流量都在几十亿以上,系统日订单量在几万以上,订单量和用户量都很多,而广告系统对性能要求又很高,一般需要广告在几十毫秒的时间内返回,这就要求算法的计算量不能太大。且很多订单都提前售卖,而流量库存却是基于历史数据预估生成,导致售卖的流量库存和真实库存存在偏差。

先看一个具体的例子,如图 7.8 所示,Demand 表示广告合约,分别来自 3 个不同的广告主,他们都有不同的定向条件,包括性别、城市和年龄,且每个合约都有自己的约定投放量。Supply 表示到达系统的用户,他们都有自己的属性和预估流量。图 7.8 中的连线表示用户满足合约的定向条件,可以投放这个合约的广告给该用户。可以发现,满足右侧合约 2 的用户只有左侧的第 3 个和第 4 个用户,而这两个用户的流量总和是 200KB,合约 2 需求量也是 200KB,因此必须将用户 3 和用户 4 的所有流量都分配给合约 2 才能保证所有合约都能完成,那么算法如何实现?

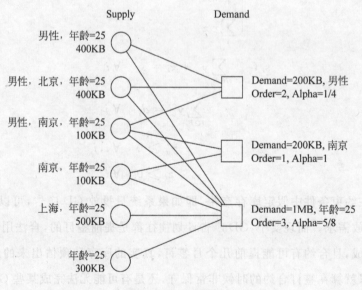

图 7.8 流量分配示例

7.5.1 HWM

Chen 等在 2012 年提出一种方法叫 HWM(High Water Mark Algorithm),HWM 通过简单的启发算法来解决这个问题,算法分为两部分:一部分离线计算一些需要的参数,包括合约 j 的分配概率 α_j 和一个分配顺序 order_j;另一部分在广告投放时在线实时计算。

1. 离线部分

每个合约的 order_j 主要是依靠 S_j(表示满足合约 j 的所有用户流量总和)的大小来排序,S_j 越小,排序越靠前。

为每个合约 j 计算分配概率 α_j,具体步骤如下。

(1) 初始化每一个用户 i 的剩余流量 $r_i = s_i$,s_i 为第 i 个用户的预估流量总量。

(2) 按照 order_j 的顺序,对每一个合约 j 计算满足下面公式的 α_j:

$$\sum_{i \in \Gamma(j)} \min\{r_i, s_i\alpha_j\} = d_j$$

$$\alpha_j = 1 \quad \text{如果无解}$$

其中,$\Gamma(j)$ 是满足合约 j 定向条件的所有的用户集合,d_j 是合约 j 的约定投放量,然后更新 r_i:

$$r_i = r_i - \min\{r_i, s_i\alpha_j\} \quad \forall\, i \in \Gamma(j)$$

2. 在线部分

(1) 当任一个用户 i 到达的时候,获得满足定向条件的合约集合 $J = \{c_1, c_2, \cdots, c_{|J|}\}$,以分配顺序排序。

(2) 如果 $\sum_{j=1}^{|J|} \alpha_j > 1$,令 l 为满足 $\sum_{j=1}^{l} \leqslant 1$ 的最大值,然后分配顺序中第 $l+1$ 个合约的分配概率调整为 $\alpha'_{l+1} = 1 - \sum_{j=1}^{l} \alpha_j$,这个时候满足 $\alpha'_{l+1} < \alpha_{l+1}$,其他合约的分配概率为 0。

(3) 线上服务器根据分配顺序队列中各合约的分配概率决定是否出该广告,其中第 $j \in [1, l]$ 的合约分配概率为 α_j,第 $l+1$ 个合约的分配概率为 α'_{l+1}。

图 7.8 示例的库存分配计算过程如下。

$$S_1 = 400 + 400 + 100 = 900$$

$$S_2 = 100 + 100 = 200$$

$$S_3 = 400 + 400 + 100 + 100 + 500 + 300 = 1800$$

因为 $S_2 < S_1 < S_3$，所以 $order_2 > order_1 > order_3$。然后按照分配顺序依次计算 α_j，具体步骤见表 7.2。

表 7.2　HWM 分配概率计算步骤

用　户		合约 2 计算		合约 1 计算		合约 3 计算	
编　　号	预　估　量	剩余流量 r	分配概率	剩余流量 r	分配概率	剩余流量 r	分配概率
1	400	400	—	300	1/4	50	5/8
2	400	400	—	300	1/4	50	5/8
3	100	0	1	0	1/4	0	5/8
4	100	0	1	0		0	5/8
5	500	500	—	500		187.5	5/8
6	300	300	—	300		112.5	5/8

如果{南京,年龄＝25}的用户线上到达的时候,可以得到 $l=1$,那么合约 2 的广告必出。如果{男性,年龄＝25}的用户到达的时候,可以出合约 1 和合约 3 的广告,概率分别为 1/4 和 5/8,可以发现还有 1/8 的概率不出合约广告,这种流量可用来投放 NGD 广告。

7.5.2　优化调整

7.5.1 节的算法对流量预估的精度是敏感的,如果流量预估不准确,计算出来的 α_j 会导致在线分配出现问题,幸运的是,通过不断调整 α_j 可以减少这种情况的负面影响。

定理:假设现在有 k 轮优化调整的机会,流量预估错误率 $\left(1 - \dfrac{\text{真实流量}}{\text{预估流量}}\right)$ 为 r,假设合约可以完成,那么当 $r > 0$ 时,合约会投递不足,边界为 $\dfrac{r + r^2}{k^{1-r}}$;当 $r < 0$ 时,合约会过度投递,边界为 $\dfrac{|r|}{k^{1-r}}$。

证明:第 i 轮,重新计算调整 α_j 后,系统会分配预估剩余流量的 $\dfrac{1}{k-i+1}$ 给该合约,因为有错误率,真实投递流量比例为 $1-r$,所以合约需求会按照 $1-\dfrac{1-r}{k-i+1}$ 的比例减少,最后一轮的投递比例为

$$\prod_{i=1}^{k}\left(1-\frac{1-r}{k-i+1}\right)=\prod_{k=1}^{k}\left(\frac{k-i+r}{k-i+1}\right)\leqslant\frac{r}{k}\prod_{k=1}^{k-1}\left(1+\frac{r}{i}\right)$$

当 $r>0$ 时,这个值为正值;当 $r<0$ 时,这个值为负值。当 $r>0$ 时,有 $1+x\leqslant e^x$,所以

$$\frac{r}{k}\prod_{i=1}^{k-1}\left(1+\frac{r}{i}\right)\leqslant\frac{r(1+r)}{k}\exp\left(\sum_{i=2}^{k-1}\frac{r}{i}\right)\leqslant\frac{r+r^2}{k}\exp(r\ln k)=\frac{r+r^2}{k^{1-r}}$$

当 $r<0$ 时,有 $1+x\geqslant e^x$,因此

$$\frac{|r|}{k}\prod_{i=1}^{k-1}\left(1+\frac{r}{i}\right)\leqslant\frac{|r|}{k}\exp\left(\sum_{i=1}^{k-1}\frac{r}{i}\right)\leqslant\frac{|r|}{k}\exp(r\ln k)=\frac{|r|}{k^{1-r}}$$

假设一个合约为期 5 天,预估每天有 1MB 的展现量,合约的约定展现量为 2.5MB,系统中只有这一个合约,那么分配概率 $\alpha_j=\dfrac{2.5}{5}=0.5$,如果流量预估准确,在第 5 天结束的时候会完成 2.5MB 的展现量。但是如果流量预估并不准确,实际每天只有 800KB 的展现量,那么在第一天结束时,再次计算分配概率为 $\alpha_j=2.1/4=0.526$,以此类推,第 5 天后,合约有 $0.15/5=0.06$ 的比例未完成投递。如果预估流量是真实流量的 2 倍,根据定理,如果每 2 小时调整一次,那么经 84 轮调整后,过度投递比例只有 8.2%。

7.5.3 反馈机制

7.5.2 节的方法通过不断计算分配概率来优化分配效果,如果在广告的投递过程中,已经知道某合约投递过多或者过少,也可使用反馈机制来对分配概率进一步调整。需要设置两组参数,一个为 δ,另一个为 $(\beta+,\beta-)$,如果合约在 δ 个时间周期后,投放落后了,那么就在未投递量上乘一个系数 $\beta+$,相反,如果合约在 δ 个时间周期前,投放过多,则在未投递量上乘一个系数 $\beta-$。例如,$\delta=12$ 小时,某合约为期 7 天,约定的展现量为 7MB,理想情况下合约会在第 3 天晚上展现 3MB,但是如果到第 4 天中午也只有 2MB 的展现量,那么就在剩余的展现量(7MB$-$2MB$=$5MB)上乘以 $\beta+$,如果在第 3 天中午就已经投递了 3MB,那么反馈系统就应该在剩余展现量上乘以 $\beta-$。

7.5.4 SHALE

HWM 执行效率很高,是一种实际应用率较高的算法,但它是一种贪婪的分配方式,往往不是最优的分配方案,接下来介绍另外一种思路的分配算法,是由 Bharadwaj 等在 2012 年提出的 Dual-Based 算法 SHALE。

优化目标为

$$\min \frac{1}{2} \sum_{j,\, i \in \varGamma(j)} s_i \frac{V_j}{\theta_{ij}} (x_{ij} - \theta_{ij}) + \sum_j p_j u_j$$

$$\text{s. t.} \begin{cases} \sum_{i \in \varGamma(j)} s_i x_{ij} + u_j \geqslant d_j & \forall j \\ \sum_{j \in \varGamma(i)} x_{ij} \leqslant 1 & \forall i \\ x_{ij}, u_j \geqslant 0 & \forall i, j \end{cases} \tag{7.2}$$

s_i:某一类或某一个用户的库存。

V_j:合约 j 的重要度。

$\theta_{ij} = \dfrac{d_j}{S_j}$:表示 s_i 中应该分配给广告活动 j 的理想分配比例,其中 $S_j = \displaystyle\sum_{i \in \varGamma(j)} s_i$ 为满足合约 j 定向条件的所有可分配流量,$\varGamma(j)$ 是满足合约 j 定向条件的所有的用户集合,d_j 是每个合约的预定投放量。

x_{ij}:对应的算法分配量,是需要计算的值。

p_j:每一个合约的惩罚变量,表示对流量投递不足的惩罚。

u_j:合约 j 当前投递不足的流量。

系统用户量往往过亿,合约也是成千上万,它们之间的连接非常多,要保存所有的 x_{ij} 是一个非常庞大的工程。HWM 通过计算出合约级别的投放概率来避免这个问题,SHALE 是如何解决的呢?

首先根据 KKT 条件求解,假设 α^* 和 β^* 是式(7.2)中相应的最优化对偶参数,那么最优解可以表示为

$$x_{ij}^* = g_{ij}(\alpha_j^* - \beta_i^*)$$

$$g_{ij}(z) = \max\left\{0, \theta_{ij}\left(1+\frac{z}{V_j}\right)\right\}$$

SHALE 根据上述结果设计算法,也分为离线和在线两部分。

1. 离线部分

初始化所有的 $\alpha_j = 0$。

1) 第 1 步

(1) 对每一个用户 i,求解满足 $\sum_{j \in \Gamma(i)} g_{ij}(\alpha_j - \beta_i) = 1$ 的 β_i,如果 $\beta_i < 0$ 或者无解,那么置 $\beta_i = 0$。

(2) 对每一个合约 j,求解满足 $\sum_{i \in \Gamma(j)} s_i g_{ij}(\alpha_j - \beta_i) = d_j$ 的 α_j,如果 $\alpha_j > p_j$ 或者无解,那么置 $\alpha_j = p_j$。

2) 第 2 步

(1) 初始化 $\hat{s}_i = 1$。

(2) 对每一个用户 i,求解满足 $\sum_{j \in \Gamma(i)} g_{ij}(\alpha_j - \beta_i) = 1$ 的 β_i,如果 $\beta_i < 0$ 或者无解,那么置 $\beta_i = 0$。

(3) 对每一个合约 j,按照分配顺序队列(计算方法和 HWM 一样)依次求解满足 $\sum_{i \in \Gamma(j)} \min\{\hat{s}_i, s_i g_{ij}(\zeta_j - \beta_i)\} = d_j$ 的 ζ_j,如果无解那么置 $\zeta_j = \infty$。

(4) 对合约 j 合法的每一个用户 i,执行 $\hat{s}_i = \hat{s}_i - \min\{\hat{s}_i, s_i g_{ij}(\zeta_j - \beta_i)\}$。

计算完成后,上传每个合约的 α_j 和 ζ_j 到线上广告服务器。

2. 在线部分

(1) 设置 $\hat{s}_i = 1$,求解满足 $\sum_{j \in \Gamma(i)} g_{ij}(\alpha_j - \beta_i) = 1$ 的 β_i,如果 $\beta_i < 0$ 或者无解,那么置 $\beta_i = 0$。

(2) 对每一个合约 j,按照分配顺序,依次计算 $x_{ij} = \min\{\hat{s}_i, g_{ij}(\zeta_i - \beta_i)\}$,然后执行 $\hat{s}_i \leftarrow (\hat{s}_i - x_{ij})$。

(3) 当流量到达时,对每个合约 j 按照 x_{ij} 的分配概率来投放。

SHALE 的主要思想是离线计算并保存与合约相关的优化参数,然后在线阶段通过这些参数还原最优解,这样就不需要保持每一个 x_{ij},它所取得的分配方案多数情况下会比 HWM 好,但是时间复杂度也会更高。

7.6 Pacing

当线上流量到达时,广告服务器会筛选出所有的合法广告,将它们根据出价、质量来排序,选择出最合适的广告展现,这是最常见的广告筛选流程,但这种方法只优化单次流量的投放,从整体流量投放来看,往往不是最优的方案。例如一些质量比较高的广告会被快速投放完,即使广告随机排序,对于一些预算比较少的广告来说,预算消耗仍然太快。有些广告每天都会在特定的时间内投放掉,投放人群被限制在较小范围内,一天中其他时间的用户永远看不到该广告。同时,系统展现给用户的广告多样性也会受限,对于视频广告来说,给用户投放多种类型的广告会比投放单一的广告体验好很多。在竞价型广告系统中,广告队列长度代表竞争的激烈程度,竞争越激烈,广告主需要支付的费用也越多,从广告主的角度来看,如果把预算都花费在一天中竞争激烈的时间段,必然不是最优的投放方案。

系统一般通过控制广告的消费速率来解决这个问题,Pacing 就是一种控制广告消费速率的方法。Agarwal 等在 2014 年提出了一种比较简单的 Pacing 方法,具体如下。

假设 S 是所有用户的集合,符合广告计划 i 定向条件的用户集合为 $S_i \in S$。广告计划 i 预先设定的竞价 bid 为 b_i,每天的预算为 d_i,把一整天的时间分为多个时间窗口,每个窗口的时间间隔为 t,一天所有时间为 T,$s_{i,t}$ 为广告计划 i 从一天开始到 t 时间窗口之间的累积预算消费,$f_{i,t}$ 为广告计划 i 从一天的开始到 t 时间窗口之间预估的符合定向条件的展现次数,$f_{i,T}$ 为预估的一天符合定向条件的展现次数。现在假设期望的预算消费为 $a_{i,t}$,表示广告计划 i 从一天的开始到时间窗口 t 之间理想的消费预算,即

$$a_{i,t} = \frac{f_{i,t}}{f_{i,T}} d_i$$

Pacing 算法是通过 PTR(Pass Through Rate),即广告可以进入展现队列的概率,来控制广告展现,用 $p_{i,t}$ 表示,即不是所有的合法广告都可以进入广告展现队列,如果某一个合法广告的 PTR 为 1/2,表示它只有 1/2 的概率进入广告排序队列,获得展现的机会。

$$p_{i,t} = \begin{cases} p_{i,t-1} * (1 + r_t) & s_{i,t} \leqslant a_{i,t} \\ p_{i,t-1} * (1 - r_t) & s_{i,t} > a_{i,t} \end{cases}$$

系统每一分钟调整一次 $p_{i,t}$，r_t 为固定值 10%。

所有广告计划的初始化 $p_{i,t}$ 可以为同一个固定值，随着不断地调整，$p_{i,t}$ 会逐渐调整到比较适合的值，但是对于一些预算非常少的广告，有可能在 $p_{i,t}$ 还没调整完之前就把预算消耗完了，所以最合理的方式是对不同的广告计划设置不同的初始值。实际实施中，由于预估流量有误差，可以设定广告计划在 22 小时内投放完毕，让那些流量预估不准确的广告计划可以有 2 小时的时间来缓冲。

具体的架构如图 7.9 所示，广告主可以随时在系统中调整出价和预算信息，系统也会不断地收集广告的展现和点击数据，然后更新数据库中的信息，广告筛选时，Pacing 模块会调用数据库中的信息来计算最新的 $p_{i,t}$ 值供系统使用。

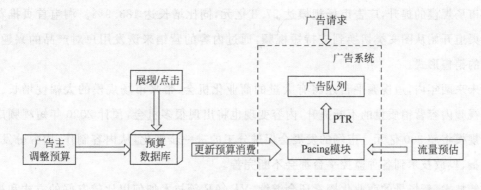

图 7.9　Pacing 架构

一般通过以下评估指标来评估算法：

- 广告一天的生命周期。
- 广告覆盖到的 UV。
- 全天的广告数量。
- 每次请求的平均消费。
- 广告超出预算的花费。
- 人均看到广告的数量。

实验发现，Pacing 算法虽然简单，但却是一种非常实用的方法，它已经在各种广告系统中广泛存在。更多的在线匹配方法将在第 10 章中详细介绍。

7.7 市场规模

伴随着硬件设备和网络宽带的不断升级，网民数量逐渐增加，截至 2016 年年底，我国网民数量已经达到 7.31 亿（数据来源：http://www.xinhuanet.com）。2012—2017 年，在线视频的用户数量高速增长，2017 年在线视频用户数量为 5.65 亿，与此同时，在线视频广告的市场规模达到了 856 亿元，且仍在高速增长。

2016 年短视频兴起，2017 年该领域异常火爆，用户规模的增长和广告主的关注带动了整体市场规模的提升，广告市场规模达 57.3 亿元，同比增长达 183.9%。淘宝首页推荐的很多渠道开始从图文类切换到支持短视频，通过内容的营销来诱发用户对产品的兴趣，成为新的销售形式。

未来两年内，短视频平台还将有大量的商业化机会，带来市场规模的大幅度增长。随着短视频内容营销质量的不断提升，内容变现也将出现很多机会，预计 2020 年短视频广告市场规模将超 300 亿元。市场的发展会促进分工的进一步细化，从内容制作、内容分发、热点挖掘、投放技术到各种监控平台都会不断完善。

新技术、新场景的商业化探索还会继续，VR、AR 等技术如何以比较友好的方式和视频广告对接，抑或以其他更加原生的形态展现，相信不久的将来就会有答案。

参考文献

AGARWAL D,CHEN D,LIN L,et al,2010. Forecasting high-dimensional data[C]. In Proceedings of the ACM SIGMOD International Conference on Management of Data: 1003-1012.

AGARWAL D, GHOSH S, WEI K, et al, 2014. Budget Pacing for Targeted Online Advertisements at Linkedin[C]. In Proceedings of the 20th ACM SIGKDD international conference on Knowledge discovery and data mining: 1613-1619.

BERTSEKAS D,1998. Network Optimization: Continuous and Discrete Models[M]. Belmont: Athena Scientific Press.

BHARADWAJ V,CHEN P,MA W,et al,2012. Shale: an efficient algorithm for allocation of guaranteed display advertising[C]. In Proceedings of the 18th ACM SIGKDD Conference on Knowledge Discovery and Data Mining: 1195-1203.

BHARADWAJ V, MA W, SCHWARZ M, et al, 2010. Pricing Guaranteed Contracts in Online Display Advertising[C]. In Proceedings of the 19th ACM International Conference on Information and Knowledge Management: 399-408.

BOX G, JENKINS G, REINSEL G, et al, 2015. Time series analysis: forecasting and control[M]. New York: John Wiley & Sons.

CHEN B, 2016. Risk-aware Dynamic Reserve Prices of Programmatic Guarantee in Display Advertising [C]. In Proceedings of the IEEE 16th International Conference on Data Mining Workshops: 511-518.

CHEN P, MA W, MANALAPU S, et al, 2012. Ad serving using a compact allocation plan[C]. In Proceedings of the 13th ACM Conference on Electronic Commerce: 319-336.

VEE E, VASSILVITSKII S, SHANMUGASUNDARAM J, 2010. Optimal Online Assignment with Forecasts[C]. In Proceedings of the 11th ACM Conference on Electronic Commerce: 109-118.

GHOSH A, MCAFEE P, PAPINENI K, et al, 2009. Bidding for Representative Allocations for Display Advertising[J]. In Proc. WINE. LNCS, 5929: 208-219.

HILLMER S, TIAO G, 1982. An arima-model-based approach to seasonal adjustment[J]. Journal of the American Statistical Association, 77(377): 63-70.

JUDA A, MUTHUKRISHNAN S, RASTOGI A, 2009. Pricing guidance in ad sale negotiations: the print ads example[C]. In Proceedings of the 3rd International Workshop on Data Mining and Audience Intelligence for Advertising: 61-68.

LAI H, SHIH W, HUANG J, et al, 2016. Predicting traffic of online advertising in real-time bidding systems from perspective of demand-side platforms[C]. In Proceedings of the IEEE International Conference on Big Data: 3491-3498.

STEUER R, 1986. Multiple criteria optimization: theory, computation, and application[M]. New York: Wiley.

TRIVEZ F J, 1995. Level Shifts, Temporary Changes and Forecasting[J]. Journal of Forecasting, 14(6): 543-550.

YANG J, VEE E, VASSILVITSKII S, et al, 2010. Inventory Allocation for Online Graphical Display Advertising[R]. Technical Report YL-2010-004, Yahoo! Labs.

第8章

用户数据和定向算法

8.1 用户识别

客户端和服务器通过网络协议传递数据,但是服务器无法从网络连接中判断用户的身份,那么系统如何识别两次不同的请求来自同一个用户?

8.1.1 Cookie

PC 端主要通过 Cookie 来解决这个问题,如图 8.1 所示,当用户打开网站时,会向服务器发送对网站内容的请求,当网站返回数据结果的时候,会同时把一段文本传送到用户计算机上并将它保存下来,以后用户再次访问这个网站时,会将这段文本一并发送给服务器,这样服务器就可以根据这段文本来判断用户是否来过本网站,这段文本就是 Cookie。它可以理解为网站颁发给用户的一个身份证,用户一旦访问过某个网站,该网站就分配给用户一个 Cookie,并且长期保存下来。

图 8.1 Cookie 的产生和使用

8.1.2 Cookie Matching

同一个浏览器访问不同的网站后,这些网站都会在这个浏览器中留下自己的 Cookie,如图 8.2 所示,但是出于安全性的考虑,不同网站并不能访问彼此的 Cookie,即使两个网站之间希望能够互通信息也不行。例如 a.com 不能访问 b.com 和 c.com 的 Cookie,网站只能识别自己颁发的身份证,不同的网站颁发的身份证之间不能对应起来。

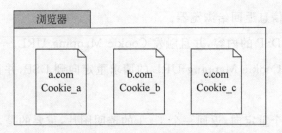

图 8.2　浏览器中的 Cookie

但有时候还是需要将不同网站的 Cookie 对应起来，一个比较典型的场景是 DSP 和 Adx(Ad Exchange)之间的用户匹配。Adx 传递给 DSP 本次流量的信息，DSP 会根据这些信息决定是否参与竞价，这些信息中非常重要的就是用户标识。现在假设 DSP 有一个自己的网站，且它希望只对在该网站浏览过的用户竞价，虽然 DSP 和 Adx 都会给用户浏览器设置 Cookie 来识别用户，但是对同一个用户，DSP 设置的 Cookie 为 x，而 Adx 设置的 Cookie 为 y，且 $y \neq x$，DSP 无法知道这两个请求来自同一个用户。如果它们可以互相访问彼此的 Cookie 信息，那么在设置 Cookie 的时候就可以将它们对应起来，使得 $y = x$，然而系统是不允许这么做的。那么该如何解决这个问题？

这里就需要提到一种 Cookie Matching 技术，具体过程如图 8.3 所示。

⑤ 302重定向到DSP，携带Adx-UID

DSP

① 发送竞价请求，携带Adx-UID

② DSP竞价成功，返回Ad Tag，携带Adx的Cookie Mapping URL

⑥ 发送1*1透明图片，设置DSP的Cookie，并且保存DSP的Cookie和Adx的映射关系

Adx

③ Adx发送DSP的Ad Tag到浏览器

④ 浏览器触发Adx的Cookie Mapping URL

浏览器

图 8.3　Cookie Matching 技术具体流程

（1）Adx 发送竞价请求给下游的 DSP，携带 Adx 分配给用户的唯一用户标识 Adx-UID。

（2）最开始，DSP 不认识这个 Adx-UID，但它仍然参与竞价，成功获得一次展现机会，返回 Adx 需要展现的广告内容，这里比较关键的地方是返回内容中也会携带一个 Cookie Mapping URL。

（3）Adx 将这些信息返回给浏览器。

（4）浏览器展现 DSP 的内容，并且触发 Cookie Mapping URL。

（5）这时系统将 Cookie Mapping URL 的请求重定向到 DSP，并且携带 Adx 的用户标识 Adx-UID。

（6）DSP 响应这个重定向，返回一个 1 * 1 的透明图片，重要的是，它这个时候可以对这个用户设置属于 DSP 的 Cookie，并且把 DSP 的 Cookie 和 Adx-UID 的映射关系保存下来。

这样，下次 Adx 再次发送请求的时候，DSP 就可以知道这个 Adx-UID 是哪个用户，并且可以根据历史记录确定此用户是否曾经访问过自己的网站。

用户经常会碰到这样的情景，刚从某购物网站浏览过某个商品，然后到某新闻网站浏览新闻的时候，发现网站中的一个广告正是刚才在购物网站中浏览的商品，用户在这两个网站都没有登录，那很大可能是通过 Cookie Matching 技术做了用户的匹配。

在较长的一段时间里，Cookie 是在线跟踪和定向用户最有效的方法，但随着浏览器和监管机构对数字隐私的保护，通过 Cookie 来跟踪用户变得越来越困难，广告公司 Flashtalking 在 2017 年第 4 季度分析了全球 20 家广告客户，发现跟踪的 Cookie 中有 64% 被浏览器拦截或者删除。

8.1.3 移动端用户识别

移动端浏览器上仍然可以使用 Cookie 来识别用户，但移动端用户的行为更多是发生在应用内，那如何来识别用户？首先可以想到的是利用设备的信息，通过设备的某种稳定不变信息来代表用户，比较常用的如下。

- IMEI(International Mobile Equipment Identity)：国际移动识别身份码，由于和设备有关，并且是唯一的编码，所以应用内可以通过 IMEI 来唯一确定用户，不同的应用中获得的 IMEI 相同。

- Mac 地址：设备的网络地址，它表示网络接口的唯一标识，和 IMEI 类似，应用内也可以通过 Mac 地址来唯一确定用户。

- UDID(Unique Device Identifier)：苹果 iOS 设备上的唯一识别码，也可以唯一确定用户。

但是通过这些信息来识别用户也有问题。首先对于安卓手机，由于国内存在大量的山寨手机，导致很多 IMEI 是重复的，通过 IMEI 来识别唯一用户的准确率较低。另外各种应用都可以获取用户的这些信息，而这些信息又都很难改变，如果他们之间共享这些信息的话，用户的活动就会非常透明。出于隐私安全考虑，苹果和安卓系统都开始禁止这类信息的获取。以苹果手机为例，在 iOS 5 以后不再允许获取 IMEI 信息，如果开发者在应用中获取该信息，会被 Apple Store 拒绝，iOS 6 以后 UDID 也被禁止，在 iOS 7 以后获取到的 Mac 地址为一个固定的值，也失去了识别作用。

各操作系统更加鼓励公司使用设备＋应用的识别码，比较典型的是 UUID（Universally Unique Identifier）。为了保证 UUID 的唯一性，UUID 生成中包括网卡 MAC 地址、时间戳、名字空间、随机或伪随机数、时序等元素，它的目的是让不同的设备可以自己计算识别码，又能保证不同的设备产生的识别码不同。

但是，还是会有跨应用识别同一用户的需求，例如广告主需要跟踪一个广告在多个应用中的投放情况，这样就需要同一设备在不同应用中能有相同的识别码，苹果手机提供了一种折中的方案来解决这个问题。

IDFA（Identifier For Advertising）：可以理解为广告识别码，在同一个设备上的所有 App 都会取得相同的值，专门为广告提供商追踪用户而设定的，由系统存储，这个识别码只能用于广告追踪。之所以说是折中方案，是因为用户可以重置或者禁止这个值的获取，进一步保护了用户隐私。一个 IDFA 就是一套以 8-4-4-4-12 形式存在的 32 位字符串。如下就是一个 IDFA：

8F23058D-0513-2AA5-DF7H-12337491D7EA

安卓系统中也有类似的识别码 AID（Advertising Identifier），也是一套 8-4-4-4-12 形式存在的 32 位字符串。例如下面的 AID：

13a546c7-6bcc-3ac7-dec5-2afc52463eaa

这样，在移动广告交易市场，Adx 传递 IDFA/AID 给下游 DSP，然后 DSP 根据 IDFA/AID 来完成用户的定向识别。此外，苹果还提供了 IDFV（Identifier For Vendor），同一个开发者开发的多个应用之间可以共享一个唯一设备编码。同时，也有一些通过 IP 来辅助识别的方法，这里不再一一介绍。

8.1.4 跨屏识别

随着移动互联网的发展,用户行为的跨屏幕、碎片化趋势越来越明显,例如我们工作的时候可能会在 PC 端查阅一些网络资料,回家路上可能会通过手机来阅读最新资讯,在家里的时候可能会在 Pad 上观赏一部影片。用户时间被分散到多个设备上,一个设备已经不能唯一确定一个用户。

假设下面两个场景:

- 我们希望对同一个用户在公司、回家路上、家里等不同场景下,投放同一个广告,最终激发用户的兴趣。
- 广告主希望对同一个用户每天最多投放 5 次同一个广告,无论这个用户在使用什么设备。

这就需要跨屏识别的技术,最好的跨屏识别还是超大公司的账户体系,例如 Facebook 的 SSO(Single Sign-On),允许第三方应用或者网站通过授权方式登录 Facebook 的账户体系,加上 Facebook 庞大的用户体系,可以得到同一个账号和多台设备的对应关系。iOS 的 iTunes 账号也是分布广泛的账户体系,可以在苹果设备间完成跨设备的识别。另外,网络运营商也有能力通过网络的账户体系获取比较优质的用户跨屏识别数据,例如家里的多台设备都需要使用同一个网络来上网,运营商可以通过这些信息将这些设备关联起来。

另外,也有通过机器学习来推测多设备是否是同一个用户的方法,涉及的特征一般包括设备类型、操作系统、IP、地理位置、时间序列等。但是在国内获取优质数据的成本很高,采集到的数据往往夹杂着很多干扰信息,识别的精度相对账户体系会差很多。

8.2 用户画像

用户画像就是对互联网用户多维度、多角度的描述。系统可以根据用户自己提交的信息知道他们的性别、年龄;通过用户的搜索信息知道用户的短期意图,分析用户的历史行为知道他们的长期兴趣爱好；用户的购买行为可以暴露用户的购买偏好和消费能力。用户相关数据越多，对这些数据分析得越深入，机器就越能更准确地刻画用户。用户画像没有一个统一的标准，而是机器对用户信息的不断聚合、不断整理的结果。

在理解用户画像如何使用前，先看几个简单的场景：

- 某商店需要推广自己来提升客流量，但是通过对历史数据的调研，发现店铺的客人多为周围 3km 以内的人，于是店铺为自己做广告时，希望广告只推送给附近的人。

- 某知名化妆品牌经过调研发现，自己旗下某款产品的销量相对不好，希望通过效果广告来提升销量，但是从该产品前期的购买人群来看，90％以上的客户为 20～30 岁的女性，并且一线城市的客户占比高达 70％，于是该品牌希望能将广告投放给一线城市 20～30 岁的女性。

- 某汽车公司在经费有限的情况下推广某款越野汽车，希望广告的转化率能高一些。广告系统通过对历史数据的分析发现，喜好军事并且有一定购买能力的人购买这款汽车的概率较高，所以系统会优先给喜爱军事并且购买能力较强的用户投放这款汽车广告。

- 某数码产品公司研发出了一款新型体感设备，希望通过投放广告快速打开市场，目标人群是那些有一定经济基础并且喜欢尝鲜的年轻人，且公司希望能通过社交媒体将一些产品研发背后的有趣故事与大众分享，通过更加有趣的方式促使大众对产品感兴趣。

- 某家文具店只希望将广告投放给曾经在该店铺购买过产品的人。

客户的投放需求多种多样，系统只有对用户更加了解，才能服务好每一个客户，也只有让用户的画像数据尽可能的结构化，才能使线上广告投放更加精准。图 8.4 是一个用户画像的结构化示例，用户画像没有统一标准，这个例子只是一种处理思路。

第 1 层是基础数据的收集。这些数据是系统可以直接收集到的用户数据，不同应用收集的数据不一样。例如，用户的性别、年龄、职业等人口属性；用户的线上线下行为，以及这些行为发生的时间、地点、设备、来源等；用户搜索内容，以及与搜索结果的互动信息；有些公司旗下有多款产品，通过账户体系还可以收集到用户在不同设备、不同应用间

	现实人群类	平台人群		
人群	已婚人群行为特征 地域人群行为特征 亚文化分类人群特征	微博人群行为特征 微信人群行为特征 游戏用户行为特征		

	购买能力	业务定向类		
个体标签化	高端 购买力强 时尚	美妆类回头客 宝马潜在消费人群		

	数据补全	长期兴趣类	即时场景类	数据挖掘类
预测统计	通过行为分析预估性别 通过IP预估地理位置 购物记录预估婚姻状况	统计领域喜好 预测领域喜好	搜索意图 家/商场/公司 预测商品购买热情	行为序列预测 topic建模 基础数据聚类特征
	基本人物特征	基本行为特征	虚拟账户特征	多账户数据
基础数据	年龄、性别、工作、地域、婚姻状况 …	浏览、点击内容 互动内容 搜索内容 购物消费内容 …	社交关系、互动特征 登录、活跃情况 iOS/Android 来源：浏览器/App …	跨屏数据对应设备画像 …

图 8.4　用户画像的结构化示例

的整体活动,可以更加深入理解用户。这一层需要确保数据干净,尽可能降低数据的误差和错误。

第 2 层数据是在基础数据上的进一步加工处理。例如不是所有用户都愿意填写自己的性别或填写的不是真实信息,系统需要通过用户的历史行为来推测和纠正他们的性别信息;很多系统有自己的领域分类体系,系统会根据用户在应用内的互动行为对他们的喜好进行预测,将用户的兴趣爱好和领域分类对应起来;分析用户的短期兴趣,例如用户搜索"世界杯",说明该用户希望了解世界杯相关信息,他的短期兴趣和足球相关;有些特征我们可能并不能非常直观地理解,但通过这些特征可以更好地区分用户,例如深度学习的嵌入特征。这一层数据依赖算法的处理能力,算法能力越强,数据效果越好。

第 3 层数据直接对接业务。例如,系统需要知道哪些用户具有一定购买能力,哪些用户愿意积极尝试新鲜事物,哪些用户是某公司的回头客或潜在客户等。这一层需要根据业务不断优化用户分类,给用户打标签,对用户数据进一步整合,直接支持线上业务。

第 4 层为了更好地理解用户,反过来也可以帮助到第 3 层的业务。如果对地域、平台、兴趣等各种维度的人群数据理解得足够好,不仅可以及时发现营销推广中的问题,还可以采取更加有效的方法来应对。

大型广告系统都支持个性化推荐,目的是为了更加精准地推送广告信息,想做到这一点,一般都有一个专门的团队在不断地优化用户画像,对用户画像的描述能力直接关系到线上业务的服务能力和发展空间。

8.3 定向方式

大型广告系统通过提供丰富的定向选项,让专业的广告主可以配置自己的目标人群,使他们有更多操作空间,同时也提供智能的投放算法,让相对来说不是很专业的广告主也可以取得不错的广告效果。本节介绍一些比较常见的用户定向方式。

- **人群统计属性的定向**:根据包括年龄、性别、职业、婚姻状况、教育背景等一系列基础信息的定向。如果一家公司比较清楚自己的目标人群属性,那么这种定向方式会比较直接有效,例如某化妆品的目标客户是 20~30 岁的女大学生,那么就可以直接在人群统计属性上选择这些用户,让广告精准触达她们。

- **基于地理位置的定向**:比较常见的是定位城市、商圈和 IP。很多企业的主要客户都是本地人,他们在投放广告的时候会限制广告投放的区域,避免不必要的浪费。

- **基于上下文内容的定向**:例如广告主可以选择将广告投放在某个频道下,也可以选择投放在某个查询或者某一类查询的搜索结果中,可以选择广告投放在文字流或视频流中,也可以选择投放在某种语言的内容中。

- **基于设备的定向**:将广告投放到具有某种属性的设备上。例如可以选择某种操作系统的设备或者使用某种浏览器的设备,抑或是选择电视或户外设备等。

- **指定用户集合的定向**:常见的有用户重定向或者基于 Lookalike 方法的相似用户定向,也有基于社交关系的用户定向,例如投放广告给特定账号的粉丝。

- **基于用户兴趣的定向**:通过分析用户的历史行为数据,生成他们的兴趣标签,根据这些兴趣标签对用户投放相关的广告。

其他定向方法还有很多,例如通过时间来定向用户或根据竞争激烈程度选择性的投放广告。

8.4   经营状况评估和优化

本节将介绍企业在经营过程中关注的一些重要指标、使用的相关工具和一些常用的优化思路,使读者可以从另外一个角度来理解广告系统中的算法。

8.4.1   评估指标

分析一个生意是否健康、哪些方面需要重点改善,各家关注点可能都不一样。表 8.1 是一些比较常见的生意健康度的量化指标,可以帮助管理者快速对自己的生意有一个比较笼统的了解。

表 8.1 生意健康的评估指标

评估指标	含 义
ROAS	广告主单位广告投放成本产生的收益
CLV/LTV	客户重复购买率
Retention Rate	客户留存率
CAC(Customer Acquisition Cost)	获客成本
Churn Rate	客户流失率
Net Profit	净利润
PBP(Payback Period)	回本周期

其中

$$\text{ROAS} = \frac{\text{广告计划产生的总收益}}{\text{广告计划的花费}} \tag{8.1}$$

公式(8.1)表示广告主单位广告投放成本所产生的收益,假如某公司在一个月内花费了 2000 元在某一广告计划上,这个广告计划最后的总收益是 10 000 元,那么 ROAS 就是 5 或者 5：1。这个花费在计算的时候需要把与之相关的一系列花费都考虑进去,例如相关人员的工资等。ROAS 可以帮助广告主合理地评估哪些方法有效果,并可以指导他们对广告投入进行优化。

客户重复购买率(Customer Lifetime Value,CLV 或 LTV)表示客户在他生命周期中的重复购买率,是从更长时间周期来评估生意是否健康的一个指标。如果一个企业的 ROAS 很高,说明它的利润率可能很高,可以持续有比较多的资金来做广告投放,以此来维护企业的用户关注度。但是当一个企业的 ROAS 较低的时候,那么它的利润率会比较低,就不太可能用太多的资金持续做广告,这个时候 CLV 就非常重要了,如果能把 CLV 做到较高,经营时间长了,也可以取得比较好的 ROAS,使企业维持一个健康的状态。

客户留存率是在一个统计周期内,新增用户中经过一段时间后仍然会继续消费的用户比例。客户流失率则用来衡量在一个特定时间段里流失的客户数量和总客户数量的比例。此外还有获客成本、净利润和回本周期,都比较容易理解,这里不做更多解释。

8.4.2 CLV 优化

CLV 优化对企业维持生意健康状态至关重要,提升 CLV 更多需要靠企业自身的努力。新泽西州的 DBDPet 是一家爬行动物干货供应商,在经营短短 6 年后成为这个领域规模最大的供应商。它努力成为所有爬行动物用品的一站式商店,同时提供关于宠物培育护理方面准确、有用的信息,并通过社交网站提供爬行动物相关知识和护理建议。对于 DBDPet 而言,客户忠诚度来源于专业知识以及向社区提供的内容和建议。

而有些公司提升 CLV 的方法是提供更加透明的服务。在用户下单后,向用户发送电子邮件,建议他们来查看相关产品的评价,这些评价有好有坏,工作人员无法随意更改,以保持社区的公正透明。公司再通过提供更好的产品和服务来提升评价分数,以此获得用户的信任。在发送货物的时候还会附带一些手写的感谢信或者相关礼品进一步拉近与客户的距离。

还有一些企业通过鼓励回头客或者鼓励客户推荐等方式来激励客户消费。图 8.5 是比较常见的一种积分模式,积分越多折扣也越多,这就是鼓励回头客的一种方法,企业希望老客户能认可产品并且持续消费。

图 8.5　积分打折

每家企业的生意各不相同,提升 CLV 的方法也五花八门,但是它们有一个共同的地方就是需要和客户产生共鸣。无论是丰富的专业知识、合理的价格还是充满人情味的服务,只要善待你的客户,就会得到客户的青睐。

8.4.3　客户关系管理和使用

图 8.6 是一个常见的客户关系管理平台（Customer Relationship Management，CRM）。它是企业用来记录和分析客户基础数据的平台，可以对客户的量化指标进行全面直观的分析，便于管理者及时发现企业经营问题并及时做出调整。其中客户维度最重要的两个指标是新客户比例和老客户回头率。

图 8.6　客户关系管理平台

一个新用户购买产品的过程，一般情况下需要经历了解、吸引、问询、行动和拥护 5 个阶段，但是对于老客户来说，这个流程会更短，所以很多公司愿意和一些 DSP 公司合作，让 DSP 投放企业广告给自己的老客户，这种将广告投放给老客户的方法就是重定向（Retargeting）。通过前面提到的用户识别技术，很多 DSP 都具备用户的识别和记录能力，企业提供相关用户数据给这些 DSP 平台，平台便可以完成重定向的广告投放任务。当然只维持老客户的回头率还是不够的，一个健康的生意需要新客户的不断进入。除了通过预估点击率或者转化率来投放广告外，另外一个比较重要的手段是通过 Lookalike 技术对老客户扩展，获得和老客户相似的新客户，然后投放广告给这些新客户，8.5 节中会详细讨论 Lookalike 是如何实现的。

8.5　Lookalike

很多大公司都有专业的营销团队，在对产品推广之前，会对产品定位、目标市场充分地分析，推广过程按部就班，在不同阶段如何投放都有一定的预期。然而并不是产品的所有推广目标都能和广告投放系统提供的定向方式无缝对接上，例如广告主希望广告投放给搜索引擎中对数据挖掘感兴趣的人群，但搜索引擎是按关键词来投放的，广告主可以选择"数据挖掘""机器学习""人工智能"等相关的词语投放，却无法穷举所有和数据挖掘有关的词语。因此搜索引擎除了推出精准的匹配方式外，一般也推出 Broad Match 方式的匹配，可以把部分相关的词扩展出来，在精准匹配的基础上提升推广计划的覆盖流量。

另外，虽然广告系统提供了丰富的定向选择，但是如何通过不断地细分人群，选择尽可能精准的目标人群仍然是一件非常困难的事情，甚至是无法完成的。还有些广告主无法确定自己产品的目标人群，也没有数据分析的能力，如果只是对老客户做重定向，又不能满足新客户增长的需求，这时 Lookalike 就派上用场了。Lookalike 技术就是基于指定的条件或人群，依靠大数据的分析挖掘技术来扩展人群。一方面可以简化广告主的投放操作，满足推广需求；另一方面，Lookalike 算法可以进一步提升市场竞争程度，增加广告系统的整体收益。

下面主要介绍 Liu 等在 2016 年提出的一种 Lookalike 算法，希望读者对 Lookalike 的工作原理有更加深入的理解。

8.5.1　特征提取和建模

首先是对需要扩展的实体提取特征，假如扩展的实体是人群，那么可能提取出职业、工作背景、兴趣、年龄等特征。实体的每个特征用 f 表示，这些特征有些是文本类的，有些是

ID类或数字类的,所以需要对 f 分类,保证每个类别下的特征可比。

文本类的特征通过空间向量模型(Vector Space Model)转化为向量,文本中每一个不同的分词作为一个维度,它们的权重通过计算文本和同特征所有文本的 TF-IDF(Term Frequency-Inverse Document Frequeny)来确定。

假设 f_s、f_t 分别为两个同类别的文本特征,式(8.2)表示这两个特征通过空间向量模型转化后的结果:

$$V(f_s) = (w_{s1}, w_{s2}, \cdots, w_{sn})$$
$$V(f_t) = (w_{t1}, w_{t2}, \cdots, w_{tn})$$

(8.2)

其中, w_{sn} 和 w_{tn} 表示第 n 个词在两个文本中的权重。那么计算两个特征的相关性为

$$\mathrm{sim}(f_s, f_t) = \frac{V(f_s) \cdot V(f_t)}{\mid V(f_s) \mid \mid V(f_t) \mid} = \frac{\sum_{i=1}^{n} (w_{si} * w_{ti})}{\sqrt{\sum_{i=1}^{n} w_{si}^2 * \sum_{i=1}^{n} w_{ti}^2}}$$

用户拓展可以理解成一个二部图 $G = \{F_s, F_t, \varepsilon\}$,其中 F_s, F_t 表示原始实体和扩展实体的特征空间, ε 是它们之间的连接,权重为它们的相关性,且同类型的特征之间才有连接。

$$\varepsilon = \{(f_s, f_t): (f_s, f_t) \in T_1 \text{ or } (f_s, f_t) \in T_2\}$$

其中, T_1 和 T_2 表示两类特征。两个实体之间的相关性是一个线性的逻辑回归函数:

$$S(s, t) = w^{\mathrm{T}} \mathrm{sim}(f_s, f_t)$$

(8.3)

首先计算所有相同特征的相关性,然后通过线性回归模型训练它们的权重,得到两个实体的相关性公式 $S(s, t)$。训练模型的时候,可以从历史上广告主设置的定向条件中挑选频繁共现的选项作为正样本,例如"程序员"和"算法工程师",也可以利用定向结果中历史点击率很差的样本作为负样本。

8.5.2 扩展方式

Liu 等在 2016 年提到了两种扩展方式:一种是和具体广告计划无关的扩展;另一种是和具体广告计划有关的扩展。和具体广告计划无关的扩展主要依赖对实体特征的扩展,例

如知道一个用户感兴趣的领域是"机器学习",那么可以扩展"机器学习"到"数据挖掘",这样选择了"数据挖掘"的广告计划也可以投放给这个用户了。另外一种扩展方式和具体广告计划有关系,这种方法是基于种子用户集合的扩展,例如某个广告主给定了一批种子用户,系统通过式(8.3)计算出和这些用户最相似的用户集合,和种子用户一起作为最终的投放用户集合,这个计算过程是离线完成的。

8.5.3 最近邻选择

相似用户的扩展需要有一个量化标准,便于控制扩展人群的数量和质量:

$$F(m,c) = \frac{\sum_{\hat{m} \in T(c)} S(m,\hat{m})}{\sqrt{|T(c)|}} \tag{8.4}$$

其中,$T(c)$表示广告计划的种子用户集合,m为待扩展人群集合中的某一个用户,系统通过式(8.4)可以计算出待扩展人群集合中所有客户和种子客户的相似程度,然后可以通过设置阈值来控制扩展用户的数据和质量。

图 8.7 是式(8.4)中的相关性大于某阈值的用户平均 CTR 和种子用户平均 CTR 之间的关系,CTR 比值为 0.25 表示这样扩展出的人群平均点击率是所有原始种子用户平均点击率的 25%,从图 8.7 中可以看出式(8.4)中的度量关系和 CTR 是正相关的。

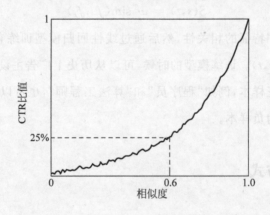

图 8.7　大于某阈值人群的平均 CTR 与种子用户平均 CTR 的关系

8.5.4 离线扩展流程

和广告计划有关的 Lookalike 是通过离线周期性地更新数据来完成的,具体步骤如下。

(1)通过广告主设置的定向条件或者他们提供的种子用户确定精准合法用户集合。

(2)过滤掉不适合做 Lookalike 的广告计划。例如,某些广告计划的预算很少,正常投放已经足够满足需求,就不需要再做扩展了,或者某些广告的定向条件能覆盖的用户已经非常多,也没必要再扩展用户。

(3)计算第一步中所有用户的相似用户,通过某个阈值选择出一定数量的用户作为潜在扩展用户集合。

(4)过滤掉部分冲突用户。例如,某广告计划希望只投放给女性用户,那么就需要将扩展出来的男性用户过滤掉。对于竞价类的广告,为了节约广告主的预算,系统会考虑市场竞争情况,避免扩展那些竞争比较激烈的用户。市场竞争程度的预测方法,8.5.5 节中会详细说明。

扩展人群的每次离线更新都需要打一个时间戳,广告计划的更改也需要打一个时间戳,当人群扩展数据晚于广告计划的最新更改时间时,扩展用户数据才可以使用。

8.5.5 node2vec

有社交属性的媒体中,用户很多重要信息保存在社交关系中,这类社交化信息该如何提取? Grover 等在 2016 年给出了一种 node2vec 的方法,可以作为参考。

假设用户的社交关系保存在一个图中,$G=(V,E)$,其中 V 是所有的用户结点,E 表示他们之间的社交关系,那么结点的特征向量被定义为

$$f\colon V \to \boldsymbol{R}^d$$

其中,d 为结点的特征向量维度,f 是一个 $|V| \times d$ 的矩阵。现在为了求得具体的矩阵,需要把问题描述为

$$\max_f \sum_{u \in V} \log \Pr(N_s(u) \mid f(u)) \tag{8.5}$$

其中，$N_s(u)$ 表示通过策略 s 得到的 u 的网络相关结点集合，并且有两个假设：

(1) 网络相关结点间独立不相关，即 $\Pr(N_s(u) \mid f(u)) = \prod_{n_i \in N_s(u)} \Pr(n_i \mid f(u))$。

(2) $\Pr(n_i \mid f(u)) = \dfrac{\exp(f(n_i) \cdot f(u))}{\sum\limits_{v \in V} \exp(f(v) \cdot f(u))}$。

因此(8.5)可以表示为

$$\max_f \sum_{u \in V} \left[-\log Z_u + \sum_{n_i \in N_s(u)} f(n_i) \cdot f(u) \right]$$

$$Z_u = \sum_{v \in V} \exp(f(u) \cdot f(v)) \tag{8.6}$$

然后通过 SGD(Stochastic Gradient Descent)方法来优化 f 中的参数，目标是使式(8.6)最大化，最终得到 f 的矩阵，从而可以得到所有结点的特征表示，为 d 维向量，这个向量会包含社交关系信息。

如图 8.8 所示，结点 u 为源结点，和它网络关系密切的结点可以分为两类：一类是和 u 紧密相连属于同一个社区的结点，这种类型的结点可以通过宽度优先遍历的方式获得，例如结点 $\{s_1, s_2, s_3\}$；另一类是和 u 有类似结构的结点，例如 s_7，这类结点需要通过深度遍历获得。可以发现，通过不同的遍历策略，采样结果有很大的差异，但 $N_s(u)$ 应该包括这两类结点，具体该如何选取呢？

具体方法是，给定一个结点 u，通过下面的 Random Walks 方法得到一条路径，这条路径上的结点就是 u 的网络相关结点。现在假设上一个状态是从 t 结点到 v 结点，如图 8.9 所示。

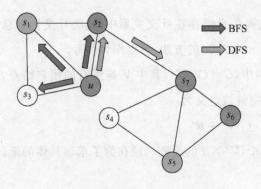

图 8.8　网络结点关系示例

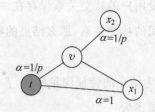

图 8.9　Random Walks 方法

d_{tx} 表示从结点 t 到结点 x 的最短路径长度,那么 v 到下一个结点的概率为

$$P(c_i = x \mid c_{i-1} = v) = \begin{cases} \dfrac{\pi_{vx}}{Z} & (v,x) \in E \\ 0 & \text{其他} \end{cases}$$

$$\pi_{vx} = \alpha_{pq}(t,x) \cdot w_{vx}$$

其中

$$\alpha_{pq}(t,x) = \begin{cases} \dfrac{1}{p} & d_{tx} = 0 \\ 1 & d_{tx} = 1 \\ \dfrac{1}{q} & d_{tx} = 2 \end{cases}$$

其中,p 和 q 是可以调节的参数,通过调节这两个参数,可以使遍历结果偏向于社区内部的结点或者偏向深度遍历的结点,w_{vx} 是边的权重,Z 是一个归一化常数。算法每次 Random Walks 的长度为 l,路径中结点后面的 k 个结点就是它的网络相关结点,也就是 $N_s(u)$,k 和 l 可以根据需要调节。

node2vec 是一种可以对社交关系特征化的方法,得到的特征向量可被继续使用到 Lookalike 算法中来扩展相似用户,这里也可以通过第 6 章中提到的社区分割算法获得相似结点。

8.5.6 实战

一旦 Lookalike 算法开始运行,还可以通过分析线上的真实互动数据对算法不断地优化调整,例如已经观察到某类扩展人群的点击率太低,便需要将他们作为负样本重新修正扩展模型,提升扩展人群的质量。

有时候广告主提供的种子客户成分很复杂,是多种类型人群的混合体,对这类种子客户直接进行 Lookalike 扩展,相当于弱化了人群的特征,扩展效果将无法保障。这种情况下可以先对种子客户进行聚类,然后再通过 Lookalike 扩展,效果会好一些。

另外,无论是广告主还是广告投放系统都希望可以精准地控制扩展人群的规模和类型,所以有些提供 Lookalike 服务的公司会提供更细致的操作,让广告主可以参与更多的操

作,例如可以设置扩展方法和预计扩展人数。

8.6　竞价环境预估

在竞价型广告系统中,广告主设置广告计划的定向条件和一个固定的竞价 bid 后,广告计划能否竞价成功以及在一段时间内能获得多少次展现机会往往是不能提前确定的,这与符合该定向条件的流量多少以及这些流量的竞争激烈程度有关。但有时候广告主有明确的投放量需求,希望能知道如何设置才能获得期望的广告展现量,Cui 等在 2011 年给出了一种竞价环境的预估方法,可以作为参考。

现在假设希望解决的问题是,对某种定向条件的广告计划设置一个固定的出价后,如何预测这个广告计划的胜出概率。如果这个问题可以解决,广告主就可以根据历史展现数据,提前确定自己的出价。图 8.10 是某广告系统中同一个广告计划连续两个月的出价和累积概率密度的关系,这里的累积概率密度表示在这个出价下该计划竞价成功的概率。可以发现,同一广告计划在某一固定出价下,竞价成功概率会随时间不同而发生变化,这是因为其他广告主会经常调整出价,他们也会经常改变广告计划的定向条件。那么这个模型该如何训练?

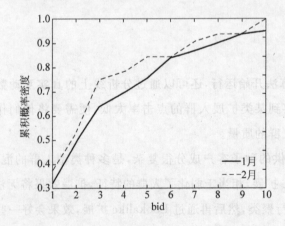

图 8.10　同一广告计划连续两个月出价和竞价成功概率的关系

一个广告计划可能由多个定向条件组成，每个定向条件也可以选择不同的值。例如定向条件为客户的性别，则可以选择男性或女性，也可以同时选择男性和女性。现在假设一个广告计划有 3 个定向条件 T_1、T_2、T_3，T_1 可以选择的值有 a_1 和 a_2，T_2 可以选择的值有 b_1 和 b_2，T_3 可以选择的值有 c_1、c_2、c_3。广告主可以选择任一可能的组合，例如 $a_1 b_1 c_2$，$[a_1 + a_2]$ $b_1 c_1$ 等。如果广告主选择了某个定向条件下所有可能的值，就用 $*$ 来表示，例如 $[a_1 + a_2]$ $b_1 c_1$ 等同于 $* b_1 c_1$。如果某广告计划每个定向条件下选择的值都是最细粒度的，例如 $a_1 b_1 c_1$，则称它是一个样例。

便于后面训练模型，首先将所有样例的历史数据保存到一棵树中，例如观察到的样例有 $a_1 b_1 c_1$、$a_1 b_1 c_2$ 和 $a_2 b_1 c_1$，则可构建如图 8.11 左侧的树，树中叶子结点保存训练模型需要的数据。

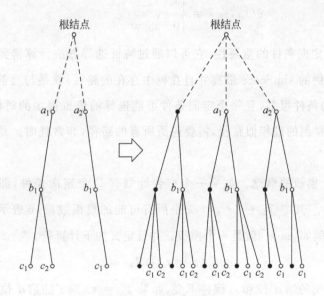

图 8.11 树形存储结构

但是，如果某个叶子结点的观察数据太少，这样保存的数据会不可信，将无法使用。或者在观察到的样例没有覆盖所有样例时，会无法找到新样例相应的结点。还有一种情况，如果一个广告计划选择了某个定向条件下所有可能的值，也无法在树中找到对应的结点。所以需要对存储结构进行调整，叶子结点只保留有足够观察数据的样例，对每一个非叶子结点添加一个标 $*$ 的结点，表示其他所有的可能性，如果这个结点不是叶子结点,那么把它当作一个正常的结点,继续添加有足够观察数据的子结点,如图 8.11 右侧树所示。这样,一个新发现的样例,例如 $a_2b_1c_1$,便可以找到相似的路径了,如 $a_2b_1 *$ 和 $* b_1c_2$,这样的存储结构解决了新发现样本的问题,且用相似路径来替代,可以达到平滑的效果。

但是一个样例可能命中多条路径。如 $a_1b_1c_1$ 可以命中 $***$,$** c_1$,$* b_1 *$,$* b_1c_1$,$a_1 **$,$a_1 * c_1$,$a_1b_1 *$ 和 $a_1b_1c_1$,如何找到最相似的路径?

现在定义样例与路径的相似度函数如下:

$$\text{simScore}(s_i, s_i') = \sum_{d=1}^{D} \lambda_d \delta(s_{id}, s_{id}')$$

$$\delta(s_{id}, s_{id}') = \begin{cases} 1 & s_{id} = s_{id}' \\ 0 & s_{id} \neq s_{id}' \end{cases}$$

其中,λ_d 为第 d 个定向条件的重要性,它可以通过特征选择方法计算得到。这样在所有可能的路径中,和样例的 simScore 最高并且在树中存在的路径,就是与当前样例最相似的路径。但是如果定向条件很多,且每个定向条件可能选择的值也很多的时候,路径集合会非常大,去查找一个样例的最相似路径,需要遍历所有的路径,非常耗时。是否有办法减少工作量?

首先介绍一个模板的概念。如果一个广告计划有 D 个定向条件,那么定义模板集合 $T_k = [T_{k1} T_{k2} \cdots T_{kD}]$,其中 $T_{kd} \in \{ *, v \}$,k 是所有可能的模板数量,v 表示该定向条件下其中一个可能的值,例如 $[vv *]$ 就是一个模板。并且定义如下计算符:

$$s_i' = s_i \oplus T_k \tag{8.7}$$

如果 $T_{kd} = v$,那么 s_i' 的第 d 位和 s_i 保持不变,如果 $T_{kd} = *$,则 s_i' 的第 d 位为 $*$。

且定义模板的分数计算公式如下:

$$\text{qualityScore}(T_k) = \sum_{d=1}^{D} \lambda_d \delta(T_{kd}, v)$$

$$\delta(s_{id}, s_{id}') = \begin{cases} 1 & T_{kd} = v \\ 0 & T_{kd} = * \end{cases} \tag{8.8}$$

通过图 8.12 中的方法找一个模板子集来减少工作量。

算法：用归并排序求逆序数

```
1: function templateSelection()
2:   对每一个可能的模板 T_k 计算 qualityScore(T_k)
3:   按照 qualityScore(T_k)对 T_k 降序排列→{T_sorted}
4:   for all 训练样例 s_i do
5:     T_tmp←T_k in{T_sorted}
6:     while(s_i⊕T_tmp 在树中不存在)do
7:       T_tmp←next T_k in{T_sorted}
8:     end while
9:     coverage(T_tmp)=coverage(T_tmp)+imp_i
10:    #imp_i 为对应样本观察到的展现次数
11:  end for
12:  按照 coverage(T_k)对 T_k 降序排列→{T_sorted}
13:  选择前 K 个模板→{T_selected}
14:  如果全 * 的模板不在里面,则加入到{T_selected}
15:  return{T_selected}
16: end function
```

图 8.12　归并排序求逆序数

这个算法的输入是所有的训练样例$\{s_1,s_2,\cdots,s_N\}$,这些训练样例与构造树结构的数据应该是不同的。每一个样例提前统计它们的展现次数 $imp_1,imp_2,\cdots,imp_N$,并计算好定向条件的权重 λ_d,根据实际情况确定需要的模板个数 K。首先通过式(8.8)计算所有模板的质量分数,通过这个质量分数对模板降序排列,分数越高,模板越重要,然后按这个顺序依次计算 $s_i\oplus T_{tmp}$ 是否在树中,一旦在树中找到了对应的模板路径,该模板的覆盖样例数 coverage 则更新为当前值和样例 s_i 的展现次数之和,并开始计算下一个样例。计算完所有的样例后,选择 coverage 最高的 K 个模板作为后期寻找样例最相似路径的候选集合,全部为 * 的模板比较特殊,可以匹配所有的样例,如果这个候选集合中没有它的话,把全 * 的模板也加入。

观察发现,一个广告计划在某个固定出价下的胜出概率服从对数正态分布 $x=bid(s)\sim$ Log$-\mathcal{N}(\mu,\sigma^2)$,即它的概率密度函数为

$$f_s(x;\mu,\sigma)=\frac{1}{x\sigma\sqrt{2\pi}}e^{\frac{-(\ln x-\mu)^2}{2\sigma^2}},\quad x>0 \tag{8.9}$$

如果得知样例的均值 $E[s]$ 和方差 $std[s]$,可以通过下面的公式转化为对应对数正态分

布的参数：

$$\mu = \ln(E[s]) - \frac{1}{2}\ln\left(1 + \frac{\text{std}[s]^2}{E[s]^2}\right)$$

$$\sigma^2 = \ln\left(1 + \frac{\text{std}[s]^2}{E[s]^2}\right)$$

接下来通过图 8.13 中的算法来得到一个广告计划的预估模型，首先把一个广告计划分解为最细粒度的样例 $\{s_1, s_2, \cdots, s_N\}$，例如 $[a_1 + a_2]b_1c_1$ 可以分解为样例 $a_1b_1c_1$ 和 $a_2b_1c_1$。根据每一个分解后的样例与 $\{T_{\text{selected}}\}$ 计算式(8.7)，并行地去树中查找匹配路径，在所有找到的路径中，选择模板分数最大的那个，并获得这个路径叶子结点中存储的均值和方差。由于真实的竞争环境和其他因素也有关系，如广告投放位置、用户画像等，所以将这些特征和获得的均值与方差一起训练模型，得到预估该样例的对数正态分布模型。然后，再把所有分解样例的对数正态分布模型加权线性组合在一起作为广告计划的预估模型，这里也可以通过最大似然估计来获得线性组合对应的参数。

算法：在线得到预估 bid 胜出概率的模型

1： function GetBidModel()
2： 广告计划 → 相匹配的样例 $\{s_1, s_2, \ldots, s_N\}$
3： for all $s_i \in \{s_1, s_2, \ldots, s_N\}$ do
4： $\{s_i^{(1)}, s_i^{(2)}, \ldots, s_i^{(K)}\} = s_i \bigoplus$ all $T \in \{T_k\}_{k=1}^K$
5： 在树中并行的查找所有的 $s_i^{(k)}$
6： 找到在树中存在并且对应的 qualityScore 最大的 s_i'
7： 取得 s_i' 的均值 $E(s_i')$ 和方差 $\text{std}(s_i')$
8： $(\hat{E}[s_i], \hat{\text{std}}[s_i]) \leftarrow \text{model}(E(s_i'), \text{std}(s_i'), \text{other feature})$
9： 转化为对数正态分布的参数 $(\hat{\mu_i}, \hat{\sigma}^2) \leftarrow (\hat{E}[s_i], \hat{\text{std}}[s_i])$
10： end for
11： 混合所有的 $s_i \sim \text{Log} - \mathcal{N}(\hat{\mu_i}, \hat{\sigma}^2) \rightarrow \text{model}$
12： return model
13： end function

图 8.13 预估 bid 胜出概率的模型

最后，根据这个广告计划的混合对数正态分布，就可以判断该计划在某个出价下的胜出概率了。

8.7 超级用户

艾迪·尹在《超级用户》中提到了一个很有趣的例子,在某款订书机的用户中,有些用户对该产品极度热爱,他们平均购买 8 个订书机,并且他们购买第 9 个订书机的概率比那些需要更换或者遗失订书机的普通用户还高。这些"死忠粉"虽然各有所好,但他们有一个共同点:都对某一品牌、某种产品或者某个产品类别十分着迷。他们狂热地追求自己热爱的产品,对这些产品如数家珍,他们不是一般的用户,而是超级用户。

很多企业的客户中,超级用户虽然只占 10%,但他们能够将销量拉升 30%～70%,超级用户愿意在产品上花更多的钱。例如现实生活中,对于苹果产品特别钟爱的人,对苹果推出的任何东西都会非常感兴趣,并且有极大的可能性购买,他们就是苹果产品的超级用户。每一款产品都可能有自己的超级用户,能挖掘和管理好超级用户,无论是对企业发展还是对产品营销,都可以达到事半功倍的效果。

超级用户不仅愿意在某类产品上花钱,还对产品的新用法有强烈的兴趣,并且行动力很强。他们会对产品投入感情,能从产品中获得更多的意义,愿意买更多的产品,也更有可能为产品背书。他们的识别度很高,从很多数据中都能找到他们。

针对超级用户的营销推广已经开始受到越来越多企业的关注,甚至有些企业把产品营销过程中超级用户的覆盖率作为一个衡量指标。无论如何,超级用户已经是整个营销过程中不能忽视的一个存在。

参考文献

BAGHERJEIRAN A, HATCH A, RATNAPARKHI A, et al, 2010. Large-Scale Customized Models for Advertisers [C]. In Proceedings of the 2010 IEEE International Conference on Data Mining Workshops:1029-1036.

BINDRA A, POKURI S, UPPALA K, et al, 2012. Distributed Big Advertiser Data Mining [C]. In Proceedings of the 2012 IEEE International Conference on Data Mining Workshops:914-914.

CHEN Y,PAVLOV D,CANNY F,2009. Large-Scale Behavioral Targeting[C]. In Proceedings of the 15th ACM SIGKDD International Conference on Knowledge Discovery and Data Mining:209-218.

COVINGTON P,ADAMS J,SARGIN E,2016. Deep Neural Networks for YouTube Recommendations[C]. In Proceedings of the 10th ACM Conference on Recommender Systems:191-198.

CUI Y,ZHANG R,LI W,et al,2011. Bid Landscape Forecasting in Online ad Exchange Marketplace[C]. In Proceedings of the 17th ACM SIGKDD International Conference on Knowledge Discovery and Data Mining:265-273.

GROVER A,LESKOVEC J,2016. node2vec:Scalable Feature Learning for Networks[C]. In Proceedings of the 22nd ACM SIGKDD International Conference on Knowledge Discovery and Data Mining:1225-1234.

HASTIE T,TIBSHIRANI R,FRIEDMAN J,2009. Boosting and Additive Trees[M]. New York:Springer Publishing Company.

HU J,ZENG H,LI H,et al,2007. Demographic Prediction Based on User's Browsing Behavior[C]. In Proceedings of the 16th international conference on World Wide Web:151-160.

KANAGAL B,AHMED A,PANDEY S,et al,2013. Focused Matrix Factorization for Audience Selection in Display Advertising[C]. In Proceedings of the IEEE 29th International Conference on Data Engineering:386-397.

LIU H,PARDOE D,LIU K,et al,2016. Audience Expansion for Online Social Network Advertising[C]. In Proceedings of the 22nd ACM SIGKDD International Conference on Knowledge Discovery and Data Mining:165-174.

MANGALAMPALLI A,RATNAPARKHI A,HATCH A,et al,2011. A feature-pair-based associative classification approach to look-alike modeling for conversion-oriented user-targeting in tail campaigns [C]. In Proceedings of the 20th International Conference Companion on World Wide Web:85-86.

PANDEY S,ALY M,BAGHERJEIRAN A,et al,2011. Learning to target:What works for behavioral targeting[C]. In Proceedings of the 20th ACM International Conference on Information and Knowledge Management:1805-1814.

RAMESH A,TEREDESAI A,BINDRA A,et al,2013. Audience segment expansion using distributed in-database k-means clustering[C]. In Proceedings of the 7th International Workshop on Data Mining for Online Advertising,5:1-9.

YAN J,LIU N,WANG G,et al,2009. How much can behavioral targeting help online advertising? [C]. In Proceedings of the 18th International Conference on World Wide Web:261-270.

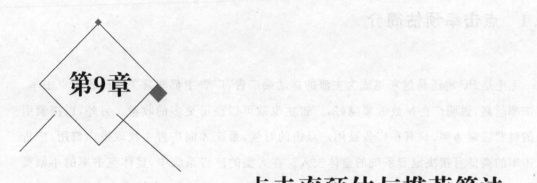

第9章

点击率预估与推荐算法

9.1　点击率预估简介

无论是 PC 端还是越来越成为主流的移动端广告,广告主都非常关注广告的点击率。点击率越高,说明广告投放效果越好,广告主也就可以获得更多的收益。另外,以搜索引擎的付费搜索为例,只有在广告被用户点击的时候,系统才向广告主收取推广费用,广告点击率的高低直接决定着系统的整体收入。在大型的广告系统中,整体点击率的小幅提升也可能意味着巨额的收入回报。接下来主要以搜索场景为例,介绍广告点击率的相关内容。

Hotchkiss 等在 2005 年的数据显示,在搜索引擎中,广告点击率受位置的影响很大,位置越低,广告的点击率越差,如表 9.1 所示。

表 9.1　不同位置广告的点击率

位　　置	1	2	3	4	5	6~10	第 2 页	第 3 页及以上
CTR/%	31.24	14.04	9.85	6.97	5.50	3.73	3.00	1.60

因此,搜索引擎中大部分广告投放在搜索结果的首页,第 2 页和第 3 页也会有少量广告,第 3 页后面就很少有广告了。由于每一页自然结果的个数有限,所以广告个数一般小于 4 个,且为了保障广告的效果,一般都将广告放置在比较靠前的位置。Hotchkiss 等在 2005 年通过分析 53 位不同年龄用户使用 Google 搜索引擎时的眼动数据,发现从最顶端大部分区域到左下角非常小的区域,用户的关注区域在逐渐减少,这个区域被称为"黄金三角"。这几年,Google SERP(Search Engine Results Page,搜索引擎结果页面)上的"黄金三角"随着产品的改版不断变化,但是它一直存在。该区域中的内容更容易被用户关注到,所以如果希望广告可以被搜索用户更多地关注到,应该将它们放置在前 3 或者前 4 的位置。

搜索引擎一般都按照以下公式来计算收益:

$$revenue_{ad} = p_{ad}(click) * bid_{ad}$$

其中，$\mathrm{bid}_{\mathrm{ad}}$是广告主提前设置的竞价，表示他们愿意为每次点击所支付的钱，$p_{\mathrm{ad}}(\mathrm{click})$是系统预估的广告点击率，系统会投放预估收益最高的广告。由于广告只有被用户点击了系统才会有收益，所以如果点击率预估不准确，则系统会损失很大。假如广告被点击一次系统收入1元，那么点击100次就收入100元，大型广告系统中，广告每天都有上亿次的曝光，如果点击率预估不准确，那么系统损失会相当大。

那么该如何计算$p_{\mathrm{ad}}(\mathrm{click})$？比较容易想到的是通过历史数据来计算一个广告过去的点击概率，用这个概率来近似$p_{\mathrm{ad}}(\mathrm{click})$，例如一个广告过去被展现过100次，一共收到6次点击，它的历史点击率就为0.06，那么假设它未来的点击率也是0.06。但这样计算出的点击率方差会非常大，且有些广告的历史点击数据很少，有些较新的广告甚至没有历史点击数据，它们的点击率会非常不准确或根本无法计算。也有人通过把相似广告聚类来增加历史的可用数据量，例如把相关查询下的广告或者某个主题下的广告作为一个整体对待，但实验表明，聚类内部不同广告的点击率差别很大，无法得到高精度的点击率预估结果，因此还需要引入其他特征来计算$p_{\mathrm{ad}}(\mathrm{click})$。

9.2 点击率预估特征

好的特征对点击率的预估帮助很大，Richardson等2007年详细分析并列举了搜索广告的特征，可以作为参考。

9.2.1 相同竞价词下其他订单的特征

一个比较重要的特征是相同竞价词下其他广告的历史平均点击率以及相同竞价词下可以投放的广告个数，其中竞价词是广告主购买的竞价词。可能有些竞价词系统前期并没有记录，所以需要做平滑处理，计算公式如下：

$$f(\mathrm{ad}) = \frac{\alpha\,\overline{\mathrm{ctr}} + \mathrm{num}(\mathrm{ad}_{\mathrm{term}})\,\mathrm{ctr}(\mathrm{ad}_{\mathrm{term}})}{\alpha + \mathrm{num}(\mathrm{ad}_{\mathrm{term}})}$$

其中，$\overline{ctr}$是所有广告的平均点击率，α是它的权重，默认为 1。$num(ad_{term})$是相同竞价词下可以投放的广告个数，$ctr(ad_{term})$是相同竞价词下其他广告的平均点击率。

9.2.2　相关竞价词的 CTR

竞价词在系统中会有很多相似查询，例如和"中国苹果"相似的查询有"中国红苹果""北京苹果""贵州苹果"等，这些相似查询下广告的历史点击率也可作为一个特征。假设 t 为这些相似查询，用式（9.1）来衡量它们的相似程度。

$$R_{mn}(t) = |\ ad_{term} \bigcap t\ | > 0\ \text{且}\ |\ t - ad_{term}\ | = m\ \text{且}\ |\ ad_{term} - t\ | = n \tag{9.1}$$

首先 t 必须与 ad_{term} 有相同的部分，例如"中国苹果"与"北京苹果"相同的部分为"苹果"。$R_{mn}(t)$ 表示如果要得到该相同部分，需要从 t 中移除 m 个字符，从 ad_{term} 中移除 n 个字符。上面的例子中，要得到相同部分"苹果"，需要从 t"中国苹果"中移除"中国"两个字，从 ad_{term}"北京苹果"中移除"北京"两个字，所以它们的相似程度就是 R_{22}。和 t 为 R_{mn} 关系的所有查询的平均点击率计算如下：

$$CTR_{mn}(t) = \frac{1}{|\ R_{mn}(t)\ |} \sum_{x \in R_{mn}(t)} CTR_x \quad m, n \in \{0, 1, 2, 3, *\}$$

其中，$|R_{mn}(t)|$ 表示 $R_{mn}(t)$ 中广告的个数。

9.2.3　广告质量相关特征

广告本身的质量是影响点击率的主要因素，提取这类特征的角度如下。

- 外观是否美观：如标题长度、正文长度、是否有段落等。
- 是否吸引人：如标题或正文中是否有"购买""免费""美女"等吸引人的词汇，广告中是否有图片等。
- 广告提供者是否权威：例如 URL 是否以 .com 结尾、URL 长度以及包括多少段；是否是大机构做的广告等。
- 落地页的质量：如排版是否美观、是否有视频、标题或内容是否有堆砌等。

- 相关性：如竞价词和广告的相关程度等。

这类特征会非常多，不同系统需要从这些角度提取尽可能多的特征。

9.2.4　订单竞价词相关特征

不同广告购买的竞价词集合不同，有些专注于部分特定词汇，有些则相对宽泛得多。实验表明，对所有竞价词进行文本分类，基于它们在分类中的分布计算广告竞价词的信息熵，也是一个比较好的特征。

9.2.5　外部相关特征

例如，某个查询的搜索结果中包含的网页个数以及某个查询在一段时间的历史搜索记录中出现的次数。

9.2.6　特征预处理

本节提到的特征只是一些示例，现实中每个系统都有自己特有的优质特征，能够挖掘出这些特征，点击率预估就算成功了一半。一般来说，还需要对提取的特征进行各种预处理，Richardson 等在 2007 年给出的方法如下。

- 对每一个特征 f_i，都添加对应的衍生特征 $\log(f_i+1)$ 和 f_i^2。
- 所有特征都归一化为均值 0、方差 1 的特征，这样做的目的是可以直观地感知到当前特征偏离均值的程度。已经知道，标准正态分布的函数曲线下 68.27％ 的面积在平均数左右 1 个标准差的范围内，95.45％ 的面积在平均数左右 2 个标准差的范围内，99.73％ 的面积在平均数左右 3 个标准差的范围内，如图 9.1 所示。如果训练数据中有些数据已经超过均值 5 个标准差，则说明是极小概率事件，把它重新设置为均值加 5 个标准差。

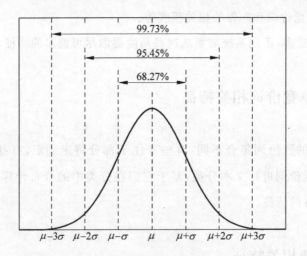

图 9.1 标准正态分布

9.3 预估模型

点击率预估是在线广告研究非常火热的一个问题,优秀的模型很多,本节主要以 Facebook 提出的 L_2-TreeBoost+LR 模型为例,讲解在线广告中如何预估广告点击率。

9.3.1 基础模型

$p_{ad}(\text{click})$ 的计算可以描述为

$$p(\text{click} \mid \text{ad,pos}) = p(\text{click} \mid \text{ad,pos,seen}) * p(\text{seen} \mid \text{ad,pos}) \qquad (9.2)$$

将这个问题再简化一下,用户能不能看到广告和广告自身没有关系,只与位置有关,且用户看到广告后,是否点击它和这个广告所在的位置没有关系。那么式(9.2)可以改写为

$$p(\text{click} \mid \text{ad,pos}) = p(\text{click} \mid \text{ad,seen}) * p(\text{seen} \mid \text{pos})$$

一般来说,系统只能收集到广告的展现数据,广告是否被用户看到往往不知道,而广

告是否被看到是影响广告点击率的一个重要因素,所以直接用展现数据来计算点击概率会有问题,一般可以通过同一个广告在不同广告位的历史互动情况来预估位置的影响程度,预估时引入到模型中。

早期一般采用逻辑回归(Logistic Regression,LR)来计算 CTR:

$$\text{CTR} = \frac{1}{1 + e^{-z}} \quad z = \sum_i w_i f_i$$

其中,f_i 为广告的第 i 个特征,w_i 是它对应的权重,训练模型就是训练出这些权重。

9.3.2 L_2-TreeBoost+LR 模型

点击率模型一般需要在线获取特征,且系统往往需要在较短的时间内(毫秒级别)返回广告,对模型性能的要求较高,所以很多大型广告系统都偏向采用简单的线性模型,这种模型还有一个好处,就是容易理解。

随着数据量的爆炸式增长,广告系统中的特征越来越多,有些系统的特征甚至高达几亿维。特征的深度信息挖掘也越来越重要,人工穷举这类特征显然不太可能。Facebook 在2014 年提出了一种 L_2-TreeBoost+LR 的方法来解决这类问题。

模型仍然使用 LR:

$$s(y, \boldsymbol{x}, \boldsymbol{\omega}) = y \cdot \boldsymbol{\omega}^{\mathrm{T}} \boldsymbol{x}$$

其中,$\boldsymbol{x}$ 是特征向量,$\boldsymbol{\omega}$ 是对应的参数,$y \in \{+1, -1\}$ 是样本的标注,分别表示该样本被点击和没被点击,参数采用 SGD 的方法优化:

$$\omega_{i_j} \leftarrow \omega_{i_j} + y \cdot \eta_{i_j} \cdot g(s(y, \boldsymbol{x}, \boldsymbol{\omega}))$$

$$g(s) := y(y+1)/2 - y \cdot \text{sigmoid}(s)$$

$$\text{sigmoid}(s) = \frac{\exp(s)}{1 + \exp(s)}$$

其中,ω_{i_j} 表示第 j 维特征的第 i 次更新,He 等 2014 年建议 $\eta_{i_j} = \alpha \Big/ \Big(\beta + \sqrt{\sum_{j=1}^{t} \Delta_{j,i}^2} \Big)$,其中 Δ 表示梯度的累积,α, β 为超参数。

9.3.3 回归树

L_2-TreeBoost＋LR 模型的输入需要通过 L_2-TreeBoost 进行编码。为了便于理解 L_2-TreeBoost,这里首先介绍回归树(Regression Decision Tree)。

输入:训练数据集合 $D=(x^{(1)},y^{(1)}),(x^{(2)},y^{(2)}),\cdots,(x^{(M)},y^{(M)})$,表示一共有 M 个样本。

训练过程:

(1) 初始化模型 $f_0(x)=0$;

(2) 循环训练 k 个模型,$k=1,2,\cdots,K$。

a. 计算残差:$r_{ki}=y^{(i)}-f_{k-1}(x^{(i)}),i=1,2,\cdots,M$。

b. 拟合残差 r_{ki},学习回归树 T_k。

c. 更新 $f_k(x)=f_{k-1}(x)+T_k$。

(3) 返回最终的回归树 $f_K(x)=\sum\limits_{k=1}^{K}T_k$。

接下来通过一个二叉回归树的例子来理解这个过程,在二叉回归树中,拟合回归树就是寻找一个合适的切分点 s,用切分点 s 把数据分为两部分 R_1,R_2,然后回归树 T_k 就是计算满足下面条件的参数 c_1,c_2,它们表示二叉树各部分的回归值:

$$m(s) = \min_s\Big[\min_{c_1}\sum_{x\in R_1}(y_i-c_1)^2 + \min_{c_2}\sum_{x\in R_2}(y_i-c_2)^2\Big]$$

它的解为

$$c_1 = \frac{1}{N_1}\sum_{x_i\in R_1}y_i$$

$$c_2 = \frac{1}{N_2}\sum_{x_i\in R_2}y_i$$

N_1,N_2 为两部分样本数量。现在有 6 个样本,如表 9.2 所示。

表 9.2　原始样本

x	1	2	3	4	5	6
y	−1	−1	1	1	1	−1

如果选取切分点 2.5 进行切分,那么数据可以分为 $R_1 = \{1,2\}$ 和 $R_2 = \{3,4,5,6\}$,那么

$$c_1 = \frac{-1 + (-1)}{2} = -1$$

$$c_2 = \frac{1 + 1 + 1 - 1}{4} = 0.5$$

这时 $m(s) = \sum_{x_i \in R} (y_i - c_1)^2 + \sum_{x_i \in R_2} (y_i - c_2)^2 = 5.25$。

现在分别计算切分点 $s = 1.5$、2.5、3.5、4.5、5.5 的 $m(s)$,结果如表 9.3 所示。

表 9.3 各切分点回归值

s	1.5	2.5	3.5	4.5	5.5
$m(s)$	4.8	5.25	5.33	6	4.8

可以发现 $m(s)$ 在 1.5 或 5.5 的时候取得最小值,假如最后选择了 $s = 1.5$ 来分割,那么,$R_1 = \{1\}$,$R_2 = \{2,3,4,5,6\}$。对应的回归树如下:

$$T_1 = \begin{cases} -1 & x < 1.5 \\ 0.2 & x \geqslant 1.5 \end{cases}$$

首先计算 $f_1(x) = f_0(x) + T_1$,其中 $f_0 = 0$,然后计算残差,结果如表 9.4 所示。

表 9.4 残差

x	1	2	3	4	5	6
r	0	-1.2	0.8	0.8	0.8	-1.2

利用同样的方法求 $T_2, T_3, \cdots, T_K$,最终可得到 $f_K(x) = \sum_{k=1}^{K} T_k$。

9.3.4 Gradient Boosting

Gradient Boosting 的训练过程类似 Regression Decision Tree,只是求残差的时候采用

$$r_{ki} = -\left[\frac{\partial L(y^{(i)}, f(x^{(i)}))}{\partial f(x^{(i)})} \right]_{f(x) = f_{k-1}(x)}$$

且优化下面的参数来学习回归树：

$$c_{kj} = \text{argmin}_c \sum_{x^{(i)} \in R_{kj}} L(y^{(i)}, f_{k-1}(x^{(i)}) + c)$$

其中，R_{kj} 表示第 k 次循环中回归树的第 j 个叶子区域，c_{kj} 表示第 k 次循环中回归树的第 j 个叶子区域的最优参数，L 为损失函数。

9.3.5　L_2-TreeBoost

L_2-TreeBoost 是一种 Gradient Boosting，损失函数定义为

$$L(Y, P(Y \mid X)) = -\log P(Y \mid X)$$

对于二项分布，$y \in \{0,1\}$，该损失函数可以写为

$$L(y, p(x)) = \begin{cases} -\log(p(x)) & y = 1 \\ -\log(1 - p(x)) & y = 0 \end{cases}$$

$$p(x) = P(y = 1)$$

合并可以得到

$$L(y, p(x)) = -y\log(p(x)) - (1 - y)\log(1 - p(x))$$

注意，如果 $y \in \{-1, 1\}$，令 $y = (y + 1)/2$。

这个损失函数的期望为

$$\Psi(y, F(x)) = EL(y, p(x)) = E[-y\log(p(x)) - (1 - y)\log(1 - p(x))]$$

$$= E\log(1 + e^{-2yF(x)})$$

$$F(x) = \frac{1}{2}\log\left[\frac{P(y = 1 \mid x)}{P(y = 0 \mid x)}\right]$$

梯度为

$$\hat{y}_i = -\left[\frac{\partial \Psi(y, F(x))}{\partial F(x)}\right]_{F(x) = F_{m-1}(x)} = 2y/(1 + \exp(2yF_{m_1}(x)))$$

所以 L_2-TreeBoost 的训练过程如下。

(1) $F_0 = \frac{1}{2}\log\left(\frac{1 + y}{1 - y}\right)$。

（2）迭代 $m=1,2,\cdots,M$ 次。

a. 计算 $\tilde{y}_i=2y_i/(1+\exp(2y_iF_{m-1}(x_i)))$，$i=1,2,\cdots,N$。

b. 拟合 $\tilde{y}_i$，学习回归树，第 l 个叶子结点集合为 R_{lm}。

c. 计算参数 $\gamma_{lm}=\dfrac{\sum\limits_{x_i\in R_{lm}}\tilde{y}_i}{\sum\limits_{x_i\in R_{lm}}|\tilde{y}_i|(2-|\tilde{y}_i|)}$。

d. $F_m(x)=F_{m-1}(x)+\gamma_{lm}(x\in R_{lm})$。

（3）返回 $F_m(x)$。

9.3.6 特征组合

通过 L_2-TreeBoost 可以得到一棵树，假如这棵树有 2 棵子树，如图 9.2 所示，最后样本 x 落在了第 1 棵子树的第 2 个结点和第 2 棵子树的第 1 个结点，那么 x 的编码为$[0,1,0,1,0]$。

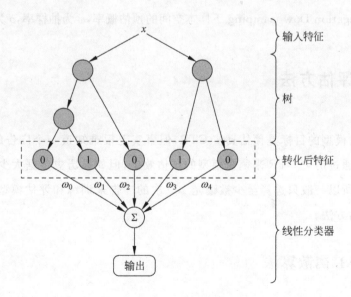

图 9.2 从树中提取特征

9.3.7 Freshness

很多系统的线上数据分布会随着时间不断变化,He 等在 2014 年通过实验发现,一个训练好的模型,一周以后效果会下降 1‰左右,所以在大型广告系统中,如果数据分布是随着时间频繁变化的,模型也应该根据这个变化情况定期更新。

9.3.8 数据采样

如果广告系统产生的日志数据非常大,在训练模型的时候需要对其采样,常用的方法有两种:一种是随机采样(Uniform Sampling),这种方法有可能让本来就少的正样本变得更少;另外一种是负样本采样(Negation Downsampling),如果采用负样本采样,需要调整最后的预估值

$$q = \frac{p}{p + (1 - p)/\omega}$$

其中,p 为在 Negation Downsamping 下样本空间的预估概率,ω 为抽样率,q 为调整后的值。

9.4 模型评估方法

点击率预估模型的目标是预估真实 CTR,但事实上很难知道一个广告的真实 CTR 是多少,一般只能通过历史 CTR 来衡量模型的预估效果,但如果历史数据太少,历史 CTR 的置信度会很低,所以一般只选择至少被曝光 100 次的广告来训练和评估模型。下面是几种常见的模型评估方法。

9.4.1 KL 离散算法

在信息论里面,有一个 KL 离散(Kullback-Leibler Divergence)算法,它是对两个概率分布 P 和 Q 不对称性的度量,这个算法最初是由 Solomon Kullback 和 Richard Leibler 在

1951 年提出的，它的数学定义是

$$D_{KL}(P \parallel Q) = \sum_i P(i) \text{lb}\left(\frac{P(i)}{Q(i)}\right) \tag{9.3}$$

举个简单的例子，如果现在有两个离散型概率分布 P 和 Q，有 4 个类别，它们在 P 中的概率分别是 0.1、0.2、0.3、0.4，在 Q 中这 4 个类别的概率分别是 0.4、0.3、0.2、0.1，那么

$$D_{KL}(P \parallel Q) = 0.1 * \text{lb}\left(\frac{0.1}{0.4}\right) + 0.2 * \text{lb}\left(\frac{0.2}{0.3}\right) + 0.3 * \text{lb}\left(\frac{0.3}{0.2}\right) + 0.4 * \text{lb}\left(\frac{0.4}{0.1}\right)$$

公式(9.3)针对的是离散型概率分布，对于连续型概率分布，它的计算公式为

$$D_{KL}(P \parallel Q) = \int p(x) \text{lb}\left(\frac{p(x)}{q(x)}\right) dx$$

其中，p 和 q 分别是概率分布 P 和 Q 的概率密度函数。

KL 离散算法可用来评估数据预估分布和真实分布之间的差异。不难看出，它可以度量相同类别数据的分布差异，且如果某个类别的样本数据较多，则它对应的权重也会较大。

9.4.2　AUC

在二分类问题中，模型会对每个样本预估一个分数 y，一般会再选择一个阈值 t，当 $y>t$ 时该样本为正样本，当 $y<t$ 时该样本为负样本，这样预估结果可以被分为 4 类，如表 9.5 所示。

表 9.5　预估结果分类

	正　样　本	负　样　本
预估为正	TP(真正例)	FP(假正例)
预估为负	FN(假负例)	TN(真负例)

现在定义真正例比率 TPR 和假正例比率 FPR 为

$$TPR = \frac{TP}{TP + FN} = \frac{TP}{N_+}$$

$$FPR = \frac{FP}{FP + TN} = \frac{FP}{N_-}$$

其中，N_+ 为正样本总数，N_- 为负样本总数。如果将 TPR 和 FPR 画在一个坐标轴中，随着选取阈值 t 的不同，TPR 和 FPR 在坐标轴上会形成一条曲线，这条曲线叫 ROC 曲线。假如模型预估结果是随机的，那么模型对正负样本没有区分度，在 $y>t$ 的样本中真实的正负样本比例和总样本中正负样本的比例相同，即

$$\frac{\text{TP}}{\text{FP}} = \frac{N_+}{N_-}$$

此时 ROC 为一条直线。如果模型区分度很好，预估的所有正样本都比负样本分数高，那么当 t 变化时，有 TPR＝1 或 FPR＝0。而真实模型的 ROC 是一条上凸的曲线，介于上面两种情况之间，如图 9.3 所示，ROC 曲线下的面积即为 AUC(Area Under The Curve)，AUC 常常被作为评估模型好坏的标准。

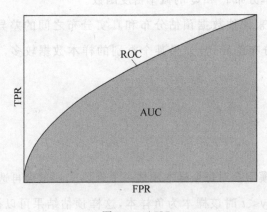

图 9.3 AUC

9.4.3 NE

NE(Normalized Entropy)通过如下公式计算：

$$\text{NE} = \frac{-\frac{1}{N}\sum_{i=1}^{n}\left(\frac{1+y_i}{2}\log(p_i) + \frac{1-y_i}{2}\log(1-p_i)\right)}{-(p*\log(p) + (1-p*\log(1-p)))}$$

其中，p_i 为模型的预估点击率，p 为历史数据的统计点击率。NE 越小，模型的效果越好。

9.5　Bandit

多数效果类广告系统都会收集广告的历史互动数据,通过训练模型来预估广告的点击率或其他指标,然后基于这些预估值投放潜在收益最大的那个广告。历史互动数据积累得越多,预估值越有可能接近真实的数值,选择出来的广告也越准确。但有些广告并没有足够的历史互动数据,有些甚至完全没有历史数据积累,例如广告系统中经常有一些新的广告和广告主进入,对于这部分广告和广告主,广告投放系统就没有任何历史数据积累,这时候该怎么办? 这个问题就是很多系统都会碰到的"冷启动"问题,这里就涉及了 Bandit 算法。

9.5.1　Bandit 问题

为了便于理解 Bandit 算法的思想,先看一个经典的例子:一个赌徒去摇老虎机,走进赌场一看,有一排外表一模一样的老虎机,他知道每台老虎机吐钱的概率不一样,但是并不知道哪台老虎机本次会吐钱,也不知道每台老虎机吐钱的概率分布,他该如何去摇老虎机来最大化自己的收益? 这就是多臂赌博机问题(Multi-Armed Bandit Problem,MABP)。

假设这些老虎机是有差别的,摇老虎机的结果有两种:一种是吐钱;另一种是不吐钱。现在希望通过某种策略摇 N 次老虎机,然后使老虎机吐出的钱最多。最好的情况是寻找到那台吐钱概率最高的老虎机,然后一直摇这台机器,但是一开始根本无法找到这台吐钱概率最高的老虎机。这里有一个可行的保底方法,就是随机地摇 N 次老虎机,即每次摇老虎机都是相互独立的,后一次不会参考前几次的结果,但这种方法每次摇的老虎机很大概率不是出钱概率最大的那台老虎机。

现在对这个方法做一点改进,首先随机地摇 $m(<N)$ 次,然后选择这 m 次中平均收益最大的那台老虎机,在剩余的次数中一直摇这台机器。但还是会有问题,就是 m 往往不能太大(成本有限),因此这种方法选择出的老虎机也有可能不是概率最大的那台,并且一旦

选定,就不能再更改了,还有没有其他办法? 这个问题非常有实用价值,已经有很多人贡献了自己的方法,下面介绍其中一些经典的方法。

9.5.2 ε-Greedy 方法

为了改善前面方法中一旦选定老虎机就无法更改的问题,本方法通过设定一个参数 $\varepsilon \in (0,1]$ 来对选定过程做一些调节,即每次通过 ε 的概率随机选择,$1-\varepsilon$ 的概率选择当前平均收益最高的那台老虎机。这样,如果开始选择的老虎机不是概率最大的那台,后面还有机会再重新选择,且随着实验次数的增加,选到最大概率老虎机的概率也随之增加。这里用到了 exploit-explore 的思路,exploit 是在已积累数据的基础上最大化收益,explore 是探索未知,增加数据积累。但这个方法还存在一个问题,就是假如实验次数足够多后,通过历史数据已经可以判断出哪台老虎机概率最大,但算法还是会浪费次数在 explore 上。修正方案就是随着次数的增加不断减少 ε,例如令 $\varepsilon = \dfrac{1}{\log(m) + 0.00001}$。还有一种改进方案是 explore 不再随机选择,而是通过 softmax 来选择预估回报最大的那台老虎机。

9.5.3 Thompson Sampling

摇老虎机的过程可以理解为:老虎机每次有 θ 的概率会吐钱,$1-\theta$ 的概率不吐钱。对于某个老虎机,提前并不知道这个概率 θ,前面的方法都是通过数据统计的方法来近似这个 θ,例如摇了某个老虎机 5 次,其中有 3 次吐钱,那么这个老虎机的 $\theta = \dfrac{3}{5}$。

还有一种方式就是把每台老虎机的概率 θ 理解成一个概率分布,通过实验结果不断寻找最可能的分布,然后选择这个分布中概率最大的 θ。通过贝叶斯定理可以知道:

$$P(\theta \mid X) = \frac{P(X \mid \theta)P(\theta)}{P(X)}$$

其中,$P(\theta)$ 是 θ 的概率分布,X 是已经得到的实验数据,$P(\theta \mid X)$ 就是通过历史实验数据来得到 θ 的后验分布,$P(X \mid \theta)$ 可以理解为根据现有的分布产生当前实验结果的概率,这里是一个二项分布：

$$P(X \mid \theta) = \begin{bmatrix} N \\ a \end{bmatrix} \theta^m (1-\theta)^{N-m}$$

其中，N 是实验的重复次数，m 是老虎机吐钱的次数。假设 $P(\theta)$ 为 Beta 分布，$P(X)$ 是 θ 取不同值时 $P(X|\theta)$ 的和：

$$P(X) = \int_0^1 P(X \mid \theta) P(\theta) \mathrm{d}\theta$$

为什么选择 Beta 分布，看下面的推导：

$$P(\theta \mid X) = \frac{P(X \mid \theta) P(\theta)}{P(X)}$$

$$= \frac{P(X \mid \theta) P(\theta)}{\int_0^1 P(X \mid \theta) P(\theta) \mathrm{d}\theta}$$

$$= \frac{\begin{bmatrix} N \\ a \end{bmatrix} \theta^m (1-\theta)^{N-m} \frac{1}{\mathrm{B}(a,b)} \theta^{a-1} (1-\theta)^{b-1}}{\int_0^1 \begin{bmatrix} N \\ a \end{bmatrix} \theta^m (1-\theta)^{N-m} \frac{1}{\mathrm{B}(a,b)} \theta^{a-1} (1-\theta)^{b-1} \mathrm{d}\theta}$$

$$= \frac{\theta^{a+m-1} (1-\theta)^{b+N-m-1}}{\int_0^1 \theta^{a+m-1} (1-\theta)^{b+N-m-1} \mathrm{d}\theta}$$

$$= \frac{\theta^{a+m-1} (1-\theta)^{b+N-m-1}}{\mathrm{B}(a+m, b+N-m)}$$

$$= \mathrm{Beta}(\theta \mid a+m, b+N-m)$$

其中 $P(\theta) = \mathrm{Beta}(\theta|a,b) = \frac{1}{\mathrm{B}(a,b)} \theta^{a-1} (1-\theta)^{b-1}$，且

$$\mathrm{B}(a,b) = \int_0^1 \theta^{a-1} (1-\theta)^{b-1} \mathrm{d}\theta$$

可以发现，$P(\theta|X)$ 和 $P(\theta)$ 都是 Beta 分布，$P(\theta|X)$ 是通过已积累数据对 $P(\theta)$ 的进一步修正。如图 9.4 所示，假设原始分布为 Beta(5,5)，在这种分布下，最有可能的 $\theta_1 = 0.5$，经过 5 次重复实验后，有 3 次成功，有 2 次失败，那么基于实验结果，将 $P(\theta)$ 修正为 Beta(5+3, 5+2)，在新分布下，最有可能的 $\theta_2 \approx 0.54$。

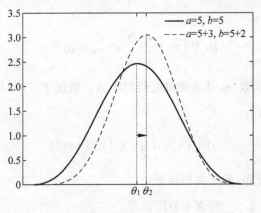

图 9.4　Beta 分布

由于修正前和修正后的概率同分布，这个过程可以不断重复下去，Thompson Sampling 方法的伪代码如下：

```
for j = 1,2,···,N
    for i = 1,2,···,K
    \\ 从 Beta(Pos(i) + a(i), Neg(i) + b(i))分布中为每个老虎机抽样一个概率
    \\ 从所有 K 个老虎机中选择概率最大的那个
    \\ 摇老虎机,观察反馈结果
    if action == 1        \\ 赚钱
        Pos(i)++
    else
        Neg(i)++
```

代码非常简单，但效果却很好。

9.5.4　UCB

另外一种方法是 UCB(Upper Confidence Bound，上置信度边界)，因为每个预估概率值都和真实值有一定误差，UCB 方法就是找到预估值的置信区间，然后选择置信上限最大的那台机器，其中最简单的算法 UCB1 过程如下。

初始化：每台机器选择一次。

选择机器 i 满足：

$$i = \underset{1 \leqslant j \leqslant K}{\arg\max}\left(\bar{x}_j + \sqrt{\frac{2\ln N}{n_j}}\right)$$

其中,K 是机器的个数,$\bar{x}_j$ 是机器 j 的平均收益,n_j 是机器 j 被选中的次数,N 为实验次数。思路是某台机器历史上被选择的次数越少,其置信区间越大,算法会加大该机器被选择的概率,即做到了 explore。如果某台机器的平均收益很高也有很大概率被选择,也做到了 exploit。

9.5.5　LinUCB

摇老虎机的问题中,老虎机吐钱的概率是固定的,谁摇都一样,前面的方法解决这类问题的效果已经比较好,这些方法可被称为 Context Free 方法,即和上下文无关的方法。系统投放广告的过程中,可以把选择哪个广告理解为老虎机的选择过程,是否吐钱理解为用户是否点击,但是广告是否被点击不只与广告本身相关,还和很多因素有关,例如用户对广告的兴趣就是很关键的因素,所以 Context Free 的方法并不适用。下面介绍一种和上下文有关的 Bandit 方法(Contextual Bandit)——LinUCB。

在算法 LinUCB 中,设当前的用户为 u_t,所有可能的选择集合为 $\mathcal{A}_t$,对于每一个 $a \in \mathcal{A}_t$ 和当前用户 u_t,其上下文特征用 $x_{t,a}$ 表示。通过 $t-1$ 轮实验,算法选择下一个 $a_t \in \mathcal{A}_t$,收益为 c_{t,a_t},这个收益和 u_t、a_t 都有关系。LinUCB 也采用置信区间的思想,只是每次的概率都和上下文有关系:

$$E(r_{t,a} \mid x_{t,a}) = x_{t,a}^{\mathrm{T}} \theta_a^*$$

每个待选项目 a 对应一个未知的参数 θ_a^*,最后的平均收益是 $x_{t,a}$ 和 θ_a^* 的一个线性函数,假设在第 t 轮之前,a 被选中了 m 次,对应的特征向量和收益分别为 $\boldsymbol{D}_a$ 和 c_a,其中 $\boldsymbol{D}_a$ 为一个 $m \times d$ 的矩阵,共有 m 组特征,c_a 为 $m \times 1$ 的向量,表示 m 次实验的收益。

通过岭回归的方法可以求得 θ_a^* 的预估值为

$$\hat{\theta}_a = (\boldsymbol{D}_a^{\mathrm{T}}\boldsymbol{D}_a + \boldsymbol{I}_d)^{-1}\boldsymbol{D}_a^{\mathrm{T}}c_a$$

其中,$\boldsymbol{I}_d$ 为 d 维单位矩阵。

对任意的 $\delta > 0, \alpha = 1 + \sqrt{\dfrac{\ln(2/\delta)}{2}}$,$\hat{\theta}_a$ 的置信区间为

$$P\{\mid x_{t,a}^{\mathrm{T}}\hat{\theta}_a - E(r_{t,a\mid x_{t,a}}) \mid \leqslant \alpha \sqrt{x_{t,a}^{\mathrm{T}}(\boldsymbol{D}_a^{\mathrm{T}}\boldsymbol{D}_a + \boldsymbol{I}_d)^{-1}x_{t,a}}\} \geqslant 1 - \delta$$

P 表示概率,这样就可以利用类似 UCB 的方法来选择:

$$a_t = \underset{a \in \hat{A}_t}{\arg\max}(x_{t,a}^{\mathrm{T}}\hat{\theta}_a + \alpha \sqrt{x_{t,a}^{\mathrm{T}}(D_a^{\mathrm{T}}D_a + I_d)^{-1}x_{t,a}})$$

具体的算法如图 9.5 所示。

算法:LinUCB 算法

输入:输入置信区间设置参数 α

过程:

 1: for 任意时间 $t \in 1,2,3,\cdots,T$ do
 2:   提取所有 $a \in \mathcal{A}_t$ 的特征 $x_{t,a}$。
 3:   for all $a \in \mathcal{A}_t$ do
 4:    如果 a 新发现
 5:     $A_a \leftarrow I_d, I_d$ 为 d 维单位矩阵
 6:     $b_a \leftarrow 0_{d \times 1}, 0_{d \times 1}$ 为 d 维零向量
 7:    否则
 8:     $\hat{\theta}_a \leftarrow A_a^{-1}b_a$
 9:     $p_{t,a} \leftarrow \hat{\theta}_a^{\mathrm{T}}x_{t,a} + \alpha \sqrt{x_{t,a}^{\mathrm{T}}A_a^{\mathrm{T}}x_{t,a}}$
10:   end for
11:   选择 $p_{t,a}$ 最大的 a_t,并且记录收益 r_t,更新:
12:    $A_{a_t} \leftarrow A_{a_t} + x_{t,a_t}x_{t,a_t}^{\mathrm{T}}$
13:    $b_{a_t} \leftarrow b_{a_t} + r_t x_{t,a_t}$
14: ent for

图 9.5　LinUCB 算法

9.6　在线学习方法

很多系统的样本空间会随着时间不断变化,另外对于超大规模的广告系统,每天都会产生很多新的用户反馈数据,如果能够将这些数据使用到模型中,有可能会使模型效果有正向提升,所以往往需要不断地优化调整模型。传统的模型优化需要线下频繁地重新训练模型,然后再将训练好的模型布置到线上,这样做的结果是,一方面模型效果会有滞后,另一方面也增加了流程的维护成本。所以如何在线自动化训练模型成为一个非常值得研究的问题,本节将介绍几种在线学习的模型。

9.6.1　梯度下降方法

为了理解这些模型的具体细节,首先需要熟悉参数优化方法,这类方法需要构造一个损失函数 $J(\omega)$,然后基于训练样本寻找可以使 $J(\omega)$ 最小的 ω,ω 就是模型的参数。现有的优化方法中,梯度下降算法(Gradient Descent,GD)是一种被广泛使用的参数优化方法,具体的步骤如下。

(1) 对损失函数 $J(\omega)$ 进行微分,得到它在指定点的梯度 $\Delta(\omega)=\dfrac{\partial J(\omega)}{\partial \omega}$,梯度的正负表示损失函数的上升或下降。

(2) 选择一个学习率 μ,表示参数的更新速率,并使 ω 向梯度负方向也就是损失函数减小的方向更新:$\omega=\omega-\mu\Delta(\omega)$。

(3) 重复步骤(1)、(2),直到取得最优的参数为止。

接下来介绍 3 种具体的梯度下降算法:批量梯度下降(Batch Gradient Descent,BGD)、随机梯度下降(Stochastic Gradient Descent,SGD)和小批量梯度下降(Mini-Batch Gradient Descent,MBGD)。

9.6.2　BGD

BGD 的具体步骤如下。

(1) 假设目标函数为 $h=\sum\limits_{j=0}^{n}\omega_j x_j$,$x_j$ 是训练样本 X 的第 j 个特征,ω_j 是它对应的系数,n 表示训练样本的特征维度。

(2) 设置损失函数为 $J(\omega)=\dfrac{1}{2m}\sum\limits_{i=1}^{m}(h^{(i)}-y^{(i)})^2$,其中 m 表示训练样本的个数,$h^{(i)}$ 表示第 i 个样本的模型输出结果,$y^{(i)}$ 表示第 i 个样本的真实结果。

(3) 对每一个 ω_j 求导,$\dfrac{\partial J(\omega)}{\partial \omega_j}=-\dfrac{1}{m}\sum\limits_{i=1}^{m}(y^{(i)}-h^{(i)})x_j^{(i)}$。

(4) 每一个参数都向梯度减小的方向更新:$\omega_j=\omega_j-\mu\dfrac{\partial J(\omega)}{\partial \omega_j}$。

BGD 每次更新参数都会使用所有的训练样本,得到的是全局最优解,但也因计算很多样本而迭代较慢。

9.6.3 SGD

SGD 的具体步骤如下。

(1) 设置损失函数为 $J(\omega) = \frac{1}{2}(h^{(i)} - y^{(i)})^2$。

(2) 更新每一个参数:$\omega_j = \omega_j + \mu(y^{(i)} - h^{(i)})x_j^{(i)}$。

SGD 每次只通过一个样本来优化参数,而不是使用所有的训练样本集合,所以 SGD 的训练速度比较快,但也会引入噪声,迭代结果不一定是全局最优的。不过它有一个非常重要的优点是可以在线训练,每次线上得到一个新样本时,都可以及时用来优化参数。

9.6.4 MBGD

MBGD 是 BGD 和 SGD 的折中方法,每次不是选取一个样本来训练,也不需要选取所有的样本集合,而是通过一部分样本来优化参数。因为每次只需要少量样本就可以更新模型,且训练速度很快,MBGD 和 SGD 一样也可以用于在线训练模型。

另外,机器学习中很多反问题都是病态的(Ill-Condition),而通过收集结果数据来推断系统工作模型的过程,就是一种反过程。如下面的例子,系数一旦发生微小的变化,结果就会变化很大,这样的模型就是病态的。

$$\begin{bmatrix} 1 & 2 \\ 2 & 3.999 \end{bmatrix} \begin{bmatrix} x \\ y \end{bmatrix} = \begin{bmatrix} 4 \\ 7.999 \end{bmatrix}$$

$$解: \begin{bmatrix} x \\ y \end{bmatrix} = \begin{bmatrix} 2 \\ 1 \end{bmatrix}$$

$$\begin{bmatrix} 1 & 2 \\ 2 & 3.999 \end{bmatrix} \begin{bmatrix} x \\ y \end{bmatrix} = \begin{bmatrix} 4.001 \\ 7.998 \end{bmatrix}$$

$$解：\begin{bmatrix} x \\ y \end{bmatrix} = \begin{bmatrix} -3.999 \\ 4.000 \end{bmatrix}$$

$$\begin{bmatrix} 1.001 & 2.001 \\ 2.001 & 3.998 \end{bmatrix} \begin{bmatrix} x \\ y \end{bmatrix} = \begin{bmatrix} 4 \\ 7.999 \end{bmatrix}$$

$$解：\begin{bmatrix} x \\ y \end{bmatrix} = \begin{bmatrix} 3.994 \\ 0.001\,388 \end{bmatrix}$$

相反，如果系数矩阵发生微小变化，结果变化不大的模型就是良置的（Well-Condition），如下：

$$\begin{bmatrix} 1 & 2 \\ 2 & 3 \end{bmatrix} \begin{bmatrix} x \\ y \end{bmatrix} = \begin{bmatrix} 4 \\ 7 \end{bmatrix}$$

$$解：\begin{bmatrix} x \\ y \end{bmatrix} = \begin{bmatrix} 2 \\ 1 \end{bmatrix}$$

$$\begin{bmatrix} 1 & 2 \\ 2 & 3 \end{bmatrix} \begin{bmatrix} x \\ y \end{bmatrix} = \begin{bmatrix} 4.001 \\ 7.001 \end{bmatrix}$$

$$解：\begin{bmatrix} x \\ y \end{bmatrix} = \begin{bmatrix} 1.999 \\ 1.001 \end{bmatrix}$$

$$\begin{bmatrix} 1.001 & 2.001 \\ 2.001 & 3.001 \end{bmatrix} \begin{bmatrix} x \\ y \end{bmatrix} = \begin{bmatrix} 4 \\ 7 \end{bmatrix}$$

$$解：\begin{bmatrix} x \\ y \end{bmatrix} = \begin{bmatrix} 2.003 \\ 0.997 \end{bmatrix}$$

如果训练的模型是病态的，那么输入只要有微小的噪声干扰，就可能对预估结果产生很大的影响，所以在线学习还需要避免模型的病态问题。Cande's 等在 2006 年提出的压缩感知理论中有一个主要思想是：如果某个信号的稀疏度为 k，那么可以通过同数量级的观测值来还原原始信号。现实中往往不需要所有的特征都有值才能得到准确的预估值，稀疏性是非常重要的一种先验知识，通过使模型稀疏可以有效地缓解病态问题，进而获得一个理想的模型。

理论和实践都表明，L_1 正则化可以使模型变得稀疏，即假设损失函数为

$$\min_{\omega} J(\omega) + \lambda \| \omega \|_1$$

但是 L_1 正则项在 0 处不可导,一般通过一些近似的方法来求解导数。还有一种办法就是在模型优化过程中,当某个系数足够小的时候,就将其置为 0,以达到使模型稀疏的目的,下面介绍两种相关的方法。

9.6.5 简单截断法

以 k 为窗口,t 为迭代次数,当 t/k 不为整数时进行标准的 SGD 优化;当 t/k 为整数时,采用如下分段函数截断一次:

$$W^{(t+1)} = T_0(W^t - \mu^{(t)} G^{(t)}, \theta)$$

$$T_0(v_i, \theta) = \begin{cases} 0 & |v_i| \leqslant \theta \\ v_i & \text{其他} \end{cases}$$

也就是当 $|W^t - \mu^{(t)} G^{(t)}| \leqslant \theta$ 的时候,系数置 0。

9.6.6 截断梯度法

截断梯度法(Truncated Gradient)引入另外一个参数 α 对截断做了平滑,如下:

$$W^{(t+1)} = T_1(W^{(t)} - \mu^{(t)} G^{(t)}, \mu^{(t)} \lambda^{(t)}, \theta), \quad \lambda^{(t)} \geqslant 0$$

$$T_1(v_i, \alpha, \theta) = \begin{cases} \max(0, v_i - \alpha) & v_i \in [0, \theta] \\ \max(0, v_i + \alpha) & v_i \in [-\theta, 0) \\ v_i & \text{其他} \end{cases}$$

9.6.7 FOBOS

在了解了参数优化方法后,接下来介绍 3 种典型的在线学习模型。第一种模型是 Duchi 和 Singer 在 2009 年提出的 FOBOS(Forward-Backward Splitting)方法,参数更新分为两步:

$$W^{(t+\frac{1}{2})} = W^{(t)} - \mu^{(t)} G^{(t)}$$

$$W^{(t+1)} = \arg \min_W \frac{1}{2} \| W - W^{(t+\frac{1}{2})} \|^2 + \mu^{(t+\frac{1}{2})} \Psi(W)$$

第一步就是标准的 SGD,第二步对第一步的结果进一步调整;第一步保障参数向梯度下降的方向更新,第二步使模型产生稀疏性。

将两个公式合成一个:

$$W^{(t+1)} = \arg \min_{W} \frac{1}{2} \| W - W^{(t)} + \mu^{(t)} G^{(t)} \|^2 + \mu^{(t+\frac{1}{2})} \Psi(W)$$

令 $F(W) = \arg \min_{W} \frac{1}{2} \| W - W^{(t)} + \mu^{(t)} G^{(t)} \|^2 + \mu^{(t+\frac{1}{2})} \Psi(W)$,如果 $W^{(t+1)}$ 有解,令 $\partial F(W) = 0$,W 的解就是 $W^{(t+1)}$:

$$W - W^{(t)} + \mu^{(t)} G^{(t)} + \mu^{(t+\frac{1}{2})} \partial \Psi(W) = 0$$

$$W^{(t+1)} = W^{(t)} - \mu^{(t)} G^{(t)} - \mu^{(t+\frac{1}{2})} \partial \Psi(W^{(t+1)})$$

令 $\Psi(W) = \lambda \| W \|_1$,$\lambda \geqslant 0$,$W^{(t+\frac{1}{2})} = (v_1, \cdots, v_n) \in R^N$,$\tilde{\lambda} = \mu^{(t+\frac{1}{2})} \lambda$,代入公式得

$$W^{(t+1)} = \arg \min_{W} \sum_{i=1}^{N} \left(\frac{1}{2} (w_i - v_i)^2 + \tilde{\lambda} \mid w_i \mid \right)$$

可以发现,$\sum_{i=1}^{N} \left(\frac{1}{2} (w_i - v_i)^2 + \tilde{\lambda} \mid w_i \mid \right)$ 中的每一项都大于或等于 0,所以全体参数的求解等同于分别对每一个参数求解:

$$w_i^{(t+1)} = \arg \min_{w_i} \left(\frac{1}{2} (w_i - v_i)^2 + \tilde{\lambda} \mid w_i \mid \right)$$

接下来是求解过程。

首先证明如果 w_i^* 是 $\arg \min_{w_i} \left(\frac{1}{2} (w_i - v_i)^2 + \tilde{\lambda} \mid w_i \mid \right)$ 的最优解,那么 $w_i^* v_i \geqslant 0$。

证明:用反证法。假如 $w_i^* v_i < 0$,那么有

$$\frac{1}{2} v_i^2 < \frac{1}{2} (w_i^* - v_i)^2 < \frac{1}{2} (w_i^* - v_i)^2 + \tilde{\lambda} \mid w_i \mid$$

这样对 $\frac{1}{2} (w_i - v_i)^2 + \tilde{\lambda} \mid w_i \mid$ 来说,0 比 w_i^* 的解小,与 w_i^* 是 $\arg \min_{w_i} \left(\frac{1}{2} (w_i - v_i)^2 + \tilde{\lambda} \mid w_i \mid \right)$ 的最优解矛盾,所以 $w_i^* v_i \geqslant 0$。

然后分 $v_i \geqslant 0$ 和 $v_i < 0$ 两种情况求解。

(1) 当 $v_i \geqslant 0$ 时,由于 $w_i^* v_i \geqslant 0$,所以 $w_i^* \geqslant 0$,相当于对 $\arg \min_{w_i} \left(\frac{1}{2} (w_i - v_i)^2 + \tilde{\lambda} \mid w_i \mid \right)$ 引

入不等式约束$-w_i \leqslant 0$。

根据 KKT 条件求解$\dfrac{\partial}{\partial w_i}\left(\dfrac{1}{2}(w_i-v_i)^2 + \tilde{\lambda}|w_i| - \beta w_i\right)$，知道$\beta w_i^* = 0$，且$w_i^* = v_i - \tilde{\lambda} + \beta$；再分两种情况：

当$w_i^* > 0$时，由于$\beta w_i^* = 0$，所以$\beta = 0$，这时有$w_i^* = v_i - \tilde{\lambda}$，又由于$w_i^* > 0$，所以$v_i - \tilde{\lambda} > 0$。

当$w_i^* = 0$时，有$v_i - \tilde{\lambda} + \beta = 0$，由于$\beta \geqslant 0$，所以$v_i - \tilde{\lambda} \leqslant 0$。

所以$w_i^* = \max(0, v_i - \tilde{\lambda})$。

（2）当$v_i < 0$时，同理，$w_i^* = -\max(0, -v_i - \tilde{\lambda})$。

综上，$w_i^{(t+1)} = \mathrm{sgn}(v_i)\max(0, |v_i| - \tilde{\lambda})$

$$= \mathrm{sgn}(w_i^{(t)} - \mu^{(t)}g_i^{(t)})\max\left(0, |w_i^{(t)} - \mu^{(t)}g_i^{(t)}| - \mu^{(t+\frac{1}{2})}\lambda\right)$$

如果把判定条件改为$|w_i^{(t)} - \mu^{(t)}g_i^{(t)}| \leqslant \mu^{(t+\frac{1}{2})}\lambda$，那么上面的迭代公式可以改写为

$$w_i^{(t+1)} = \begin{cases} 0 & |w_i^{(t)} - \mu^{(t)}g_i^{(t)}| \leqslant \mu^{(t+\frac{1}{2})}\lambda \\ \left((w_i^{(t)} - \mu^{(t)}g_i^{(t)}) - \mu^{(t+\frac{1}{2})}\lambda\right) \\ \qquad \mathrm{sgn}(w_i^{(t)} - \mu^{(t)}g_i^{(t)}) & \text{其他} \end{cases}$$

可以发现结果也是一种截断。

9.6.8 RDA

第二种模型是 Xiao 在 2010 年提出的 RDA(Regularized Dual Averaging)算法，具体公式为

$$W^{(t+1)} = \arg\min_{W}\left\{\frac{1}{t}\sum_{r=1}^{t}G^{(r)}W + \lambda\|W\|_1 + \frac{\gamma}{2\sqrt{t}}\|W\|_2^2\right\}$$

采用类似的方法，对每一个系数求解：

$$w_{i+1}^{(t+1)} = \arg\min_{w_i}\left\{\bar{g}_i^{(t)} + \lambda|w_i| + \frac{\gamma}{2\sqrt{t}}w_i^2\right\}$$

$$\lambda > 0$$
$$\gamma > 0$$

$$\overline{g}_i^{(t)} = \frac{1}{t} \sum_{r=1}^{t} g_i^{(r)}$$

通过类似 9.6.7 节中的推导方法可以得到

$$w_i^{(t+1)} = \begin{cases} 0 & |\overline{g}_i^{(t)}| < \lambda \\ -\frac{\sqrt{t}}{\gamma}(\overline{g}_i^{(t)} - \lambda \text{sgn}(\overline{g}_i^{(t)})) & \text{其他} \end{cases}$$

结果也是一种截断,RDA 在截断的时候考虑的是梯度的累加平均值,这样可以避免某个维度因为训练数据不足而被截断。

9.6.9 L_1-FOBOS 和 L_1-RDA 的对比

假设 $\mu^{(t+\frac{1}{2})} = \mu^{(t)}$,那么 L_1-FOBOS 可以改写为

$$W^{(t+1)} = \arg \min_W \left\{ G^{(t)}W + \lambda \|W\|_1 + \frac{1}{2\mu^{(t)}} \|W - W^{(t)}\|_2^2 \right\}$$

因为

$$\arg \min_{w_i} \left\{ \frac{1}{2}(w_i - w_i^{(t)} + \mu^{(t)} g_i^{(t)})^2 + \mu^{(t)} \lambda |w_i| \right\}$$

$$= \arg \min_{w_i} \left\{ \frac{1}{2}(w_i - w_i^{(t)})^2 + \frac{1}{2}(\mu^{(t)} g_i^{(t)})^2 + w_i \mu^{(t)} g_i^{(t)} + w_i^{(t)} \mu^{(t)} g_i^{(t)} + \mu^{(t)} \lambda |w_i| \right\}$$

$$= \arg \min_{w_i} \left\{ w_i g_i^{(t)} + \lambda |w_i| + \frac{1}{2\mu^{(t)}}(w_i - w_i^{(t)})^2 + \left[\frac{\mu^{(t)}}{2}(g_i^{(t)})^2 + w_i^{(t)} g_i^{(t)} \right] \right\}$$

由于 $\frac{\mu^{(t)}}{2}(g_i^{(t)})^2 + w_i^{(t)} g_i^{(t)}$ 和变量 w_i 无关,所以上面的公式等价于

$$\arg \min_{w_i} \left\{ w_i g_i^{(t)} + \lambda |w_i| + \frac{1}{2\mu^{(t)}}(w_i - w_i^{(t)})^2 \right\}$$

同理,L_1-RDA 可以写为

$$W^{(t+1)} = \arg \min_W \left\{ G^{(1,t)}W + t\lambda \|W\|_1 + \frac{1}{2\mu^{(t)}} \|W - 0\|_2^2 \right\}$$

如果令

$$\sigma^{(s)} = \frac{1}{\mu^{(s)}} - \frac{1}{\mu^{(s-1)}}$$

$$\sigma^{(1,\ t)} = \frac{1}{\mu^{(t)}}$$

$$G^{(1,\ t)} = \sum_{s=1}^{t} G^{(s)}$$

那么 L_1-FOBOS 可以改写为

$$W^{(t+1)} = \arg\min_{W}\left\{G^{(t)}W + \lambda\|W\|_1 + \frac{1}{2}\sigma^{(1,\ t)}\|W - W^{(t)}\|_2^2\right\}$$

L_1-RDA 可以改写为

$$W^{(t+1)} = \arg\min_{W}\left\{G^{(1,\ t)}W + \lambda\|W\|_1 + \frac{1}{2}\sigma^{(1,\ t)}\|W - W^{(t)}\|_2^2\right\}$$

形式非常相似。

9.6.10 FTRL

第 3 种模型就是名气比较大的 FTRL(Follow The Regularized Leader)算法[Brendan, 2011]，该算法的形式类似 FOBOS 和 RDA。

$$W^{(t+1)} = \arg\min_{W}\left\{G^{(t)}W + \lambda_1\|W\|_1 + \frac{\lambda_2}{2}\|W\|_2^2 + \frac{1}{2}\sum_{s=1}^{t}\sigma^{(s)}\|W - W^{(t)}\|_2^2\right\}$$

通过 9.6.7 节中类似的推导方法求解可得

$$w_i^{(t+1)} = \begin{cases} 0 & |z_i^{(t)}| < \lambda_1 \\ -\left(\lambda_2 + \sum_{s=1}^{t}\sigma^{(s)}\right)^{-1}(z_i(t) - \lambda_1\mathrm{sgn}(z_i^{(t)})) & \text{其他} \end{cases}$$

式中，$Z^{(t)} = G^{(1,\ t)} - \sum_{s=1}^{t}\sigma^{(t)}W^{(s)}$。

在 FTRL 中，每个特征的学习率都不同，如果某特征变化较快，那么它的学习率也会下降得快，实现如下：

$$\mu_i^{(t)} = \alpha\Big/\left(\beta + \sqrt{\sum_{s=1}^{t}(g_i^{(s)})^2}\right)$$

其中 α, β 是需要调节的参数。

另外,在线学习还有一类方法和 Bandit 中的 Thompson Sampling 算法类似,通过构造优化前和优化后同分布的模型使得优化过程可以不断重复,这里不再详细介绍。

9.7 推荐算法

系统选择投放广告的另一类算法从个性化推荐的角度来构建,本节将介绍 Davidson 等在 2010 年提出的解决视频推荐问题的方法,并以 YouTube 的视频推荐算法为例了解这类算法的思路。

YouTube 的视频推荐思想是通过用户观看过的视频 v_i,推荐给用户与视频 v_i 最相关的视频集合 R_i,认为这些视频是用户最有可能会观看的视频。任意两个视频相关程度的计算公式类似式(9.4):

$$r(v_i, v_j) = \frac{c_{ij}}{f(v_i, v_j)} \tag{9.4}$$

c_{ij} 为视频 v_i 和 v_j 被同时观看的次数,$f(v_i, v_j) = c_i \cdot c_j$ 是一个归一化系数,其中 c_i 和 c_j 分别表示视频 v_i 和 v_j 被展现的次数。给定一个视频 v_i,计算它与其他视频的相关分数,然后取相关分数排序中前 N 的视频作为相关视频集合 R_i。

给用户个性化推荐视频的过程可以表述为:选定一个种子集合 S,例如这个种子集合是用户最近观看过的视频集合,然后推荐给用户视频集合 $C_1(S) = \bigcup_{v_i \in S} R_i$。部分系统中,这样选择出的备选推荐视频集合就已经够用,但这样的推荐视频集合会和用户已经观看过的视频非常相似,有时候出于结果多样性的考虑,需要对种子集合进行扩展:

$$C_n(S) = \bigcup_{v_i \in C_{n-1}} R_i$$

$$C_{\text{final}} = \left(\bigcup_{i=0}^{N} C_i \right) \backslash S$$

式中,$C_n(S)$ 表示和种子集合 S 距离为 n 的视频集合,这里把视频理解为一个图中的结点,如果视频之间有某种关系,则它们之间就有连接,例如同一种类型的视频、同一个用户上传的视频之间都可以有连接,这样就可以计算与一个视频距离为 n 的视频集合了。C_{final} 是某个距离内的备选视频集合。

然后对 C_{final} 排序,用到的主要特征如下。

- 视频的质量:包括视频的观看次数、评级、评论、被收藏次数以及上传时间等。
- 用户的个性化特征:能代表用户个性化品位的特征。
- 多样性特征:例如控制不同领域视频比例的特征。

根据以上 3 种特征对最终的候选视频集合重新排序,将排序靠前的几个视频返回给用户交互界面,由于候选视频集合是一种队列形式,上一次展现了部分视频后,下一次可以继续选择队列后面的视频展现给用户,这样推荐的视频可以不断更新。算法中的视频共同观看次数用到了协同的思想,这种思想在推荐算法中很常见,9.8 节将介绍推荐算法中基于协同过滤的方法是如何实现的。

9.8　基于协同过滤的推荐

协同过滤是诞生较早,且在很多场景下效果很好的推荐算法,主要是通过对用户行为数据的分析来发现用户或推荐物品之间的相似度,然后基于这个相似度进行推荐,主要有基于用户的协同过滤算法(User-Based Collaborative Filtering)和基于物品的协同过滤算法(Item-Based Collaborative Filtering)。

9.8.1　基于用户的协同过滤算法

基于用户的协同过滤算法主要是通过用户对物品的偏好来判断用户的相似度,然后在相似的用户间互相推荐。例如用户 u_1 和 u_2 在前期的购物过程中表现出了相似的偏好,那么把用户 u_1 购买过但是 u_2 还没购买的商品推荐给用户 u_2 应该是一个不错的选择。

表 9.6 是 5 个不同的用户购买两件商品的次数,如果把商品 1 的购买次数作为横坐标,商品 2 的购买次数作为纵坐标,如图 9.6 所示,可以看到用户 u_1、u_3、u_4 更近一点,而用户 u_2、u_5 更近一点。那么如何计算两个用户的相似度?

表 9.6　5 个不同的用户购买两件商品的次数

用　户	商品 1	商品 2	用　户	商品 1	商品 2
u_1	3	7	u_4	4	6
u_2	6	3	u_5	7	2
u_3	3	6			

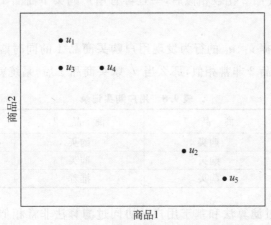

图 9.6　不同用户的分布

比较自然的想法是通过欧几里得距离来度量两个用户之间的距离,如下:

$$d(x,y) = \sqrt{\sum (x_i - y_i)^2}$$

$$\text{sim}(x,y) = \frac{1}{1 + d(x,y)} \tag{9.5}$$

相似度使用倒数的形式是为了让较小的数值便于比较。式(9.5)中,两个用户距离越近,他们之间的相似度会越高,并且 $d(x,y)=d(y,x)$。表 9.7 是用户间的距离和相似度,从中也可以得出 u_1、u_3、u_4 比较相似,u_2、u_5 比较相似。

表 9.7　用户间的距离和相似度

	$d(x,y)$	$\text{sim}(x,y)$		$d(x,y)$	$\text{sim}(x,y)$
$u_1 \& u_2$	5	0.167	$u_2 \& u_4$	3.6	0.217
$u_1 \& u_3$	1	0.5	$u_2 \& u_5$	1.414	0.414
$u_1 \& u_4$	1.414	0.414	$u_3 \& u_4$	1	0.5
$u_1 \& u_5$	6.4	0.135	$u_3 \& u_5$	5.66	0.15
$u_2 \& u_3$	4.24	0.19	$u_4 \& u_5$	5	0.167

9.8.2 基于物品的协同过滤算法

基于物品的协同过滤算法把用户对物品的喜好作为特征来判断物品间的相似度。在已经判别出商品1和商品2比较相似后,一旦再有用户购买了商品1,系统就可以把商品2推荐给他。

如表9.8所示,根据u_1、u_2的行为发现用户购买商品1的同时购买商品2的概率也很高,则说明商品1和商品2非常相似,那么当u_3购买商品1后,系统就会推荐商品2给他。

表9.8 用户购买记录

	商 品 1	商 品 2	商 品 3
u_1	购买	购买	—
u_2	购买	购买	购买
u_3	购买	推荐	—

基于物品的协同过滤算法和基于用户的协同过滤算法非常相似,计算方法也一样,只是构建的角度不同。

9.8.3 其他相似度计算方法

除欧几里得距离外,常用的距离度量方法还有如下几种。

皮尔逊相关系数:

$$p(x,y) = \frac{n \sum x_i y_i - \sum x_i \sum y_i}{\sqrt{n \sum x_i^2 - (\sum x_i)^2} \sqrt{n \sum y_i^2 - (\sum y_i)^2}}$$

Cosine 相似度:

$$C(x,y) = \frac{\sum x_i y_i}{\sqrt{\sum x_i^2} \sqrt{\sum y_i^2}}$$

Tanimoto 系数:

$$T(x,y) = \frac{\sum x_i y_i}{\sqrt{\sum x_i^2} + \sqrt{\sum y_i^2} - \sum x_i y_i}$$

9.8.4　应用

实际应用中基于用户的协同过滤算法和基于物品的协同过滤算法各有特点,选择哪一种算法效果更好需要看具体的应用场景。例如,在图书类网站中,用户的数量远远大于图书的数量,这样基于物品的协同过滤在性能上优于基于用户的协同过滤,但是,对于一些媒体类网站,每天都产生大量的新内容,基于用户的协同过滤算法推荐的性能就更好一些。

在设计用户产品的时候,用户的可理解性、推荐内容的多样性以及策略的覆盖率都是需要考虑的因素。例如,在读书类应用中,推荐给用户相似的图书,要比告诉用户这是和你相似的用户曾经阅读过的图书更容易理解。从推荐内容的多样性来看,基于用户的协同过滤算法推荐的内容会更加多样,基于物品的协同过滤算法推荐的内容会更加相似,但是基于物品的协同过滤算法能覆盖更多的人群。

9.9　基于矩阵分解的推荐

协同过滤算法的思想很简单,在很多场景下也有很好的表现。下面介绍另外一种很有意思的推荐算法——基于矩阵分解的推荐,这种方法可以找到一些隐性的特征,通用性会更好。

9.9.1　矩阵分解

假设用户的集合为 U,物品的集合为 D,用户对物品的评价矩阵是一个 $|U| \times |D|$ 的矩阵 $\boldsymbol{R}$,r_{ij} 表示用户 u_i 对物品 d_j 的评价,如表 9.9 所示,没有数字的地方表示用户没有对该物品做出评价。

表 9.9　用户对物品的评价

	d_1	d_2	d_3	d_4
u_1	5	3	—	1
u_2	4	—	—	1
u_3	1	1	—	5
u_4	1	—	—	4
u_5	—	1	5	4

矩阵分解的思路就是将原矩阵分解为两个矩阵：

$$\boldsymbol{R} \approx \boldsymbol{P} \times \boldsymbol{Q}^{\mathrm{T}} = \hat{\boldsymbol{R}}$$

这两个矩阵的乘积 $\hat{\boldsymbol{R}}$ 可以作为原始矩阵的 $\boldsymbol{R}$ 的一个近似，且 $\hat{\boldsymbol{R}}$ 会将 $\boldsymbol{R}$ 中没有评价的地方填充上预估的值，这就是矩阵分解可以作推荐的原因。

原始矩阵 $\boldsymbol{R}$ 是一个 $m \times n$ 的矩阵，其中 m 为用户的数量，n 为物品的数量，这里希望分解的矩阵大小为 $m \times k$ 和 $k \times n$，其中 k 可以理解为隐性特征的维度。例如两个用户都给了同一部电影很高的分数，可能是因为这两个人都喜欢这部电影的主演，这个主演就是隐性特征。k 应该小于 m、n，这样才能挖掘出彼此协同的特征，因为算法本质上也是基于用户之间有相似的共享特征。

生成矩阵 $\boldsymbol{P}$ 和 $\boldsymbol{Q}$ 的过程可以理解为一个优化过程，目标函数为

$$\min \text{loss} = \sum_{r_{ij} \neq -} e_{ij}^2$$

$$e_{ij} = (r_{ij} - \hat{r}_{ij})^2 = \left(r_{ij} - \sum_{k=1}^{K} p_{ik} q_{kj} \right)^2$$

为了最小化误差，需要优化 p_{ik} 和 q_{kj} 的值，可以通过梯度下降的方法来做，它们的梯度为

$$\frac{\partial e_{ij}^2}{\partial p_{ik}} = -2(r_{ij} - \hat{r}_{ij}) q_{kj} = -2 e_{ij} q_{kj}$$

$$\frac{\partial e_{ij}^2}{\partial q_{ik}} = -2(r_{ij} - \hat{r}_{ij}) p_{ik} = -2 e_{ij} p_{ik}$$

具体优化公式如下：

$$\bar{p}_{ik} = p_{ik} - \alpha \frac{\partial e_{ij}^2}{\partial p_{ik}} = p_{ik} + 2\alpha e_{ij} q_{kj}$$

$$\bar{q}_{kj} = q_{kj} - \alpha \frac{\partial e_{ij}^2}{\partial q_{kj}} = q_{kj} + 2\alpha e_{ij} p_{ik}$$

式中的 α 为迭代步长，一般取一个很小的值。

9.9.2　正则化

上面的算法只是矩阵分解最基础的版本，在实际应用中，会在这个版本上做各种优化，加正则项就是最常用的一种。

$$\min \text{loss} = \sum_{r_{ij} \neq -} e_{ij}^2$$

$$e_{ij} = (r_{ij} - \hat{r}_{ij})^2 + L = \left(r_{ij} - \sum_{k=1}^{K} p_{ik} q_{kj} \right)^2 + \frac{\beta}{2} \sum_{k=1}^{K} (p_{ik}^2 + q_{kj}^2)$$

其中引入了一个新的参数 β，它可以用来控制 $\boldsymbol{P}$ 和 $\boldsymbol{Q}$ 有数值的维度，让矩阵尽可能稀疏。

同理，可以得到

$$\bar{p}_{ik} = p_{ik} - \alpha \frac{\partial e_{ij}^2}{\partial p_{ik}} = p_{ik} + \alpha (2e_{ij} q_{kj} - \beta p_{ik})$$

$$\bar{q}_{kj} = q_{kj} - \alpha \frac{\partial e_{ij}^2}{\partial q_{kj}} = q_{kj} + \alpha (2e_{ij} p_{ik} - \beta q_{kj})$$

通过上述过程，就可以得到 $\hat{\boldsymbol{R}} = \boldsymbol{P} \times \boldsymbol{Q}$。

9.9.3　隐性特征

如果取 $k=2$，表 9.9 通过矩阵分解得到的结果 $\hat{\boldsymbol{R}}$ 如表 9.10 所示。

表 9.10　矩阵分解结果

	d_1	d_2	d_3	d_4
u_1	4.99	2.95	3.51	1
u_2	3.97	2.35	2.99	1
u_3	1.06	0.87	5.59	4.96
u_4	0.97	0.77	4.54	3.97
u_5	1.65	1.16	3.93	4.03

其中，$\boldsymbol{P}$ 为 5×2 的矩阵，表示用户和隐性特征之间的关系，$\boldsymbol{Q}$ 为 2×4 的矩阵，表示物品和隐性特征之间的关系，把这些矩阵投射到二维平面，如图 9.7 所示。

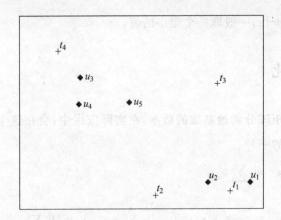

图 9.7　分解矩阵在坐标轴上的投影

用户中，u_1 和 u_2 更相似一些，u_3、u_4、u_5 更相似一些。物品中，t_1、t_2 会更相似一些。可以发现，矩阵分解中隐含地使用了用户相似信息和物品相似信息。

9.10　基于深度学习的推荐

深度学习在自然语言处理、图像识别、语音识别等领域已经取得非常显著的成绩，在推荐算法上也有新的尝试，Covington 等在 2016 年提到了一种基于深度学习的推荐算法，用在 YouTube 上做视频推荐。

9.10.1　推荐流程

如图 9.8 所示，这个推荐系统的核心部分包括两部分：一部分是从几百万的原始视频集合中挑选出几百个候选视频；另一部分是对候选视频进行排序打分，选出最终展现的视频。这两部分操作是通过两个独立的模型来完成的。

图 9.8　推荐系统视频选取过程

第一部分被定义为一个超大规模的多分类问题,在得知用户相关信息 U 和上下文信息 C 后,通过式(9.6)来计算每个原始视频的概率值,然后将用户最有可能观看的候选视频选择出来,之所以说是超大规模的分类问题,是因为每一个视频就是一个分类,而原始视频集合有几百万个视频。

$$P(w_t = i \mid U, C) = \frac{e^{v_i u}}{\sum\limits_{j \in V} e^{v_j u}} \tag{9.6}$$

其中,V 是原始视频集合,w_t 是推荐给用户的视频,v_i 表示对第 i 个视频的嵌入(Embedding)特征,u 是用户历史信息和上下文信息的嵌入特征。损失函数如下:

$$\text{loss} = -\sum_{i \in V} y(w_t = i) P(w_t = i \mid U, C)$$

模型流程如图 9.9 所示,主要目的是训练用户特征 u,将用户的观看信息、搜索信息、地理位置信息和人口统计信息等特征输入神经网络,神经网络的中间层使用 ReLU 激活函数,得到用户信息 u 后再接入式(9.6)中的 Softmax 函数输出概率,其中视频的嵌入特征 v_i 是提前训练好的。

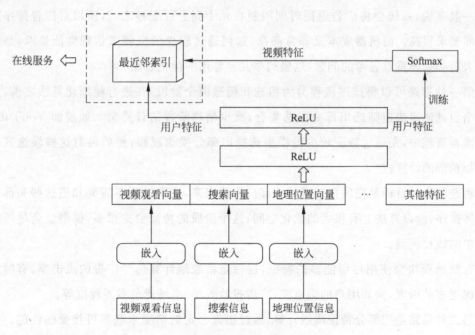

图 9.9 模型流程图

在提供线上服务的时候,通过模型得到用户向量 u,然后返回式(9.4)最大的前 N 个视频作为备选视频集合。

9.10.2　排序

备选视频集合只有几百个视频,规模已经大大减少,所以排序阶段可以使用更多的特征,例如用户历史上传视频信息、用户观看过的视频及次数、用户是否与推荐视频进行过交互等。排序阶段训练模型的过程和第一部分挑选备选视频集合的过程类似,只是最后使用的是逻辑回归方法来预估视频观看概率。这个阶段会计算每一个备选视频的预估值,然后选择分数最高的前几个视频推荐给用户。

9.11　广告排序性能优化

一般来说,系统会将广告返回时间限制在几十到上百毫秒之间,所以对广告排序算法的性能要求很高。而机器成本又非常高昂,如何通过较少的机器来达到性能要求,是系统设计人员必须要重点思考的问题,这里列举几种常用的优化思路。

第一种思路可以将排序流程分为粗选和精选两个阶段,在进行精细化算法之前,先通过一个粗选流程快速筛选出部分候选集合,减少精选阶段的计算量。如前面 YouTube 的视频推荐流程中,先通过特征较少的模型选择出部分候选视频,然后再对这些候选视频进行更加精细的计算。

粗选阶段的目标是把质量较高的头部广告选出来,这个过程不需要知道这些头部广告的具体排序,所以算法上有很大的优化空间,这个阶段的特征会少很多,模型也会尽可能选择简单的线性模型。

在精选模块会使用尽可能多的特征,目标是精准地计算每个广告的点击率,有时还需要考虑更多的因素,例如用户的满意度、广告投放效率、市场竞争激烈程度等。

第二种思路是把部分特征离线计算,通过损失一定的精度来获得可接受的性能。例如将广告的预算消耗比例采用离线方式周期性地更新,这样某些排序中使用的该信息可能会不准确,但如果误差在算法可接受范围之内,这种方法也可以有效地提升性能。

第三个思路是在计算特征的时候,将能并行计算的任务都并行计算,重复计算的信息都增加缓存。

参考文献

AGARWAL D, BRODER A Z, CHAKRABARTI D, et al, 2007. Estimating Rates of Rare Events at Multiple Resolutions[C]. In Proceedings of the 13th ACM SIGKDD International Conference on Knowledge Discovery and Data Mining: 16-25.

AUER P, CESA-BIANCHI N, FISCHER P, 2002. Finite-Time Analysis of the Multiarmed Bandit Problem [J]. Machine Learning, 47(2-3): 235-256.

AUER P, CESA-BIANCHI N, FREUND Y, et al, 2002. The Nonstochastic Multiarmed Bandit Problem[J]. SIAM Journal on Computing, 32(1): 48-77.

BALUJA S, SETH R, SIVAKUMAR D, et al, 2008. Video Suggestion and Discovery for YouTube: Taking Random Walks Through the View Graph[C]. In Proceedings of the 17th International Conference on World Wide Web: 895-904.

BERRY D A, FRISTEDT B, 1985. Bandit Problems: Sequential Allocation of Experiments [M]. Monographs on Statistics and Applied Probability. London: Chapman and Hall.

BRENDAN H M, 2011. Follow-the-regularized-leader and mirror descent: Equivalence theorems and l1 regularization[C]. In Proceedings of the 14th International conference on Artificial Intelligence and Statistics, 15: 525-533.

BURKE R, 2003. Hybrid systems for personalized recommendations[C]. In Proceedings of the 2003 international conference on Intelligent Techniques for Web Personalization: 133-152.

CANDES E J, ROMBERG J, TAO T, 2006. Robust uncertainty principles: Exact signal reconstruction from highly incomplete frequency information[J]. IEEE Transactions on Information Theory, 52: 489-509.

COVINGTON P, ADAMS J, SARGIN E, 2016. Deep Neural Networks for YouTube Recommendations [C]. In Proceedings of the 10th ACM Conference on Recommender Systems: 191-198.

DUCHI J, SINGER Y, 2009. Efficient Online and Batch Learning using Forward Backward Splitting[J]. Journal of Machine Learning Research, 10: 2899-2934.

FORWARD-BACKWARD SPLITTING(FOBOS)算法简介[EB/OL]. [2018-09-25]. https://zr9558.com/2016/01/12/forward-backward-splitting-fobos/.

GITTINS J, 1979. Bandit Processes and Dynamic Allocation Indices[J]. Journal of the Royal Statistical Society. Series B(Methodological), 41: 148-177.

HE X, PAN J, JIN O, et al, 2014. Practical Lessons from Predicting Clicks on Ads at Facebook[C]. In Proceedings of the 8th International Workshop on Data Mining for Online Advertising: 1-9.

HOTHCHKISS G, ALSTON S, EDWARDS G, 2005. Eye Tracking Study[EB/OL]. [2018-08-28]. https://searchengineland.com/figz/wp-content/seloads/2007/09/hotchkiss-eye-tracking-2005.pdf.

Keeping an eye on Google-Eye tracking SERPs through theyears[EB/OL]. [2017-11-17]. http://www.mediative.com/eye-tracking-google-through-the-years/.

KING G, ZENG L C, 2001. Logistic Regression in Rare Events Data[J]. Political Analysis, 9(2): 137-163.

KULLBACK S, LEIBLER R A, 1951. On Information and Sufficiency[J]. Annals of Mathematical Statistics, 22(1): 79-86.

LI L, CHU W, LANGFORD J, et al, 2010. A Contextual-Bandit Approach to Personalized News Article Recommendation[C]. In Proceedings of the 19th International Conference on World Wide Web: 661-670.

MCMAHAN H B, HOLT G, SCULLEY D, et al, 2013. Ad Click Prediction: a View from the Trenches [C]. In Proceedings of the 19th ACM SIGKDD International Conference on Knowledge Discovery and Data Mining: 1222-1230.

MLADENIC D, 1999. Text-Learning and Related Intelligent Agents: A survey[J]. IEEE Intelligent Systems and their Applications, 14(4): 44-54.

RICHARDSON M, DOMINOWSKA E, RAGNO R, 2007. Predicting Clicks: Estimating the Click-Through Rate for New Ads[C]. In Proceedings of the 16th International Conference on World Wide Web: 521-530.

ROBBINS H, 1952. Some Aspects of the Sequential Design of Experiments[J]. Bulletin of the American Mathematical Society, 58(5): 527-535.

SARWAR B, KARYPIS G, KONSTAN J, et al, 2001. Item-Based Collaborative Filtering Recommendation Algorithms[C]. In Proceedings of the 10th International World Wide Web Conference: 285-295.

SCHAFER J B, KONSTAN J, RIEDI J, 1999. Recommender Systems in E-Ccommerce[C]. In Proceedings of the 1st ACM Conference on Electronic Commerce: 158-166.

SHAPARENKO B, CETIN O, IVER R, 2009. Data-Driven Text Features for Sponsored Search Click Prediction[C]. In Proceedings of the 3rd International Workshop on Data Mining and Audience Intelligence for Advertising: 46-54.

TATAR A, ANTONIADIS P, AMORIM M D, et al, 2014. From popularity prediction to ranking online news[J/OL]. Social Network Analysis and Mining, 4(174). [2017-11-17]. https://www.tik.ee.ethz.ch/file/9ee117746d81f0ce21489fb5b4723716/fromPopularityToRanking.pdf.

THOMPSON W R, 1933. On the Likelihood that One Unknown Probability Exceeds Another in View of the Evidence of Two Samples[J]. Biometrika, 25(3-4): 285-294.

WANG X, BRODER A, FONTOURA M, et al, 2009. A Search-Based Method for Forecasting Ad Impression in Contextual Advertising[C]. In Proceedings of the 18th International Conference on World Wide Web: 491-500.

WESTON J, MAKADIA A, YEE H, 2013. Label Partitioning For Sublinear Ranking[C]. In Proceedings of the 30th International Conference on Machine Learning, 28: 181-189.

XIAO L, 2010. Dual Averaging Methods for Regularized Stochastic Learning and Online Optimization[J]. Journal of Machine Learning Research, 11: 2543-2596.

第10章

在线匹配

10.1　图论基础知识

当用户打开网页的时候,系统需要选择合适的广告展现到该页面上,这就产生了一种供和需的匹配问题。一方面,这里的供应往往是有限制的,符合展现条件的广告数量有限且每个广告有消费上限。另一方面,需求不能提前预知,用户什么时候到达网站提前不知道。如何实现需求和供应的匹配就是本章要讲的内容,也叫在线匹配(Online Matching)。

在图论中,已经有大量关于匹配问题的研究,为便于说明后续内容,下面首先介绍一些图论中的基础概念。

匹配:对于一个图 $G(E,V)$,如果在它的一个子图 $\hat{E}$ 中,任意两条边都没有共同的顶点,那么这个子图就称为一个匹配。这时,每个顶点都至多连一条边。

极大匹配(Maximal Matching):$\hat{E}$ 是一个匹配,如果再添加任何一条 G 中的边它就不再是一个匹配,那么称这个匹配为极大匹配。

最大匹配(Maximum Matching):如果 $\hat{E}$ 是 G 中边数最多的匹配,那么 $\hat{E}$ 就是最大匹配。

完美匹配:如果匹配 $\hat{E}$ 中包括了 G 中所有的顶点,那么这个匹配是完美匹配。

增广路径:给定图 G 的一个匹配 M,若一条路径 P 是图 G 中一条连通两个 M 未匹配顶点的路径,并且属于 M 的边和不属于 M 的边(即已匹配和待匹配的边)在 P 上交替出现,则称 P 为相对于 M 的一条增广路径。它有一个性质,P 的路径长度必定为奇数,且第一条边和最后一条边都不属于 M。

图 10.1 中的 3 个子图,最左边的子图是原始的图 G,中间的子图是 G 中的一个极大匹配,因为无论加入 e_1 还是 e_3 它都不再是匹配,右边的子图就是一个最大匹配,也是一个完美匹配。

在很多实际应用场景中,需要寻找一个图的最大匹配。寻找最大匹配有很多种算法,匈牙利算法就是其中一种,先看一个定理。

定理:如果一个匹配是最大匹配当且仅当它不再存在增广路径。

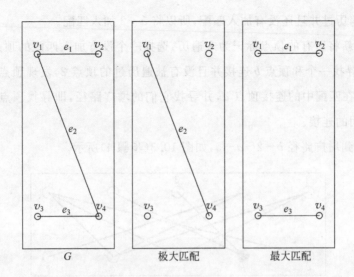

图 10.1 示例图

基于这个定理,匈牙利算法不断地寻找当前匹配的增广路径直到没有增广路径为止,这样就找到了最大匹配。这里通过一个示例来说明该算法如何工作,如图 10.2 所示。

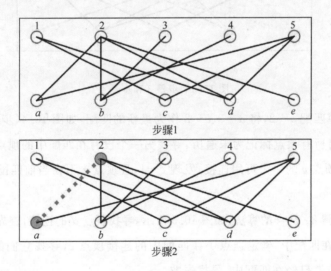

图 10.2 步骤 1 和步骤 2

步骤 1:给定一个原始图,标记所有顶点未被遍历也未被匹配。

步骤 2:随机选择一个顶点 a,查找到它在图中的一个连接,如 $a-2$,因为顶点 2 在本次查找中没有被遍历过并且还没有加入匹配,所以将 $a-2$ 加入匹配。

步骤 3:重新将所有的顶点标记为未遍历,选择一个没有加入匹配的顶点 b,如图 10.3(步骤 3)所示,寻找一个和顶点 b 连接并且没有被遍历过的顶点 2,发现顶点 2 已经在匹配中,找到顶点 2 在匹配中的连接顶点 a,并寻找它们的增广路径,即寻找顶点 a 和没在当前匹配中顶点之间的连接。

步骤 4:找到增广路径 $b-2-a-5$,如图 10.3(步骤 4)所示。

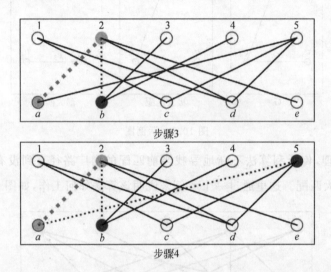

图 10.3　步骤 3 和步骤 4

步骤 5:去掉匹配 $a-2$,将 $a-5$、$b-2$ 作为最新的匹配,如图 10.4(步骤 5)所示。

步骤 6:再将所有顶点标记为未遍历,寻找另一个没有在匹配中的顶点 c,如图 10.4(步骤 6)所示,查找顶点 c 的一个可用连接,发现 $c-1$,且顶点 1 不在当前匹配中,将 $c-1$ 加入匹配。

步骤 7 和步骤 8:同样的算法,如图 10.5 所示,寻找顶点 d 的连接,首先查看连接 $d-1$,发现顶点 1 已经在匹配中,确定顶点 1 在匹配中的连接顶点 c,寻找它们的增广路径,只有连接 $c-5$,但顶点 5 已经在匹配中,寻找失败。

步骤 9 和步骤 10:如图 10.6 所示,继续寻找顶点 d 的其他连接 $d-2$,发现顶点 2 已经在匹配中,确定顶点 2 在匹配中的连接顶点并寻找它们的增广路径,发现 $b-3$ 满足,找到增广路径 $d-2-b-3$。

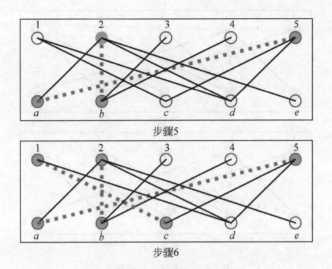

图 10.4 步骤 5 和步骤 6

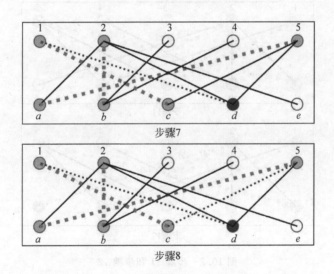

图 10.5 步骤 7 和步骤 8

步骤 11：去掉匹配 $b-2$，将 $b-3$、$d-2$ 加入匹配，如图 10.7（步骤 11）所示。

步骤 12：同样的方法，寻找 e 的连接，找到 $e-2$，但顶点 2 已经在匹配中，确定顶点 2 在匹配中的连接顶点 d，寻找它们的增广路径，未找到，遍历结束。

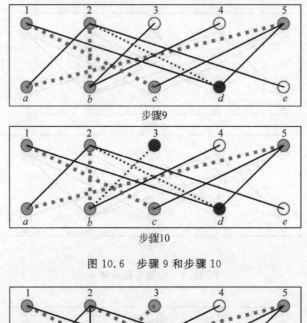

图 10.6 步骤 9 和步骤 10

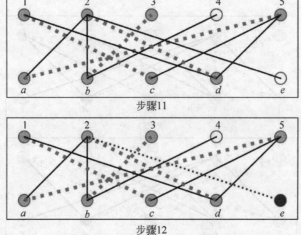

图 10.7 步骤 11 和步骤 12

最后得到的匹配就是最大匹配,结果如图 10.8 所示。在线匹配可以理解为一个二部图的匹配,二部图就是这个图中所有顶点可分为 X 和 Y 两部分,使得所有的边有一个顶点在 X 中,另外一个顶点在 Y 中。匈牙利算法需要提前知道图中所有的顶点和边,而在线匹配中,一部分顶点可以提前知道,例如可以预先知道系统中有哪些广告,但是另一部分顶点往往很难提前知道,例如未来到达的流量信息。并且线上一旦有流量到达,就需要立刻做出匹配决定,且结果不可以更改。

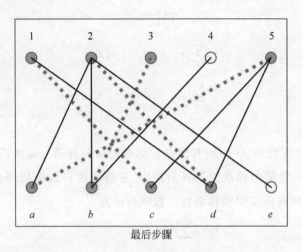

图 10.8　最大匹配

10.2　在线匹配类型

在线匹配的主要目标也是希望能找到一个最大匹配,但在线匹配的二部图和10.1节中的图有所不同,它的顶点往往会有约束,连接可能会有权重。假设在线匹配的二部图为 $G(U,V,E)$,其中 U 和 V 是二部图的两个部分,U 是提前知道的顶点集合,V 是在线到达的顶点集合。根据顶点和连接属性的不同,在线匹配问题主要可以分为5种型。

- 在线二部图匹配:该匹配的目标就是最大化匹配的个数。数学表示为

$$\max \sum x_{uv}$$

$$\sum_v x_{uv} \leqslant 1 \quad \forall u$$

$$\sum_u x_{uv} \leqslant 1 \quad \forall v$$

$$x_{uv} \in \{0,1\}$$

- 加权的在线二部图匹配:该匹配中,U 中的每一个顶点 u 都有一个非负的权重,匹

配的目标是让所有连接的权重之和最大。数学表示为

$$\max \sum w_u x_{uv}$$

$$\sum_v x_{uv} \leqslant 1 \qquad \forall u$$

$$\sum_u x_{uv} \leqslant 1 \qquad \forall v$$

$$x_{uv} \in \{0,1\}$$

- Adwords：该匹配中，U 中所有顶点 u 都有一个预算 B_u，每次匹配都会消耗一定的预算 bid_{uv}，一旦某个顶点的预算消耗完，它将不能再匹配任何顶点，这种匹配的目标是最大化所有顶点的预算消耗。数学表示为

$$\max \sum bid_{uv} x_{uv}$$

$$\sum_v bid_{uv} x_{uv} \leqslant B_u \qquad \forall u$$

$$\sum_u x_{uv} \leqslant 1 \qquad \forall v$$

$$x_{uv} \in \{0,1\}$$

- Display Ads：该匹配中，U 中每个顶点都有匹配次数限制，最多可以匹配 c_u 次，该匹配的目标是最大化连接个数。数学表示为

$$\max \sum w_{uv} x_{uv}$$

$$\sum_v x_{uv} \leqslant c_u \qquad \forall u$$

$$\sum_u x_{uv} \leqslant 1 \qquad \forall v$$

$$x_{uv} \in \{0,1\}$$

- 一般化在线匹配：该匹配是对前面 4 种匹配的一般化表示，每一个连接都有一个权重 w_{uv}，且每次匹配会消耗一定的成本 c_{uv}，并且每个 $u \in U$ 都有预算 B_u，这种匹配的目标是让所有连接的权重之和最大。数学表示为

$$\max \sum w_{uv} x_{uv}$$

$$\sum_v c_{uv} x_{uv} \leqslant B_u \qquad \forall u$$

$$\sum_u x_{uv} \leqslant 1 \qquad \forall v$$

$$x_{uv} \in \{0,1\}$$

研究某种匹配的效果时,一般会设计不同输入模型的在线到达顶点,然后通过预估匹配算法在不同类型顶点下的 Competitive Ratio(CR,竞争比)来判断算法的好坏。其中顶点输入模型可以理解为在线到达顶点的分布,主要分为如下 4 类。

- Adversarial Order(Adv):V 中的顶点以能使算法表现最差的方式到达。
- Random Order(RO):V 中的顶点以随机的方式到达。
- Unknown IID(UnK-IID):V 中的顶点按照某个分布 D 到达,但是具体分布 D 是什么提前不知道。
- Known IID(K-IID):V 中的顶点按照一个已知的分布 D 到达。

如果有

$$\text{ALG}(G) \geqslant c\ \text{OPT}(G) - b$$

则称这个匹配的 CR 为 c,CR$\in(0,1]$,这个值越高,说明匹配效果越好。其中 G 是在线匹配的二部图,ALG(G) 是在线的匹配算法所取得的目标值,OPT(G) 是在离线知道了二部图所有顶点后计算出的最大目标值,b 是一个常数。本章所有内容都将使用 ALG 表示当前分析的匹配算法,OPT 表示在离线知道了二部图所有顶点后的最优匹配算法。随机模型(RO)下的 CR 可以理解为

$$\text{CR} = \min_{G(U,V,E)} \frac{E[\text{ALG}(G)]}{\text{OPT}(G)}$$

即在 V 中顶点随机到达时,在线的匹配所能取得目标值的均值除以离线计算的最大目标值。

10.3 在线二部图匹配

在线二部图匹配(Online Bipartite Matching)是 Karp 等在 1990 年首次提出,对于二部图 $G(U,V,E)$,U 和 V 是二部图的两个部分,E 是 G 中的边,其中 U 中的顶点已经提前知

道,V 中的顶点在线到达且提前不知道,它们一旦到达就需要决定和 U 中顶点的匹配关系,这种关系确定后就不能更改。匹配目标是当 V 中所有的顶点都到达后,最大化匹配的数量。

10.3.1 Greedy 算法

为了便于理解后面的内容,首先看一个简单的例子。如图 10.9 所示,$U = \{u_1, u_2\}$,$V = \{v_1, v_2\}$,V 在线到达,现在假设一种到达情景是 $v_1 \rightarrow v_2$,v_1 首先到达,匹配第一个可以匹配的顶点 u_1,这样当 v_2 到达时,由于它只能匹配 u_1,但是 u_1 已经被匹配,所以 v_2 无法匹配,最后的匹配数量就是 1。

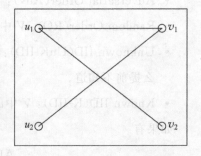

图 10.9 二部图示例 1

这种匹配算法可以理解为简单的 Greedy 算法,就是当顶点 v 到达的时候,匹配第一个可以匹配的 u。这种匹配策略下,V 的某种到达序列可能会使匹配数量一直很差。当然,上面的例子中,如果到达序列为 $v_2 \rightarrow v_1$ 时,这样 v_2 匹配 u_1,v_1 匹配 u_2,这个时候就是一个最大匹配,匹配数量为 2。很多时候研究匹配算法的好坏主要看它在 Adversarial Order(Adv) 下的表现,也就是在线到达顶点是最坏的序列时,匹配效果可以差到什么程度。例如上面第一种情景下,此时的 CR=1/2。

现在有下面的定理。

定理:如果 M 是图 G 的一个极大匹配,M^* 是同一个图的最大匹配,那么 $|M| \geqslant \frac{1}{2}|M^*|$。

证明:因为 M 是一个极大匹配,那么不存在一条边属于 M^* 又可以加入到 M 中而使得 M 更大,这样就违背了极大匹配的定义,所以 M^* 中的所有边至少有一个连接顶点在 M 中。

Greedy 算法在可以匹配的情况下就会匹配,不会使可以连接的顶点保持不连接,所以无论匹配最终是什么样子,都应该是一个极大匹配。所以从上面的定理不难得到 Greedy 算法的 CR 不会低于 1/2。

10.3.2　Random 算法

接下来思考是否可以对 Greedy 算法进行修改,提升它的 CR,针对图 10.9 的例子,这里有一个办法,就是 V 中顶点到达的时候,从可以匹配的顶点中随机选择一个匹配,这样 v_1 到达的时候,有 50% 的概率匹配 u_1,50% 的概率匹配 u_2,它的平均 CR 为

$$\frac{\frac{1}{2}(1+2)}{2} = \frac{3}{4}$$

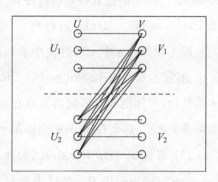

这种算法的 CR 要比 Greedy 算法好。但如果换一个二部图,它能取得的 CR 可能会和 $1/2$ 一样差。如图 10.10 所示,U 可以分为 U_1、U_2 两部分,V 也可以分为 V_1、V_2 两部分,V_1 中的顶点除了和 U_1 中的某一个顶点连接外,会和 U_2 中的所有顶点连接,V_2 中的顶点和 U_2 中的某一个顶点连接。在这种情况下,如果 V 中顶点按照 $V_1 \rightarrow V_2$ 的顺序到达,由于 V_1 中可以匹配的顶点大部分在 U_2,所以 Random 算法

图 10.10　二部图示例 2

会把 V_1 中几乎所有的顶点匹配到 U_2 上,当 V_2 到达的时候依然无法匹配任何顶点。

10.3.3　Ranking 算法

针对上面遇到的问题,Karp 等在 1990 年提出了 Ranking 算法,具体如下。

初始化:随机生成 V 的一个排列 σ。这次让 V 为提前知道的顶点。

在线:当 $u \in U$ 在线到达的时候,如果 $N(u)$ 是 u 所有还没有匹配的邻居顶点,并且 $N(u) \neq 0$,则 u 和 $N(u)$ 中排位最小的那个顶点匹配。

算法非常简单,但可以证明,这种算法的 CR 为 $1 - \dfrac{1}{e}$。

证明过程如下。

Ranking(G, π, σ) 表示图 G 的一种排序,其中 π 是 U 的到达排序,σ 是 V 的一种排序。

如果 G 中最大匹配不是完美匹配,那么可以不断删除那些不在最大匹配中的顶点,得到一个子图,这个子图有完美匹配。容易理解,Ranking 算法在子图上能取得的匹配数量不会小于在 G 上取得的匹配数,所以可以只考虑 G 有完美匹配的情况。

假设这个完美匹配为 $m^*: U \rightarrow V, n = |U|$,并且每个 $u \in U$,它的完美匹配顶点为 $v = m^*(u)$。

(1) 不难证明,如果 Ranking 算法使某个 u 没有和 v 匹配,而是和另外一个顶点 $\hat{v}$ 匹配,那么 $Ranking_\sigma(\hat{v}) < Ranking_\sigma(v)$。因为如果 $\hat{v}$ 的排序大于 v,那么就不可能匹配 $\hat{v}$。

(2) 对于 $u \in U, v = m^*(u)$,如果 $\bar{\sigma}$ 是 V 的一个排序,σ_i 是通过把 $\bar{\sigma}$ 中的 v 移到 $Ranking(v) = i$ 的位置得到的排序,$\bar{\sigma}$ 中 v 没有匹配,那么对于任意的 i,如果 u 和 $\hat{v}$ 匹配,那么 $Ranking_{\sigma_i}(\hat{v}) \leqslant Ranking_{\bar{\sigma}}(v)$。

因为如果在 $\bar{\sigma}$ 中 v 的排位小于 i,那么 v 移动到 i 是向排位增加的方向移动,不会影响 σ_i 中的匹配,所以有 $Ranking_{\sigma_i}(\hat{v}) \leqslant Ranking_{\bar{\sigma}}(v)$。如果在 $\bar{\sigma}$ 中 v 的排位大于 i,根据第(1)步的结论,可知道和 u 匹配的顶点在 v 之前,如果这个顶点的排位在 i 之前,那么结果成立,如果在 i 之后,那么在 σ_i 中 u 会匹配 $v, \hat{v} = v$,结果依然成立。

(3) 假设 x_t 表示 $Ranking_\sigma(v) = t$ 时 v 被匹配上的概率,那么没有被匹配的概率就为 $1 - x_t, m^*(u) = v$,用 $R_{t-1} \subset U$ 表示 U 中 $Ranking_\sigma < t$ 中可以匹配的所有顶点个数,不难看出 R_{t-1} 的期望为 $\sum_{1 \leqslant s < t} x_s$。由 Ranking 算法的定义知道,如果 v 没有匹配,那么 u 一定在 R_{t-1} 中,u 属于 R_{t-1} 的概率为 $|R_{t-1}|/n$,可以得到

$$|R_{t-1}|/n \geqslant 1 - x_t$$

$$1 - x_t \leqslant \frac{\sum_{1 \leqslant s \leqslant t} x_s}{n}$$

如果令 $S_t = \sum_{1 \leqslant s \leqslant t} x_s$,那么有 $S_t(1 + 1/n) \geqslant 1 + s_{t-1}$,可以得到

$$S_t = \sum_{s=1}^{t} (1 - 1/(n+1))^s \qquad \forall t$$

$$CR = (1/n) \sum_{s=1}^{n} (1 - 1/(n+1))^s = 1 - (1 - 1/(n+1))^n$$

n 趋向无穷大的时候,CR 的结果为 $1 - \dfrac{1}{e}$。

10.4 加权的在线二部图匹配

加权的在线二部图匹配问题是 Aggarwal 等在 2011 年首先提出,具体为:在一个二部图 $G(U,V,E)$ 中,U 和 V 是二部图的两部分顶点,其中 U 是提前知道的顶点集合,且每一个 $u \in U$ 都有一个权重 ω_u,V 中的顶点在线到达,每次到达时就需要立刻决定与 U 中哪个顶点匹配,一旦匹配就不能更改。它的目标是最大化所有匹配的权重之和。

先看一个例子,如图 10.11(a)所示,u_1 的权重为 1,u_2 的权重为 1.1。如果使用 Greedy 算法匹配,就是优先匹配权重大的顶点,不难看出,Greedy 算法的 CR 约为 $1/2$。而使用 Ranking 算法匹配,相当于在没有权重的图上采用 Ranking 算法匹配,它取得的 CR 约为 $3/4$。针对这个图,Ranking 算法优于 Greedy 算法。

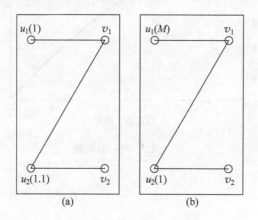

图 10.11 有权重的二部图

图 10.11(b)中,u_1 的权重为 $M \gg 1$,u_2 的权重为 1。如果采用 Greedy 算法匹配,v_1 总是会匹配 u_1,最后的匹配结果是最优的匹配。而如果采用 Ranking 算法匹配,它的 CR 为

$$\frac{\frac{(1)+(M+1)}{2}}{M+1} \approx \frac{1}{2}$$

针对这个图,Greedy 算法要优于 Ranking 算法。

可以看出 Ranking 算法在顶点权重彼此相差不大的时候表现更好，而 Greedy 算法在顶点权重差异很大的时候表现更好。在有权重的在线二部图匹配中，这两种算法没有一种是永远表现良好的。那有没有一种折中的方法？直接可以想到的有两种改进思路：

- 在使用 Ranking 算法的时候，不是完全随机选择顶点，而是把顶点权重也考虑进来。
- 在使用 Greedy 算法的时候，让算法有一定概率选择权重较小的顶点。

Aggarwal 等在 2011 年提出一种算法，使用 $\psi(x)=1-e^{x-1}$ 对权重修正，其中 x 是一个随机数，然后在修正后的权重上使用 Greedy 算法，这种算法可以作为 Greedy 算法和 Ranking 算法的折中。$\psi(x)$ 的曲线如图 10.12 所示。

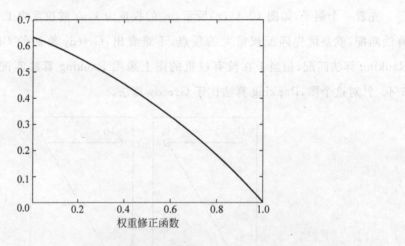

图 10.12　$\psi(x)$ 的曲线

具体过程如下。

（1）离线阶段。

对于每一个顶点 $u \in U$，从均匀分布 $U[0,1]$ 中随机选取一个数 r_u，修正 u 的权重 ω_u，使得 $\hat{\omega}_u = \omega_u \psi(r_u)$。

（2）在线阶段。

如果 v 有可匹配的顶点，那么匹配 $\hat{\omega}_u$ 最大的那个。

当 U 中顶点的权重都一样时，这种算法就等同于 Ranking 匹配算法。当 U 中顶点的权重差异非常大时，匹配到大权重顶点的概率依然会很大。一般情况下，会匹配权重较大并且随机位置靠前的顶点。这种算法的 CR 是 $1-\dfrac{1}{e}$。

容易想到,如果知道 V 的更多信息,应该有匹配效果更好的算法。在 V 是 Known IID 到达模型的情况下,很多文献中提出了 CR 更高的算法,如 Haeupler 等在 2011 年提出的算法 CR 可以达到 0.667,Jaillet 和 Lu 在 2012 年提出的算法 CR 可以达到 0.725。

10.5 Adwords

Adwords 问题是一个更加一般化的在线二部图匹配问题,对于二部图 $G(U,V,E)$,U 是提前知道的顶点集合,并且对于每一个 $u \in U$ 都有一个预算 B_u,每一条边 $(u,v) \in E$ 都有一个权重 bid_{uv},当 $v \in V$ 在线到达的时候,从 U 中找一个预算还没消耗完的顶点和 v 匹配,如果和 v 匹配的顶点是 u,那么 u 的预算就减少 bid_{uv}。某个顶点的预算一旦消耗完了,它将不能再和任何顶点匹配。这种匹配的目标是最大化所有匹配的消费。

例如在搜索引擎的广告系统中,广告主通过在线系统对不同的查询设置不同的 bid,表示他们愿意为这些查询下的每次广告被点击所支付的费用,且他们一般会设置天级预算消耗上限。广告主要投放的广告集合就可以理解为 U,某个广告主 u 的天级预算为 B_u,V 可以理解为在线到达的查询集合,搜索引擎可以提前确定 U 中所有的广告和所有 bid_{uv},当一个 query $\in V$ 到达的时候,系统会根据 u 的定向条件和所有权重 bid_{uv} 来确定出是哪个广告,目标是使系统收益最大化。

这里不考虑实际广告系统中的复杂因素,只探究这类二部图匹配问题应该如何解决才能使目标最大化。并且为了便于后面的证明,假设 $B_u \gg \text{bid}_{uv}$,这个假设在广告系统中一般都是满足的。

10.5.1 Greedy 算法

首先还是看 Greedy 算法的表现,即当顶点 $v \in V$ 在线到达时,从和 v 相关联的所有顶点中找一个 bid_{uv} 最大的 u 和它匹配。

结论:Greedy 算法能够取得 1/2 的 CR。

证明：对每一个 $u \in U$，B_u 是它的预算，s_u 是 u 在当前匹配算法 ALG 中的总消费。假设在知道图中所有顶点后的最优匹配为 OPT，在 OPT 中，顶点 $v \in V$ 被匹配到 u，它们之间的权重为 opt_v，这一次匹配的收益也是 opt_v，而当前算法 ALG 将 v 匹配到了 $\hat{u}$，它们之间的权重为 alg_v。

现在假设 $V' \subseteq V$ 为所有 $\mathrm{alg}_v < \mathrm{opt}_v$ 的所有顶点集合，那么算法 ALG 的损失可以表示为

$$\mathrm{Loss} = \sum_{v \in V'} (\mathrm{opt}_v - \mathrm{alg}_v)$$

将 Loss 按照 u 来分解，那么

$$\mathrm{Loss} = \sum_{u \in U} \mathrm{Loss}_u$$

$$\mathrm{Loss}_u = \sum_{v \in V'_u} (\mathrm{opt}_v - \mathrm{alg}_v) \leqslant B_u - \sum_{v \in V'_u} \mathrm{alg}_v \tag{10.1}$$

如果 $V'_u \neq \varnothing$，考虑某一个 $v \in V'_u$，当 v 到达的时候，当前算法 ALG 将 v 分配给 u'，而在 OPT 中，v 被分配给 u，所以 u、u' 和 v 都可以匹配，并且知道权重 $\mathrm{alg}_v < \mathrm{opt}_v$，那么此时 u 最多还有 alg_v 的预算（u 的剩余预算小于 bid_{uv}），否则 Greedy 会匹配权重更大的 u。所以

$$S_u \geqslant B_u - \mathrm{alg}_v, \quad \forall v \in V'_u \tag{10.2}$$

将式（10.2）代入式（10.1）中得

$$\mathrm{Loss}_u \leqslant S_u + \mathrm{alg}_{v^*} - \sum_{v \in V'_u} \mathrm{alg}_v, \quad \forall v^* \in V'_u$$

因此 $\mathrm{Loss}_u \leqslant S_u$ 对所有的 u 都成立。

$$\mathrm{OPT} - \mathrm{ALG} = \sum_u \mathrm{Loss}_u \leqslant \sum_u S_u = \mathrm{ALG}$$

所以 Greedy 算法的 CR 为 1/2。

10.5.2 Balance 算法与 Greedy 算法对比

下面介绍一种对比算法 Balance，具体过程为：当 v 在线到达的时候，将 v 与已花费预算比例最小的顶点 u 匹配。

可以看出，Balance 的思路是尽可能地平衡各广告主之间的消费。为了便于理解，还是看一个具体的例子。如图 10.13 所示，U 中有两个顶点 u_1 和 u_2，它们的预算都是 100，在线

到达的顶点 V 中有两类顶点 v_1 和 v_2，现在假设它们的到达顺序是先来 100 个 v_1，然后再来 100 个 v_2，连接的权重如图 10.13 所示。不难看出，左子图的 OPT＝95＋100＝195，右子图的 OPT＝105＋100＝205。

在图 10.13(a)中，Greedy 算法会将所有的 v_1 匹配到 u_2 上，最后的 ALG＝100，CR＝100/195，而 Balance 算法会选择预算消耗最少的那个顶点匹配，所以 v_1 会交替地匹配 u_1 和 u_2，CR≈3/4，这种情况下，Balance 算法比 Greedy 算法要好。

在图 10.13(b)中，Greedy 算法会匹配所有的 v_1 到 u_1 上，最后 ALG＝OPT，而 Balance 算法会匹配一部分 v_1 到 u_2，导致同样数量的 v_2 无法匹配，这种情况下，Balance 算法没有 Greedy 算法好。

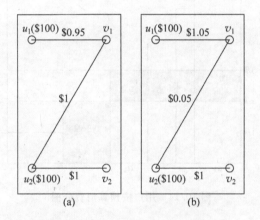

图 10.13　Adwords 二部图示例

10.5.3　MSVV 算法

这里介绍一种 Balance 算法与 Greedy 算法的融合算法 MSVV，具体的过程为：当 $v \in V$ 在线到达的时候，将 v 分配给 $\mathrm{bid}_{uv} \psi(x_u)$ 最大的顶点 u，其中 $\psi(x)＝1-\mathrm{e}^{(x-1)}$，$x_u$ 为顶点 u 当前的预算消耗比例。

结论：MSVV 的 CR 为 $1-\dfrac{1}{\mathrm{e}}$。

证明：简化一下问题，假设所有的 $B_u＝1$，并且可以找到一个 k，使得所有的 $\mathrm{bid}_{uv}<\dfrac{1}{k^2}$。

如图 10.14 所示,将所有 u 按照匹配结束后的总消费放置在不同的桶中,第 i 个桶存放总消费在 $\left[\dfrac{i-1}{k}, \dfrac{i}{k}\right]$ 的 u,α_i 表示第 i 个桶中 u 的数量,一共有 k 个桶,并且 $\sum\limits_{i=1}^{k} \alpha_i = n$。第 i 桶中的所有用户用 type i 来表示。slab i 表示在 $\left[\dfrac{i-1}{k}, \dfrac{i}{k}\right]$ 的消费金额,如图 10.14 所示。可知:

$$\beta_i = \frac{n - \sum\limits_{j<i} \alpha_j}{k} \quad \forall i \tag{10.3}$$

现在假设线下最好匹配消耗掉了所有的预算,即 OPT $= n$。

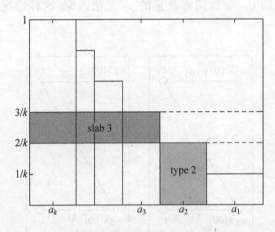

图 10.14 用户按预算消费分桶

下面先来证明一种比较特殊的情况,即所有 u 的 bid 都为 $\dfrac{1}{b}$,这时 MSVV 算法等同于 Balance 算法。

证明过程如下。

在 ALG 算法结束后,找到编号在 $[1, i]$ 的桶,将这些桶中的所有 u 表示为 $U_{\leqslant i}$。将在 OPT 中匹配了 $U_{\leqslant i}$ 中顶点的所有 v 表示为 $V_{\leqslant i}$,$u(v)$ 表示 OPT 中与 v 匹配的 u。因为 OPT 消耗完了所有的预算,所以在 $V_{\leqslant i}$ 上 OPT 的消费为 $\sum\limits_{j \leqslant i} \alpha_j$。

当一个 $v \in V_{\leqslant i}$ 到达的时候,Balance 算法一定会匹配到某个顶点,因为在算法结束后 $u(v)$ 的预算仍然没有消费完,所以至少 $u(v)$ 是可以匹配的。

如果用 s 表示当 v 到达时 $u(v)$ 的总消费,那么有 $s \leqslant \dfrac{i}{k}$。假如 Balance 算法将 v 分配给

$\hat{u}$,那么根据 Balance 的定义,$\hat{u}$的当前预算最多为 s,所以 Balance 算法从这个 v 上得到的收入来源于 slab 1~slab i。因为每次匹配的权重相同,因此 OPT 算法和 Balance 算法在这些 v 上获得的收入相同。

所以有

$$\sum_{j \leqslant i} \alpha_j \leqslant \sum_{j \leqslant i} \beta_j \quad \forall i < k \tag{10.4}$$

式(10.4)中左边为 OPT 算法在这些 v 上的收入,右边是 Balance 算法在这些 v 上取得的收入上限。将式(10.3)代入式(10.4)得

$$\sum_{j \leqslant i} \alpha_j \left(1 - \frac{i-j}{k}\right) \leqslant \frac{i}{k} n \quad \forall i < k$$

由定义知道 Balance 算法的最后收入为

$$\text{ALG} = \sum_{i \leqslant k} \frac{i}{k} \alpha_i$$

解如下优化问题:

$$\min \text{ALG} = \sum_{i \leqslant k} \frac{i}{k} \alpha_i$$

$$\sum_{j \leqslant i} \alpha_j \left(1 - \frac{i-j}{k}\right) \leqslant \frac{i}{k} n \quad \forall i < k$$

得到的解为

$$\alpha_i^* = \frac{n}{k} \left(1 - \frac{1}{k}\right)^{i-1}, \quad i = 1, \cdots, k-1$$

最终当 $k \to \infty$ 时,$\text{ALG} = \left(1 - \frac{1}{e}\right) n$,所以此时 Balance 算法的 $\text{CR} = 1 - \frac{1}{e}$。

10.5.4 一般情况的证明

因为 MSVV 会有权重,所以前面的证明中不能再保证当 $v \in V_{\leqslant i}$ 到达时,它被分配到一个预算小于 s 的 u 上,这里换一个思路来证明。

为了简洁,令 $u^* = u(v)$,设 $u^* \in \text{type } i$,当 v 到达的时候它的预算消耗比例为 $\frac{\hat{i}}{k}$,如果

MSVV 分配 v 给了 $\bar{u}$，它当时的预算消耗比例为 $\frac{j}{k}$，根据算法的定义可以得到

$$\text{bid}_{u^* v} \cdot \psi\left(\frac{\hat{i}}{k}\right) \leqslant \text{bid}_{\bar{u} v} \cdot \psi\left(\frac{j}{k}\right)$$

因为 $v \in V_{\leqslant i}$，所以 $\hat{i} \leqslant i$。由 $\psi(x)$ 是一个单调递减的函数可知

$$\text{bid}_{u^* v} \cdot \psi\left(\frac{i}{k}\right) \leqslant \text{bid}_{\bar{u} v} \cdot \psi\left(\frac{j}{k}\right) \tag{10.5}$$

式(10.5)两边分别计算所有的 $v \in V$，然后把相同的项目求和。因为 $\text{bid}_{u^* v}$ 是 OPT 在 v 上的消耗，$\text{bid}_{\bar{u} v}$ 是 ALG 在 v 上的消耗，所以有

$$\sum_{i=1}^{k} \psi\left(\frac{i}{k}\right) \alpha_i \leqslant \sum_{i=1}^{k} \psi\left(\frac{i}{k}\right) \beta_i$$

同理可得 $\text{CR} = 1 - \frac{1}{e}$。

10.6 基于原始对偶的匹配

解决在线匹配问题还有其他一些思路，本节介绍一种通过求解最优化问题来解决在线匹配问题的方法。

10.6.1 原始对偶问题

还是先看一个例子：某企业要生产 A 和 B 两种产品，已知生产这些产品需要的设备和原料配比如表 10.1 所示。

表 10.1 企业需要的设备和原料配比

	产品 A	产品 B	库 存
设备 1	1	2	8
原料 x	4	0	16
原料 y	0	4	12

生产一个产品 A 需要 1 台设备 1 和 4 个原料 x,生产一个产品 B 需要 2 台设备 1 和 4 个原料 y,设备 1 一共有 8 台,原料 x 一共有 16 个,原料 y 一共有 12 个。现在假设每生产一个产品 A 可以获利 2 元,每生产一个产品 B 可以获利 3 元,那么如何安排生产才能使企业的利益最大化?这是一个典型的最优化问题,该问题可以表达为

$$\max z = 2x_1 + 3x_2$$
$$\text{s. t.} \; x_1 + 2x_2 \leqslant 8$$
$$4x_1 \leqslant 16$$
$$4x_2 \leqslant 12$$
$$x_1 \geqslant 0$$
$$x_2 \geqslant 0$$

求解可以得到

$$x_1 = 4, \quad x_2 = 2, \quad z = 14$$

也就是企业通过生产 4 个产品 A 和 2 个产品 B,可以获得最大的收益为 14 元。

再换一个角度来看待这个问题,假如企业老板希望能把这些设备和原料出租或卖出去,如何给设备和原料定价才能保证不比自己生产时的收益低?这个问题也是一个最优化问题,表达如下:

$$\min z = 8y_1 + 16y_2 + 12y_3$$
$$\text{s. t.} \; y_1 + 4y_2 \geqslant 2$$
$$2y_1 + 4y_4 \geqslant 3$$
$$y_i \geqslant 0, \quad i = 1, 2, 3$$

其中,y_1 表示设备的租赁价格,y_2 表示原料 x 的价格,y_3 表示原料 y 的价格。求解得

$$y_1 = \frac{3}{2}, \quad y_2 = \frac{1}{8}, \quad y_3 = 0, \quad z = 14$$

可以发现,目标函数 z 的值和上一个问题相同,这并不是巧合,它们就是最优化问题中的原始对偶问题。原始问题如果是最大化,对偶问题就是最小化,它们可以得到同一个解,并且原始问题和对偶问题有很多性质:

- 原始问题目标函数中的变量系数是对偶问题约束不等式中右端常量,原始问题约束不等式右端常量,是对偶问题目标函数中的变量系数。

- 原始问题和对偶问题约束不等式的符号方向相反。
- 原始问题约束不等式的系数矩阵转置后就是对偶问题约束不等式的系数矩阵。
- 原始问题约束不等式的个数和对偶问题中的变量数相等，原始问题的变量数和对偶问题约束不等式的个数相同。
- 对偶问题的对偶问题就是原始问题。

10.6.2　互补松弛性

根据原始对偶问题的这些性质，可以通过原始问题构造出对偶问题。例如上面示例中原始问题的约束不等式为

$$
\begin{bmatrix} 1 & 2 \\ 4 & 0 \\ 0 & 4 \end{bmatrix} \begin{bmatrix} x_1 & x_2 \end{bmatrix} \leqslant \begin{bmatrix} 8 \\ 16 \\ 12 \end{bmatrix}
$$

对系数矩阵转置，并且根据这些性质引入变量系数，就可以得到对偶问题的约束不等式：

$$
\begin{bmatrix} 1 & 4 & 0 \\ 2 & 0 & 4 \end{bmatrix} \begin{bmatrix} y_1 \\ y_2 \\ y_3 \end{bmatrix} \geqslant \begin{bmatrix} 2 \\ 3 \end{bmatrix}
$$

再回到在线匹配问题。

（1）原始问题。

$$
\max \sum_{u,v} x_{uv} \mathrm{bid}_{uv}
$$

$$
\mathrm{s.\,t.} \sum_v x_{uv} \mathrm{bid}_{uv} \leqslant B_u \quad \forall u
$$

$$
\sum_u x_{uv} \leqslant 1 \qquad \forall v
$$

$$
x_{uv} \geqslant 0
$$

根据原始对偶问题的性质，可以构造出它的对偶问题。

（2）对偶问题。

$$
\min \sum_u B_u \alpha_u + \sum_v \beta_v
$$

$$\text{s. t. } \text{bid}_{uv}\alpha_u + \beta_v \geqslant \text{bid}_{uv} \quad \forall u, v$$
$$\alpha_u \geqslant 0 \quad \forall u$$
$$\beta_v \geqslant 0 \quad \forall v$$

再回到上面企业生产的例子中,发现有下面的结论:

$$x_1 = 4, x_2 = 2$$
$$x_1 + 2x_2 = 8 \quad y_1 > 0$$
$$4x_1 = 16 \quad y_2 > 0$$
$$4x_2 = 8 < 12 \quad y_3 = 0$$

在原始对偶问题中,如果某个解使原始问题的一个不等式约束为等式,那么在对偶问题中这个约束条件对应的变量就是严格不等的,如果某个解使原始问题的一个不等式约束严格不等,那么这个约束条件在对偶问题中对应的变量就等于 0。这个结果也不是偶然,它就是互补松弛性,在线性规划(Linear Programming,LP)问题中是成立的。

根据互补松弛性,从在线匹配问题的原始对偶问题中,可以得到下面的结论:

$$\sum_u x_{uv} = 1 \Rightarrow \beta_v > 0$$
$$\text{bid}_{uv}\alpha_u + \beta_v = \text{bid}_{uv} \Rightarrow \beta_v = \text{bid}_{uv}(1 - \alpha_u) \Rightarrow x_{uv} > 0$$
$$\alpha_u > 0 \Rightarrow \sum_v x_{uv}\text{bid}_{uv} = B_u$$

第一个结论说明,当 u 被匹配的时候,对偶问题目标函数中的 β_v 会增加;从第二个结论可以知道增加的值为 $\text{bid}_{uv}(1-\alpha_u)$;第三个结论说明 α_u 只有在 u 的预算消耗完时才会大于 0。

10.6.3 Greedy 算法实现

通过上面的结论,可以知道在线每次完成一次匹配,目标函数就增加 $\text{bid}_{uv}(1-\alpha_u)$,可以理解为匹配了权重为 $\text{bid}_{uv}(1-\alpha_u)$ 的顶点。

那么,如何设计 α_u 来实现这样的匹配算法?先看一个简单的例子。

初始化:$x_{uv} = \alpha_u = \beta_v = 0$。

在线：

$$\alpha_u = \begin{cases} 0 & \text{如果 } u \text{ 的预算还没有消耗完} \\ 1 & \text{如果 } u \text{ 的预算已经消耗完} \end{cases}$$

$v \in V$ 在线到达时，v 与 $\mathrm{bid}_{uv}(1-\alpha_u)$ 最大的 u 匹配。

匹配后更新：如果 v 匹配了 u，那么 $\beta_v = \mathrm{bid}_{uv}$，$x_{uv} = 1$。

可以发现，这种算法匹配的是预算还没消耗完且 bid_{uv} 最大的 u，就是 Greedy 算法。

对于基于原始对偶问题的约束条件以及它们的互补松弛性设计匹配算法，由于不能提前知道 V 中所有顶点，所以算法并不能求得全局最优解，这种算法的思路是在满足约束条件的情况下，不断地寻找一些可行的匹配方案。这里可以把原始问题的目标函数值理解为当前匹配算法取得的收益，把对偶问题的目标函数值理解为 OPT 算法取得收益的下边界，通过它们可以预估算法的 CR。所以评估一个匹配算法，只需要评估当前算法是否满足原始问题和对偶问题的约束条件并预估它的 CR，过程如下。

（1）是否满足约束条件。

原始问题的约束条件是满足的，因为如果某个顶点 u 的预算消耗完了，则有 $\mathrm{bid}_{uv}(1-\alpha_u) = 0$，这个顶点就不会被匹配了。对于对偶问题的约束条件，如果顶点 u 的预算已经消耗完，那么 $\alpha_u = 1 \Rightarrow \mathrm{bid}_{uv} + \beta_v \geqslant \mathrm{bid}_{uv}$，这显然是成立的。如果 u 的预算没有消耗完，那么 $\alpha_u = 0$，需要证明 $\beta_v \geqslant \mathrm{bid}_{uv}$，假设这个时候 v 匹配了 $\hat{u}$，根据算法的定义，一定有 $\beta_v = \mathrm{bid}_{\hat{u}v} \geqslant \mathrm{bid}_{uv}$，所以对偶问题的约束条件也满足。

（2）CR。

下面预估算法的 CR，通过证明式（10.6）中的不等式来完成。

$$\mathrm{ALG} = \mathrm{Primal} \geqslant \frac{1}{2}\mathrm{Dual} \geqslant \frac{1}{2}\mathrm{Dual}^* \geqslant \frac{1}{2}\mathrm{OPT} \tag{10.6}$$

式中，Dual 是当前算法在对偶问题上取得的目标值，Dual* 是对偶问题最优解的目标值，OPT 是离线最好的算法取得的目标值，Primal 是当前算法在原始问题上取得的目标值。显然 $\frac{1}{2}\mathrm{Dual} \geqslant \frac{1}{2}\mathrm{Dual}^* \geqslant \frac{1}{2}\mathrm{OPT}$ 是成立的，只需要证明 $\mathrm{Primal} \geqslant \frac{1}{2}\mathrm{Dual}$。

因为每一次匹配，原始问题的目标值会增加 bid_{uv}，对偶问题的目标值也会增加 bid_{uv}，但当某个顶点 u 的预算消耗完毕时，对偶问题的目标值会增加 B_u，而 $\sum_v x_{uv}\mathrm{bid}_{uv} = B_u$，因此

$2\text{ALG} \geqslant \text{Dual}$，所以式（10.6）成立，可以得到算法的 $\text{CR}=\dfrac{1}{2}$。

10.6.4 更优算法

继续改造 α_u，先看下面几个公式。

$$\rho = \frac{1}{1-\dfrac{1}{e}}$$

对 $x \in [0,1]$，有

$$a(x) = \frac{e^x - 1}{e - 1}$$

$$a'(x) = \frac{\mathrm{d}a(x)}{\mathrm{d}x} = \rho e^{x-1}$$

$$\Delta_{uv}(x) = a'(x)\text{bid}_{uv} = \rho e^{x-1}\text{bid}_{uv} \tag{10.7}$$

这样，可以得到

$$\text{bid}_{uv}(1-a(t)) = \text{bid}_{uv}\left(1-\frac{e^t-1}{e-1}\right) = \text{bid}_{uv}\left(\frac{e-e^t}{e-1}\right) = \text{bid}_{uv}\left(\frac{e}{e-1} - \frac{e}{e-1}\cdot e^{t-1}\right)$$

$$= \rho\text{bid}_{uv} - \Delta_{uv}(t)$$

现在设计如下算法。

初始化：$x_{uv} = \alpha_u = \beta_v = 0$。

在线：当 $v \in V$ 在线到达时，选择 $\rho\text{bid}_{uv} - \Delta_{uv}(x_u)$ 最大的 u 和 v 匹配，x_u 为 u 当前的预算消耗比例。

匹配后更新：

$$\alpha_u = \alpha_u + \Delta_{uv}(x_u)$$

$$\beta_v = \rho\text{bid}_{uv} - \Delta_{uv}(x_u)$$

不难发现

$$\rho\text{bid}_{uv} - \Delta_{uv}(t) = \rho\text{bid}_{uv}(1-e^{x_u-1})$$

这就是前面提到的 MSVV 算法。通过类似 10.6.3 节中的思路再来分析当前算法的 CR，需要证明

$$\text{ALG} = \text{Primal} \geqslant \frac{1}{\rho}\text{Dual} \geqslant \frac{1}{\rho}\text{Dual}^* \geqslant \frac{1}{\rho}\text{OPT} \tag{10.8}$$

如果式(10.8)成立,因为 $\frac{1}{\rho} = 1 - \frac{1}{e}$,所以算法的 $\text{CR} = 1 - \frac{1}{e}$。

下面来看是否满足约束条件。

先假设 $B_u = 1$,根据定义可以得到,当 $v_1, \cdots, v_k$ 到达并被匹配后,有

$$\alpha_u = \sum_{i=1}^{k} \Delta_{uv_i}(x_i)$$

而这个时候 $x_i = \sum_{j=1}^{i-1} \text{bid}_{uv_j}$,所以

$$\alpha_u = \sum_{i=1}^{k} \Delta_{uv_i}\left(\sum_{j=1}^{i-1} \text{bid}_{uv_j}\right)$$

如果 bid_{uv} 足够小,根据式(10.7)可得

$$\alpha_u = \int_{x=0}^{x_u} \rho e^{x-1} dx = \rho(e^{x_u-1} - e^{-1}) = \frac{e^{x_u}-1}{e-1} = a(x_u)$$

为了证明约束条件成立,需要证明对于每一个 (u,v),都有 $\beta_v \geqslant \text{bid}_{uv}(1-\alpha_u)$。现在假设算法将 v 匹配了 $\hat{u}$,并且 $\bar{x}_{\hat{u}}$ 和 $\bar{x}_u$ 为顶点 $\hat{u}$ 和任一顶点 u 这个时刻的预算消耗比例,那么

$$\begin{aligned}
\beta_v &= \rho \text{bid}_{\hat{u}v} - \Delta_{\hat{u}v}(\bar{x}_{\hat{u}}) \\
&\geqslant \rho \text{bid}_{uv} - \Delta_{uv}(\bar{x}_u) \quad \text{\# 算法定义} \\
&= \text{bid}_{uv}(1 - a(\bar{x}_u)) \quad \text{\# 前面已经证明} \\
&\geqslant \text{bid}_{uv}(1 - a(x_u)) \\
&= \text{bid}_{uv}(1 - \alpha_u)
\end{aligned}$$

同理,每匹配一次,原始问题的目标函数增加 bid_{uv},而对偶问题的目标函数增加 $\Delta_{uv}(x_u) + \beta_v = \rho \text{bid}_{uv}$,所以式(10.8)成立,证明完毕。

10.7 现实系统中的匹配算法

从二部图中寻找最大匹配是一个非常基础的问题,存在于互联网的很多应用场景中。本章从图论中的基本知识出发,介绍了在线二部图匹配、加权在线二部图匹配以及广告系

统中碰到的 Adwords 问题,也介绍了如何通过原始问题和对偶问题的性质来解决在线匹配问题的方法。它们当中一些 CR 比较好的算法,并不是每次都匹配权重最大的顶点,而是通过对顶点相关权重 Scaling 得到一个新的权重,然后匹配新权重最大的顶点,这类方法被称为 Scaling 算法。

通过离线评估真实系统中在线匹配算法的 CR,发现很多系统中匹配算法的优化空间还很大,在线匹配算法很值得深入研究。5.6 节中提到的 Squashing 算法就可以理解为对排序因子做 Scaling,不同的 Scaling 因子确实会对系统整体收益有很大的影响。

本章中讲到的匹配算法都是最大化匹配效率,也就是最大化所有匹配的权重和,但是在现实系统中,需要考虑更多的因素。因为广告系统的目标是最大化匹配效率,而广告主希望最大化 ROI(投资回报率),普通搜索用户在意的是搜索体验。在设计算法时忽视任何一方都会出现问题,所以现实系统中的匹配问题会更加复杂。例如现实系统中,并不只是根据 bid 来决定最后的匹配,考虑广告主和普通用户的利益,往往还会引入更多的因子,例如广告自身的质量 Q 和用户满意度等。

显而易见,如果知道 V 中顶点的更多信息后,可能得到更好的匹配算法。而现实系统中,很多场景中的流量确实是有规律的,这些信息也会被引入来优化匹配算法的效果。另外,总是会有一些不可预知的因素,流量分布也会随着时间而变化,所以在线匹配算法往往会引入在线反馈机制,在线不断调整系统中的参数来保持匹配效果。

与 Scaling 算法平行的还有一类 Throttling 算法:Trottling 算法并不是先对权重进行修正,然后再选择修正后权重最大的顶点来匹配,而是通过一些信息来决定顶点 u 是否有资格参与匹配,例如 7.6 节中讲的 Pacing 算法就是一种 Trottling 算法。

广告系统往往需要在非常短的时间内返回结果,太复杂的算法并不能满足性能要求,考虑现实可行性,落地的算法需要形式相对简单,所以现实很多系统中都使用 Trottling 算法。

参考文献

AGGARWAL G, GOEL G, KARANDE C, et al, 2011. Online Vertex-Weighted Bipartite Matching and Single-Bid Budgeted Allocations[C]. In Proceedings of the 22nd Annual ACM SIAM symposium on

Discrete Algorithms：1253-1264.

BIRNBAUM B E,MATHIEU C,2008. Online Bipartite Matching Made Simple[J]. ACM SIGACT News，39(1)：80-87.

BUCHBINDER N,JAIN K,NAOR J,2007. Online Primal-Dual Algorithms for Maximizing Ad-Auctions Revenue[C]. In Proceedings of the 15th annual European Conference on Algorithms：253-264.

DEVANUR N R,HAYES T P,2009. The Adwords Problem：Online Keyword Matching with Budgeted Bidders under Random Permutations[C]. In Proceedings of the 10th ACM Conference on Electronic Commerce：71-78.

HAEUPLER B, MIRROKNI V, ZADIMOGHADDAM M,2011. Online stochastic weighted matching：Improved approximation algorithms[C]. In Proceedings of the 7th International Conference on Internet and Network Economics：170-181.

JAILLET P,LU X,2013. Online stochastic matching：New algorithms with better bounds[J]. Mathematics of Operations Research,39(3)：624-646.

KARP R M,VAZIRANI U V,VAZIRANI V V,1990. An Optimal Algorithm for Online Bipartite Matching [C]. In Proceedings of the 22nd annual ACM Symposium on Theory of Computing：352-358.

MEHTA A,2012. Online Matching and Ad Allocation[J]. Theoretical Computer Science,8(4)：265-368.

MEHTA A,SABERI A,VAZIRANI U V,et al,2005. Adwords and Generalized On-line Matching[C]. In Proceedings of the 46th Annual IEEE Symposium on Foundations of Computer Science：264-273.

第11章

机制设计

11.1　机制设计概述

机制设计是经济学中一个重要的领域,在解释机制设计前,首先需要理解什么叫社会选择。通俗点讲,对于某种内容,社会上不同的人群具有不同的偏好,社会选择就是考虑所有人群的偏好所形成的一种共同选择。而机制设计,就是设计一套策略集合可以把这些不同的偏好集合成一个社会选择。

社会选择广泛存在于现实生活中的各个角落,选举就是最常见的一种,选民对候选人都会有自己的偏好,最后谁能胜出需要通过投票的方式决定,获胜的候选人就是社会选择的结果,这里的选举方法可以理解为一种机制。物品拍卖中,不同的竞拍者对拍品都有自己的偏好,最后某件拍品属于哪位竞拍者也是社会选择的结果,竞拍规则就是一种机制。对生活中的交通拥堵问题,不同的人有不同的意见,政府要解决这个问题,就需要考虑所有人的意见,然后出台一套政策来解决,这套政策也属于一种机制。讲到这里,相信读者已经可以理解社会选择和机制了。

当今的互联网社会,越来越多的经济活动通过各种网络平台来完成,其中,资源拥有者需要售卖自己的资源,平台拥有者需要通过提供服务来获得回报,普通用户需要交易过程安全可靠,国家机构需要维持良好的网络环境。不同角色有不一样的目的,需要设计一套策略可以让不同的人在同一套策略下正常地完成各种行为,这套策略就是一系列的机制。在互联网系统的算法中,竞价策略、资源分配策略、路由算法等都是典型的机制,是综合考虑多方面的因素设计出来的一套有效策略。

在经济学中,如何设计一套有效的经济机制已经被深入研究,积累了许多有用的理论,互联网系统设计的相关人员有必要学习其中一些相关的基础知识,从另外一个角度看待系统中的机制设计。本章主要从数学角度来讲解机制设计、激励兼容等重要概念以及它们的核心思想,并引入了一些机制设计中的现实例子,让读者对机制设计有更加深入的理解。

11.2　经典案例

在设计机制的过程中,往往会涉及多方利益的博弈,机制设计需要考虑相关各方的利益并给出可行的解决办法,所以说机制设计是一门与心理学有关的学问。为了便于理解后面的内容,首先介绍一些与机制相关的经典案例。

11.2.1　囚徒困境

"囚徒困境"是 1950 年美国兰德公司提出的博弈论模型,两个共谋犯罪的嫌疑人被关入监狱,由于证据不足,警察设置了如下规则:

- 两人不能互相沟通情况。
- 如果两个人都不揭发对方,则由于证据不足,每个人都只能坐 1 年牢。
- 若一人揭发,而另一人沉默,则揭发者因为立功而立即获释,沉默者因不合作而入狱 10 年。
- 若他们互相揭发,则因证据确凿,两人都判刑 8 年。

两个囚徒的不同决定,会导致不同的后果,如表 11.1 所示。

表 11.1　囚徒困境

	囚徒 1 揭发	囚徒 1 不揭发
囚徒 2 揭发	两人都获刑 8 年	囚徒 1 获刑 10 年,囚徒 2 立即释放
囚徒 2 不揭发	囚徒 2 获刑 10 年,囚徒 1 立即释放	两人都获刑 1 年

可以看到,两个囚徒的最优选择应该是两人都不揭发,这样两人都只获刑 1 年,但是由于囚徒们无法信任对方,实际结果更倾向于互相揭发,而不是同时沉默。这里警察设置的规则就是一种机制,它的设计过程考虑了囚徒间的心理博弈。

11.2.2 二难问题

在格雷戈里·斯托克的《问题书》中,有一则具有挑战性的二难问题:为了考验两个人的爱情,将他们隔开,关在两个不同的房间中,两个人身边各有一个按钮,并告诉他们,除非其中有一个人在规定的 60min 内按下这个按钮,否则两个人都要被处死,但是先按者可以保住对方的性命,自己却会被立即处死。

这种情形在影视剧中也经常出现,如果是你,会如何选择?

11.2.3 无怨算法

两个馋嘴的小孩分一块蛋糕,无论父母如何小心翼翼地分配,总有小孩觉得自己的那块蛋糕小一些,于是父母给出了一个解决办法,就是让其中一个孩子分蛋糕,另外一个孩子先选。这样,第一个孩子会分得很公平,并且由于是他自己分的蛋糕,他不会对两块蛋糕是否一般大提出异议,第二个孩子也不可能提出抱怨,因为是他先挑选的蛋糕。最后很可能蛋糕还是会一个大一点,一个小一点,但是两个孩子都没有怨言,这就是无怨算法。

11.2.4 TureView 广告

产品上一个很小的改动也有可能涉及与用户的博弈,同样可以理解为一种机制的设计。例如 YouTube 推出的 TrueView 广告,在广告播放 5s 后,用户可以选择关掉广告或是继续观看,这个改动就考虑了多方的利益。

就广告主而言,视频广告是否被真正观看,一直是困扰他们的问题,他们一般只能拿到视频的播放量,但却无法确定哪些播放是被认真观看的。TrueView 广告给用户一个关掉广告的机会,那些继续观看的用户多数情况下是在真实观看。

就平台方而言,让那些对广告不感兴趣的用户可以关掉广告,可以大幅提升用户体验。5s 后才能关掉,也给用户留出了解广告的时间,避免用户默认关掉所有广告。并且由于广告效果更加明确,广告主也愿意为这种广告的单次播放支付更高的费用。此外,平台也可以收集到更真实的用户喜好,为系统人群画像的构建积累更优质的数据。

就普通用户而言,对不感兴趣的广告在 5s 后可以关掉,这个时间他们能接受,而对于感兴趣的广告,他们可能会观看更长的时间。有些 YouTube 中的优秀广告,用户可以观看十几分钟之久,也正因如此,广告主可以制作更长的广告来表达企业的产品理念。这个设计可以说是机制设计的一次经典胜利。

11.2.5 策略性投票

现实中还有更多的博弈问题,研究这些问题的时候,一般假设参与的玩家都是理性的。然而并不是所有选择结果对各玩家都是最优的,也不是所有的玩家都会按照最真实的意愿来参与选择。例如,在一次投票中,有 3 位候选人 a、b、c,有位选民对 3 位候选人的真实喜好为 $a>b>c$,但是如果他知道绝大部分选民都不喜欢 a,a 肯定会落选,那么他会退而求其次,给出的投票结果为 $b>a>c$,因为比起 c 他更喜欢 b,这就是策略性投票。现实活动中,策略性行为非常普遍。

11.3 激励兼容

一般机制设计者都希望设计机制是建立在社会选择的基础上,也就是最终选择的结果符合大多数人的偏好,但是设计这样的机制比想象中还要困难,首先遇到的就是孔多塞投票悖论。

11.3.1 投票悖论

例如,在投票选举中,如果只有两位候选人,那么选出被投票个数最多的那位候选人获胜,就可以代表多数人的偏好了。但是假设有 a、b、c 3 位候选人,有 3 位选民 u_1、u_2、u_3,他们的投票结果如下:

$$(1)\ a >_1 b >_1 c$$

$$(2)\ b >_2 c >_2 a$$

$$(3)\ c >_3 a >_3 b$$

其中,$a > _i b$ 表示第 i 个选民相对于 b 更喜欢 a 多一点。现在只看候选人 a 和 b,因为(1)和
(3)都是喜欢 a 更多一点,所以有 $a > b$,同理,根据(1)和(2)可得 $b > c$,根据(2)和(3)有 $c >$
a,最后聚合在一起的选择为 $a > b > c > a$,出现矛盾,所以无法确定最后的选择。

这就是投票悖论,这个悖论让机制设计人员很惊讶,很多人想尝试改变投票方法来避
免这个问题,但始终没有找到很好的解决方法,后来阿罗不可能定理的出现,给本来就困难
的局面又蒙上了一层阴影。

11.3.2 阿罗不可能定理

为了理解阿罗不可能定理,先看下面的数学定义。

假设候选人的集合为 A,选民一共有 n 个,他们的集合用 I 表示,L 表示选民在候选人
A 上的所有偏好结果,相当于根据偏好的全排序集合。$< \in L$,表示 A 上的某一个全排序。
第 i 个选民的偏好用 $>_i \in L$ 来表示,如果 $a >_i b$,表示选民 i 相对于 b 更喜欢 a。

社会福利函数 $F: L^n \to L$,表示根据所有选民的偏好,输出一个最终的偏好,这个偏好也
是在 A 上的全排序。

社会选择函数 $f: L^n \to A$,根据所有选民的偏好,选出最终的获胜者。

还有如下一些重要的定义。

如果对所有的 $< \in L$,满足 $F(<, \cdots, <) = <$,也就是如果所有的选民都有同样的偏
好,那么最终社会福利函数的结果就是这个偏好,这时称 F 满足一致性。

如果对所有的 $<_1, \cdots, <_n \in L$,有 $F(<_1, \cdots, <_n) = <_i$,社会福利函数的结果始终由第 i
个选民的偏好决定,这时称 F 是独裁的,选民 i 为独裁者。

如果对于每一个 $a, b \in A$,对于所有的 $<_1, \cdots, <_n, <_1^*, \cdots, <_n^* \in L$,假设 $< = F(<_1, \cdots,$
$<_n)$,$<^* = F(<_1^*, \cdots, <_n^*)$,如果对于所有的 i 满足 $a <_i b \Leftrightarrow a <_i^* b$,那么 $a < b \Leftrightarrow a <^* b$,这
时就称 F 在候选者上独立无关。

阿罗不可能定理：对于所有的社会福利函数，如果有超过 2 个候选人，即 $|A| \geqslant 3$，它满足一致性并且在候选人上独立无关，那么这个社会福利函数一定是独裁的。

接下来介绍机制设计的另一个重要概念——激励兼容，它在不同的场景下有不一样的形式，这里先介绍其中一种。

如果 $\prec_i$ 是第 i 个选民的真实偏好，$a = f(\prec_1, \cdots, \prec_i, \cdots, \prec_n)$，对于 i 的某一个偏好 $\prec_i^*$，有 $a^* = f(\prec_1, \cdots, \prec_i^*, \cdots, \prec_n)$，如果对于最后的选择结果，选民 i 相对于 a 更喜欢 a^*，那么在投票中，选民 i 会更倾向于表达 $\prec_i^*$ 作为自己的偏好，这个偏好是策略性的，不是选民的真实偏好。

如果 f 不能被策略性地掩盖选民的真实意愿，那么 f 就是激励兼容的。

并且，如果 $f(\prec_1, \cdots, \prec_i, \cdots, \prec_n) = a \neq a^* = f(\prec_1, \cdots, \prec_i^*, \cdots, \prec_n)$，那么有 $a^* \prec_i a \&$ $a \prec_i^* a^*$，这时称 f 是单调的，同时还有下面的结论：如果一个社会选择函数是激励兼容的，当且仅当它是单调的。

如同 11.2.5 节中提到的投票案例，选民如果觉得自己最喜欢的候选人没有胜出的希望，就会策略性投其他的候选人，那么这个机制就不是激励兼容的机制。

还有下面的定理。

Gibbard-Satterthwaite 定理：如果 f 是 A 上激励兼容的机制，并且 $|A| \geqslant 3$，那么 f 是独裁的。

这些定理和发现似乎告诉我们寻找一个激励兼容的非独裁机制是不可能的事情，幸好还有转机。11.4 节将介绍如何通过引入金钱来摆脱这些定理的限制。

11.4 引入金钱的机制

11.3.2 节的机制中，选民的偏好用 $\succ_i$ 表示，$a \succ_i b$ 表示第 i 个选民相对于 b 更喜欢 a，但并没有说明选民 i 对 a 和 b 的喜欢程度。所以这里引入一个估值函数 $v_i : A \rightarrow \Re$ 来量化选民 i 的喜欢程度，$v_i(a)$ 表示如果社会选择结果是 a 的时候选民 i 可以获得的收益，同时机制对选民 i 的投票收取一定的费用 p，选民 i 最终的利润为 $u_i = v_i(a) - p$，现在 u_i 便是机制中所有选民希望最大化的目标。

11.4.1 拍卖机制

先看一个简单的例子,现在假设只有一件物品被拍卖,有 n 个竞拍者,用 ω_i 表示每一个竞拍者最多愿意花多少钱来拍这件物品或者表示竞拍者得到这件物品后的收益,则有

$$v_i = \begin{cases} \omega_i & i \text{ 胜出} \\ 0 & j \text{ 胜出}, \quad \forall j \neq i \end{cases}$$

机制会选择 ω_i 最高的那个人胜出,这样社会效益会最大,并会向竞拍者 i 收取费用 p_i。下面分析选择不同的 p_i 会发生什么情况。

不收费:如果不收费,竞拍者 i 会无限夸大他们的收益,报一个 $\omega_i^* \gg \omega_i$,因为只要竞拍获胜,他们就会有收益,否则收益就是 0。

收取竞拍的价钱:如果竞拍者 i 以 ω_i 竞拍获胜,那么他最终的利润为 $u_i = \omega_i - \omega_i = 0$,没有收益,所以竞拍者必须拍一个 $\omega_i^* < \omega_i$,一旦 i 竞拍成功,他的利润就为 $u_i = \omega_i - \omega_i^* > 0$,在这种情况下,竞拍者最好的出价应该是比第二高的出价多一点。可以发现,在这种机制下竞拍者不会告知他们的真实收益。

针对这些情况,Vickrey 在 1961 年提出了一种二阶拍卖机制:ω_i 最大的竞拍者获得最后的胜利,但需支付第二高的出价,即 $p = \max\limits_{j \neq i} \omega_j$。

结论:如果 u_i 为竞拍者 i 出价为真实利润 ω_i 时的收益,u_i^* 为竞拍者 i 出价为其他 ω_i^* 时的利润,那么有 $u_i \geq u_i^*$。

证明:如果竞拍者 i 出价为 ω_i 时,i 胜出,那么 $u_i = \omega_i - p^* \geq 0$,$p^*$ 为第二高的出价。现在如果竞拍者修改出价为任一 $\omega_i^* > p^*$,他依然会胜出,仍然会被收费 p^*,所以 $u_i^* = u_i$;如果竞拍者修改出价为 $\omega_i^* \leq p^*$,那么他会竞拍失败,然后 $u_i^* = 0 \leq u_i$。

如果当 i 出价为 ω_i 时,竞拍失败,此时 $u_i = 0$。假如这时候第 j 个竞拍者胜出,此时 $\omega_j \geq \omega_i$,如果 i 修改出价为 $\omega_i^* < \omega_j$,i 仍然竞拍失败,最后的利润为 $u_i^* = 0 = u_i$,如果修改出价为 $\omega_i^* \geq \omega_j$,那么 i 会胜出,但是 $u_i^* = \omega_i - \omega_j \leq 0 = u_i$。

证明完毕。

11.4.2　VCG 机制

接下来介绍激励兼容的另一种形式,首先假设 $v=(v_1,v_2,\cdots,v_n)$ 为 n 个竞拍者的估值向量,$v_{-i}=(v_1,v_2,\cdots,v_{i-1},v_{i+1},\cdots,v_n)$ 为除去 v_i 的估值向量,V_i 为第 i 个竞拍者的估值空间。

激励兼容:如果某个机制 $(f,p_1,p_2,\cdots,p_n)$ 是激励兼容的,对于每一个 $v_1\in V_1,v_2\in V_2,\cdots,v_n\in V_n$,以及任意的 $v_i^*\in V_i$,令 $a=f(v_i,v_{-i}),a^*=f(v_i^*,v_{-i})$,那么有 $v_i(a)-p_i(v_i,v_{-1})\geqslant v_i(a^*)-p_i(v_i^*-v_{-i})$。

也就是竞拍者出价为自己真实收益的时候利润最大。那么,有没有这样的机制?答案是有,那就是 VCG 机制,它满足如下两个条件。

- $f(v_1,v_2,\cdots,v_n)\in\operatorname*{argmax}_{a\in A}\sum_i v_i(a)$,这种机制是最大化社会福利的机制,也即选择出来的排序能让所有竞拍者的收益和最大。

- 对任意的 $v_1\in V_1,v_2\in V_2,\cdots,v_n\in V_n$,以及对于一些 $h_1,h_2,\cdots,h_n,h_i\rightarrow\Re$,满足
$$p_i(v_1,v_2,\cdots,v_n)=h_i(v_{-i})-\sum_{j\neq i}v_j(f(v_1,v_2,\cdots,v_n))\text{。}$$

结论:VCG 机制是激励兼容的机制。

证明:固定 i,v_{-i},v_i,v_i^*,现在只需要证明对于某个竞拍者 i,他出价为 v_i 时利润不会小于出价为 v_i^* 时的利润。令 $a=f(v_i,v_{-i}),a^*=f(v_i^*,v_{-i})$,那么当 i 出价为 v_i 时的利润为 $v_i(a)+\sum_{j\neq i}v_j(a)-h_i(v_{-i})$,同时当 i 出价为 v_i^* 时的利润为 $v_i(a^*)+\sum_{j\neq i}v_j(a^*)-h_i(v_{-i})$,因为 $f(v_1,v_2,\cdots,v_n)\in\operatorname*{argmax}_{a\in A}\sum_i v_i(a)$,所以 $v_i(a)+\sum_{j\neq i}v_j(a)\geqslant v_i(a^*)+\sum_{j\neq i}v_j(a^*)$,因此 $v_i(a)+\sum_{j\neq i}v_j(a)-h_i(v_{-i})\geqslant v_i(a^*)+\sum_{j\neq i}v_j(a^*)-h_i(v_{-i})$。

11.5　激励兼容的特性

在设计机制的时候,机制设计者一般希望机制是激励兼容的,即参与者会告知机制他们的真实收益,以便最大化社会福利。所以有必要研究激励兼容的机制有哪些特性。

一个机制是激励兼容的,当且仅当满足以下两个条件。

- p_i 不依赖于每个参与者的 v_i,只和社会选择函数 $f(v_i,v_{-i})$ 的结果有关,即在一个有金钱约束的机制中,机制对参与者 i 的收费 p_i 和参与者 i 的出价无关,而只和社会选择的最后结果有关。

- 对于每一个 v_i,都 $f(v_i,v_{-i})=\underset{a}{\arg\max}(v_i(a)-p_a)$,即这个机制最后选择出的结果对于每个参与者而言,都是当前竞争环境下利润最优的情况。

弱单调性(Weak Monotonicity, WMON):如果一个社会选择函数满足 WMON,那么对于所有的 i,v_{-i} 都有

$$f(v_i,v_{-i})=a\neq b=f(v_i^*,v_{-i})\Rightarrow v_i(a)-v_i(b)\geqslant v_i^*(a)-v_i^*(b)$$

定理:如果一个机制是激励兼容的,那么它满足 WMON。

这一定理说明,对于一个激励兼容的机制,如果一个社会选择函数发生了变化,一定是某个参与者对旧的选择有了新的估价,即

$$v_i(a)-v_i(b)\geqslant v_i^*(a)-v_i^*(b)$$
$$v_i^*(b)-v_i^*(a)\geqslant v_i(b)-v_i(a)$$

这些特性可以帮助设计者更科学地设计机制,例如已经知道最大化社会福利的激励兼容机制可以被实施,如 VCG,那么最小化社会福利并且是激励兼容的机制可以被实施吗?

答案是不可以,因为假如有 $v_1<v_2<\cdots<v_n$,如果机制是最小化社会福利的,那么竞拍者 1 最后会获胜,现在令竞拍者 1 改变他的出价 $v_1^*>v_n$,其他人的出价不变,那么根据最小化社会福利的原则,竞拍者 2 胜出,得到这个物品。

竞拍者 1 的利润也发生了变化,根据 WMON,有 $v_1-0\geqslant v_1^*-0$,但是我们知道 $v_1^*>v_1$,出现矛盾,所以最小化社会福利的激励兼容机制不能被实现。

并且有下面的定理。

定理:假设 V_i 是欧几里得空间的联通集,如果 $(f,p_1,p_2,\cdots,p_n)$ 是一个激励兼容的机制,那么 $(f,p_1^*,p_2^*,\cdots,p_n^*)$ 也是激励兼容的机制,如果满足:

$$p_i^*(v_1,v_2,\cdots,v_n)=p_i(v_1,v_2,\cdots,v_n)+h_i(v_{-i})\quad h_i:V_{-i}\to\Re$$

基于这个定理,我们可以在一个激励兼容的机制上不断修正来得到需要的另一个激励兼容的机制。

11.6 贝叶斯纳什均衡

本章前面介绍的机制中参与用户只知道自己的估值函数,不知道除自己以外其他人的估值函数,并且假设他们的估值函数是固定的。但一般情况下,这个假设并不一定成立,机制参与者的估值函数可能是动态的,例如同一个广告主有不同的广告,同一个广告也可以有不同的投放场景,广告主应该根据不同的情况动态设置出价,所以机制设计还需要在更多场景下来研究。假如用户的估值函数是动态变化的,他们知道自己的私有信息,不知道其他所有人的具体信息,但知道其他人的具体信息服从贝叶斯分布,这就是贝叶斯场景。

令参与者当前的私有信息为 $t_i \in T_i$,D_i 是 T_i 的概率分布,$D_i(t_i)$ 是 i 的私有信息为 t_i 的概率。参与者根据 t_i 决定采取行动 $x_i \in X_i$ 来参与机制。用户 i 在私有信息类型为 t_i 并且其他人的行动为 $x_1, x_2, \cdots, x_n$ 时,利润为 $u_i(t_i, x_1, x_2, \cdots, x_n)$。$s_i: T_i \rightarrow X_i$ 表示参与者根据自己的信息类型采取行动的策略。

如果对于所有的 i, t_i 以及任一 x_i^* 有

$$E_{D_{-i}}\left[u_i(t_i, s_i(t_i), s_{-i}(t_{-i}))\right] \geqslant E_{D_{-i}}\left[u_i(t_i, x_i^*, s_{-i}(t_{-i}))\right]$$

其中,$E_{D_{-i}}[\ ]$ 表示在其他参与者的类型分布 D_{-i} 上的期望。如果是在贝叶斯场景下,则表示 $s_1, s_2, \cdots, s_n$ 是一个贝叶斯纳什均衡。

下面通过一个例子来理解贝叶斯纳什均衡。现在假设有两个竞拍者 Alice 和 Bob,有一件物品让两个人来竞拍,他们的私人信息为 a 和 b,a 表示 Alice 竞拍成功的收益,b 表示 Bob 竞拍成功后的收益。他们的竞拍方式为一阶拍卖,即竞拍者需要支付他们的出价。

显然 Alice 不会出价大于 a,因为出价大于 a,就算竞拍成功,也没有利润,她的竞拍价格 x 应该是一个小于 a 的数,但是应该多少? 最理想的情况是 $x = y + \varepsilon$,其中 y 为 Bob 的出价,ε 是一个非常小的数,但是 Alice 并不知道 y 或者 b。

在贝叶斯场景下,t_{Alice} 表示 a,t_{Bob} 表示 b,T_{Alice} 为 t_{Alice} 的分布空间,T_{Bob} 为 t_{Bob} 的分布空间,x_{Alice} 表示 x,x_{Bob} 表示 y,x_{Alice} 的空间为 X_{Alice},x_{Bob} 的空间为 X_{Bob},并且

$$v_{\text{Alice}} = \begin{cases} a & \text{Alice 胜出} \\ 0 & \text{Bob 胜出} \end{cases}$$

$$p_{\text{Alice}} = \begin{cases} x & \text{Alice 胜出} \\ 0 & \text{Bob 胜出} \end{cases}$$

$$v_{\text{Bob}} = \begin{cases} 0 & \text{Alice 胜出} \\ b & \text{Bob 胜出} \end{cases}$$

$$p_{\text{Bob}} = \begin{cases} 0 & \text{Alice 胜出} \\ y & \text{Bob 胜出} \end{cases}$$

让 $s_{\text{Alice}} = x(a)$ 和 $s_{\text{Bob}} = y(b)$ 表示 Alice 和 Bob 根据私有信息采取的策略,现在希望寻找一个贝叶斯纳什均衡。一般来说,寻找贝叶斯纳什均衡非常困难,这里将问题再简化,让 $D_{\text{Alice}} = D_{\text{Bob}}$,并且它们都是 $[0,1]$ 上的均匀分布。

结论:在一阶竞价中,如果有两个竞拍者,他们的私人信息 a,b 是在 $[0,1]$ 上的均匀分布,那么 $x(a) = a/2$ 和 $y(b) = b/2$ 是一个贝叶斯纳什均衡。

思考一个问题:当 $y = b/2$ 时,x 的最优回应是什么?

证明:Alice 如果没有竞拍成功,那么她的利润为 0;如果竞拍成功,那么她的利润为 $(a-x)$,所以

$$u_{\text{Alice}} = \Pr[\text{Alice 出价 } x \text{ 且竞价胜出}] \cdot (a-x)$$

如果 Alice 竞拍成功,那么 $x \geq y$,并且已经知道 $y = b/2$,所以有 $x \geq b/2$。接下来分析在 b 的所有分布上分析 u_{Alice} 的取值情况。

从图 11.1 中可以看出:

$$\Pr[\text{Alice 出价 } x \text{ 且竞价胜出}] = \begin{cases} 2x & 0 \leqslant x \leqslant 1/2 \\ 1 & x \geqslant 1/2 \\ 0 & x \leqslant 0 \end{cases}$$

因为 b 是在 $[0,1]$ 上的均匀分布,只需要看 u_{Alice} 在 $0 \leqslant x \leqslant 1/2$ 的取值,也就是

$$u_{\text{Alice}} = 2x(a-x) \qquad 0 \leqslant x \leqslant 1/2$$

求导,可得最优解为 $x = a/2$。证明完毕。

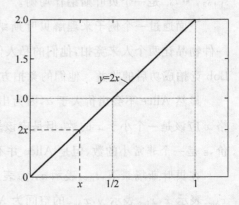

图 11.1 贝叶斯纳什均衡

11.7 竞价机制分析

在线广告最知名的机制就是广告的竞价机制,本节通过一个具体的实例分析广告系统中最常见的几种竞价机制是否是激励兼容的,帮助读者更深刻地理解机制设计中的激励兼容。

11.7.1 临界条件分析

假设 α_{ij} 表示广告主 n_i 的广告放置在第 j 个广告位上的点击概率(CTR),这里简化一下,令 $\alpha_{ij} = \mu_j$,有 $\mu_j > \mu_{j+1}$,他获得第 j 个广告位时需要支付的价格为 p_j,并且广告主 n_i 的广告被点击后他可以获得的收益为 v_i。

如果只有一个广告位,获取这个广告位的价格为 p_1,则用户 n_i 依然会出价竞争这个位置的条件为 $\mu_1(v_i - p_1) \geqslant 0$。也即只要广告主的收益为正,就会继续保留这个位置。

现在假设有 3 个广告主,他们的广告被点击后可以获得的收益为 v_1、v_2、v_3,并且 $v_1 > v_2 > v_3$。如果他们竞争两个广告位,用户 n_i 愿意继续保留第一个位置的条件是:

$$\mu_1(v_i - p_1) \geqslant \mu_2(v_i - p_2) \Rightarrow p_1 \leqslant \left(1 - \frac{\mu_2}{\mu_1}\right)v_i + \frac{\mu_2}{\mu_1}p_2$$

也就是说在 $p_1 > \left(1 - \frac{\mu_2}{\mu_1}\right)v_i + \frac{\mu_2}{\mu_1}p_2$ 的情况下,n_i 会放弃竞争第一个位置。

11.7.2 VCG 机制

激励兼容的机制中,用户出价为真实收益的情况下可以达到平衡,但并不是所有的机制都是激励兼容的。下面通过一个实例分析 VCG、Simplest GSP 和 Weighted GSP 是否是激励兼容的机制。如表 11.2 所示,α_{ij} 表示广告主 n_i 在广告位 j 的 CTR,广告主 n_i 的广告每次被点击后他的收益为 v_i,假设它与广告所在的位置没有关系。

表 11.2 在不同位置的收益和点击率

广 告 主	每次点击后的收益(v_i)	α_{i1}	α_{i2}
n_1	9	0.8	0.4
n_2	8	0.5	0.35
n_3	3'	0.6	0.1

先看第一个广告位,在 VCG 机制下,广告主 n_1 得到第一个位置时,收费 p_1 为

$$p_1 = 0.5 \times 8 + 0.1 \times 3 - 8 \times 0.35 + 3 \times 0 = 4.3 - 2.8 = 1.5$$

如果 n_1 降低出价,获得第二个广告位,收费 p_2 为

$$p_2 = 0.1 \times 3 - 0 \times 3 = 0.3$$

这时有

$$\left(1 - \frac{\mu_2}{\mu_1}\right)v_1 + \frac{\mu_2}{\mu_1}p_2 = \left(1 - \frac{\alpha_{12}}{\alpha_{11}}\right)v_1 + \frac{\alpha_{22}}{\alpha_{21}}p_2 = \left(1 - \frac{0.4}{0.8}\right) \times 9 + \frac{0.4}{0.8} \times 0.3$$

$$= 4.5 + 0.15 = 4.65 > 1.5 = p_1$$

所以 n_1 不会改变自己的出价,而这个时候,如果广告主 n_2 获得第一个广告位,需要报一个比 v_2 更高的价格,此时 p_1 为

$$p_1 = 0.8 \times 9 + 0.1 \times 3 - 9 \times 0.4 + 0 \times 3 = 7.5 - 3.6 = 3.9$$

用同样的方法计算 p_2 为

$$p_2 = 0.1 \times 3 - 0 \times 3 = 0.3$$

并且

$$\left(1 - \frac{\mu_2}{\mu_1}\right)v_2 + \frac{\mu_2}{\mu_1}p_2 = \left(1 - \frac{\alpha_{22}}{\alpha_{21}}\right)v_2 + \frac{\alpha_{22}}{\alpha_{21}}p_2 = \left(1 - \frac{0.35}{0.5}\right) \times 8 + \frac{0.35}{0.5} \times 0.3$$

$$= 2.4 + 0.21 = 2.61$$

$$< 3.9 = p_1$$

所以广告主 n_2 也不会去竞争第一个广告位。各位广告主在出价为真实收益时达到一种平衡,所以 VCG 是激励兼容的。

11.7.3 Simplest GSP 机制

在 Simplest GSP 机制下,n_1 得到第一个广告位时,收费 p_1 为第二高的出价,所以 $p_1 = 8$。如果 n_1 降低出价获得第二个广告位,这时 $p_2 = 3$。因此

$$\left(1-\frac{\mu_2}{\mu_1}\right)v_1+\frac{\mu_2}{\mu_1}p_2 = \left(1-\frac{\alpha_{12}}{\alpha_{11}}\right)v_1+\frac{\alpha_{22}}{\alpha_{21}}p_2 = \left(1-\frac{0.4}{0.8}\right)\times 9+\frac{0.4}{0.8}\times 3$$

$$= 4.5+1.5 = 6 < 8 = p_1$$

此时 n_1 会放弃对第一个广告位的竞争，所以 Simplest GSP 并不是激励兼容的。

11.7.4 Weighted GSP 机制

在 Weighted GSP 机制下，n_1 获得第一个广告位时，收费 p_1 为

$$p_1 = \frac{0.5\times 8}{0.8} = 5$$

如果 n_1 降低出价，获得第二个广告位，此时 p_2 为

$$p_2 = \frac{0.1\times 3}{0.4} = 0.75$$

则有

$$\left(1-\frac{\mu_2}{\mu_1}\right)v_1+\frac{\mu_2}{\mu_1}p_2 = \left(1-\frac{\alpha_{12}}{\alpha_{11}}\right)v_1+\frac{\alpha_{22}}{\alpha_{21}}p_2 = \left(1-\frac{0.4}{0.8}\right)\times 9+\frac{0.4}{0.8}\times 0.75$$

$$= 4.5+0.375 = 4.875 < 5 = p_1$$

此时广告主 n_1 获得第二个广告位比获得第一个广告位的收益多，也就是说广告主 n_1 使用真实收益作为出价时也不是最优的，所以 Weighted GSP 也不是激励兼容的。

11.8 拥挤控制

互联网系统中的很多资源都不是很充足，系统设计者常常会面临资源如何分配的问题。本节以资源分配算法为例，讲解现实系统中的机制是如何设计的。

假设一个系统中有很多用户 r_i，他们需要使用系统中的链路网络来传输数据。

l 为网络中的一条链路，它的传输总带宽为 c_l。

x_r 为用户 r 接入系统后获得的传输带宽。

$U_r(x_r)$ 是用户 r 获得传输带宽 x_r 后能取得的收益，假设这个收益函数是严格的凸函数

并且严格单调递增。

R 为路由矩阵,如果 **R**(l,r) 为 1 代表用户 r 的数据传输路径中使用链路 l,否则 **R**(l,r) 为 0。

$l \in r$ 表示 l 是用户 r 的数据传输路径中的一条链路。

那么资源分配问题可以被表述成式(11.1)中的非线性优化方法:

$$\max_{x \geqslant 0} \sum_r U_r(x_r) \quad \text{s.t.} \quad \boldsymbol{R}x \leqslant c \tag{11.1}$$

x 为用户获得的传输带宽,限制条件表示所有链路的传输量不能超过它们的带宽。如果这个效益函数是一个凸函数,那么它有唯一的解。

不难看出,要解这个问题,需要知道所有用户的收益函数和路由矩阵 **R**,但在多数互联网系统中,这些信息往往都很难得到,用户的真实收益只有用户自己知道或获取成本很高,而大型系统中资源类型很多,收集全部资源的使用情况是一项异常繁重的工作。一种解决思路是设计类似 VCG 的机制来鼓励用户告知系统他们的真实收益函数,但是这种方法计算复杂度很高并且需要一个中心单元来计算用户获取资源应该支付的费用。考虑真实系统中,绝大多数用户都只希望自己的收益最大化,Kelly 设计了一种相对简单的机制来得到式(11.1)的最优解。

该方法最早由 Kelly 在 1997 年提出,给定凸优化问题,见式(11.1),如果存在拉格朗日乘子 $\hat{p}$ 满足以下 Karush-Kuhn-Tucker(KKT)条件,那么它的最优解满足:

$$U'_r(\hat{x}_r) = \sum_{l,\, l \in r} \hat{p}_l, \quad \forall r \tag{11.2}$$

$$\hat{p}_l \left(\sum_{r,\, l \in r} \hat{x}_r - c_l \right) = 0 \quad \forall l$$

$$\sum_{r,\, l \in r} \hat{x}_r \leqslant c_l \quad \forall l$$

$$\hat{p}, \quad \hat{x} \geqslant 0$$

现在假设系统可以计算 $\hat{p}$ 并且向每个用户 r 收费 $\hat{q}_r x_r$,其中:

$$\hat{q}_r = \sum_{r,\, l \in r} \hat{p}_l$$

写成矩阵形式为

$$\hat{\boldsymbol{q}} = \boldsymbol{R}^{\mathrm{T}} \hat{\boldsymbol{p}} \tag{11.3}$$

那么每个用户的优化问题应该为

$$\max_{x_r \geqslant 0} U_r(x_r) - \hat{q}_r x_r \qquad (11.4)$$

式(11.4)的优化目标是用户收益减去获得资源的花费,这个花费和他们使用链路对应的拉格朗日乘子有关。不难看出(11.4)的解和式(11.2)的解是一样的,当用户被以 $\hat{q}_r x_r$ 收费的时候,所有用户个人利润最大化和所有用户的收益总和最大化所得到的结果相同。

但为了让式(11.2)能顺利求解,系统必须可以计算这些拉格朗日乘子,这会碰到如下两个问题。

- 系统并不知道所有用户的真实收益函数。
- 即使知道了所有用户的真实收益函数,想获得所有链路的带宽和每条链路的使用情况也不是一件容易的事情。

为了解决这两个问题,这里假设每个用户都有一个出价 ω_r,表示他愿意为这次获取资源支付的费用,然后系统根据式(11.5)的优化问题来决定分配给每个用户多少资源。

$$\max_{x \geqslant 0} \sum_r \omega_r \log(x_r), \quad \boldsymbol{R}x \leqslant c \qquad (11.5)$$

这个问题被称为 weighted proportionally fair rate allocation。它的最优解满足以下 KKT 条件:

$$\frac{\omega_r}{x_r^*} = \sum_{r: l \in r} p_l^* \quad \forall r \qquad (11.6)$$

$$p_l^* \left(\sum_{r: l \in r} x_r^* - c_l \right) = 0 \quad \forall l \qquad (11.7)$$

$$\sum_{r: l \in r} x_r^* \leqslant c_l \quad \forall l \qquad (11.8)$$

$$\boldsymbol{p}^*, x^* \geqslant 0 \qquad (11.9)$$

其中,x^* 是式(11.5)的最优解,$\boldsymbol{p}^*$ 是相关的拉格朗日乘子向量。可以发现,如果能激励用户设置他们的出价为 $\omega_r = x_r^* U_r'(x_r^*)$,那么 $x^* = \hat{x}$,$\hat{x}$ 是式(11.2)中的最优解,那么式(11.5)的解就和式(11.2)的解一致了。

为了实现这个机制,需要设计一个分布式算法,每个链路按照式(11.10)计算当时的链路价格:

$$\dot{p}_l = (y_l - c_l)^+_{p_l} \tag{11.10}$$

$p_l(t)$ 是链路 l 在 t 时刻的价格，$y_l = \sum\limits_{r: l \in r} x_r$，是链路 l 所有已分配带宽的和，且

$$(a)^+_b = \begin{cases} \max(a, 0) & b = 0 \\ a & b > 0 \end{cases}$$

可以看出这个价格的均衡状态为 $y_l = c_l$ 或者 $p_l = 0$，满足式(11.7)中的 KKT 条件。

用户端需要有一个程序来计算他们出价和最后分配资源的关系：

$$x_r = \frac{\omega_r}{q_r} \tag{11.11}$$

其中，$q_r = \sum\limits_{l: l \in r} p_l$，为了计算 q_r，用户端必须有程序可以收集 q_r。

在某些领域中式(11.11)也被称为拥挤控制算法，因为用户所获得的资源会随拥挤信号 q_r 的变化而变化，用户也会随着拥挤信号 q_r 的变化而调整他们的出价。不难看出，如果式(11.10)和式(11.11)收敛的时候，它的稳定状态满足式(11.6)～式(11.9)，因此也就解决了式(11.5)的最优化问题。通过设置合适的 Lyapunov 函数也可以证明当 $\boldsymbol{R}$ 是行满秩的时候式(11.10)是稳定的，证明略。

式(11.5)中的 ω_r 是固定的，真实用户的出价应该是一个函数，用户会根据拥挤情况调整自己的出价。现实中大部分用户都是贪婪的，可以理解成他们的目标函数为

$$\max_{\omega_r} U_r\left(\frac{\omega_r}{q_r}\right) - \omega_r \tag{11.12}$$

而这个函数的最优解应该满足：

$$U'_r\left(\frac{\omega_r}{q_r}\right) = q_r \tag{11.13}$$

式(11.13)等同于

$$\omega_r = x_r U'_r(x_r)$$
$$U'_r(x_r) = q_r$$

这个优化问题的最优解和式(11.5)、式(11.1)的最优解一致。这样的机制中，用户按照贪婪的方式出价，最后的平衡点与所有用户收益和最大化的最优解相同。以上就是拥挤控制算法的主要思想。

参考文献

BUCHBINDER N,JAIN K,NAOR J,2007. Online Primal-Dual Algorithms for Maximizing Ad Auctions Revenue[C]. In Proceedings of the 15th Annual European Conference on Algorithms：253-264.

DEVANUR N R,HAYES T P,2009. The Adwords Problem：Online Keyword Matching with Budgeted Bidders under Random Permutations[C]. In Proceedings of the 10th ACM Conference on Electronic Commerce：71-78.

EDELMAN B,OSTROVSKY M,SCHWARZ M,2007. Internet Advertising and the Generalized Second Price Auction：Selling Billions of Dollars Worth of Keywords[J]. American Economic Review,97(1)：242-259.

FELDMAN J,MEHTA A,MIRROKNI V,et al,2009. Online Stochastic Matching：Beating 1-1/e[C]. In Proceedings of the 50th Annual IEEE Symposium on Foundations of Computer Science：117-126.

GORDON B R, ZETTELMEYER F, BHARGAVA N, et al, 2018. A Comparison of Approaches to Advertising Measurement：Evidence from Big Field Experiments at Facebook[EB/OL]. [2018-05-17] https://www. kellogg. northwestern. edu/faculty/gordon_b/files/fb_comparison. pdf.

KARANDE C,MEHTA A,SRIKANT R,2013. Optimizing Budget Constrained Spend in Search Advertising [C]. In Proceedings of the 6th ACM International Conference on Web Search and Data Mining：697-706.

KELLY F P, 1997. Charging and rate control for elastic traffic [J]. European Transaction on Telecommuncations,8：33-37.

LEWIS R A,WONG J,2018. Incrementality Bidding & Attribution[EB/OL]. [2018-10-22]. https://ssrn. com/abstract＝3129350.

LUCIER B,LEME R P,TARDOS E,2012. On Revenue in the Generalized Second Price Auction[C]. In Proceedings of the 21st International Conference on World Wide Web：361-370.

MEHTA A,2012. Online Matching and Ad Allocation[J]. Theoretical Computer Science,8(4)：265-368.

MEHTA A,PANIGRAHI D,2012. Online Matching with Stochastic Rewards[C]. In Proceedings of the 53rd Annual IEEE Symposium on Foundations of Computer Science：728-737.

NISAN N, ROUGHGARDEN T, TARDOS E, et al, 2007. Algorithmic Game Theory [M]. England：Cambridge University Press.

NOTI G,NISAN N,YANIV I,2014. An Experimental Evaluation of Bidders' Behavior in Ad Auctions[C]. In Proceedings of the 23rd International Conference on World Wide Web：619-630.

THOMPSON D R M,LEYTON-BROWN K,2009. Computational Analysis of Perfect-Information Position Auctions[C]. In Proceedings of the ACM Conference on Electronic Commerce：51-60.

THOMPSON D R M, LEYTON-BROWN K, 2013. Revenue Optimization in the Generalized Second-Price Auction[C]. In Proceedings of the 14th ACM Conference on Electronic Commerce：837-852.

VARIAN H R, 2007. Position auctions[J]. International Journal of Industrial Organization, 25 (6): 1163-1178.

VARIAN H R, 2009. Online Ad Auctions[C]. In Proceedings of the 121st Meeting of the American Economic Association: 430-434.

VICKREY W, 1961. Counterspeculation, Auctions, and Competitive Sealed Tenders[J]. The Journal of Finance, 16(1): 8-37.

WU W, YEH M, CHEN M, 2015. Predicting Winning Price in Real Time Bidding with Censored Data[C]. In Proceedings of the 21st ACM SIGKDD International Conference on Knowledge Discovery and Data Mining: 1305-1314.

第12章

低质量和敏感控制

12.1　作弊背景

现如今,互联网的发展已经影响到各行各业,不断更新的技术创造了广阔的市场空间,使得互联网领域的创业异常火爆,这些创业者们想要生存下来,必须要解决流量获取和流量变现的问题。随着市场对流量需求的增加,搜索引擎、门户网站等大流量来源的流量已经供不应求,流量售卖价格也水涨船高,甚至超出了部分小企业的承受范围,所以很多企业越来越关注中小和长尾流量来源。

随着中小和长尾流量交易生态的快速发展,大量的流量中介、流量持有者纷纷入场,在利益的驱动下,催生了地下作弊产业,它们无孔不入,作弊场景和手段也多种多样,这些作弊相关产业涉及的领域、人数众多,严重影响整个互联网生态的健康发展。

12.1.1　作弊参与者

作弊产业生态中,参与者可以粗略分为需求方、技术持有者、作弊中介和普通网民。

需求方是作弊行动的发起者,随着反作弊技术的发展,个人单枪匹马的作弊已经很难有效果,需求方为了获得更多的收益,会寻求更专业的组织来完成某类作弊任务。

技术持有者是作弊工具的发明者,他们不断推测平台的算法规则,寻找平台的漏洞,以便获得收益。

作弊中介就是承接需求方作弊任务的组织,他们一方面会整合一些地下流量,另一方面对接需求方,完成有组织、有计划的作弊行为。他们通过提供平台或服务来获取报酬,有些中介就是技术持有者。

普通网民是散布在各地的网络大军,他们通过完成指定的任务来获取一定的报酬,他们不需要有专业的作弊知识,只需有一定的上网技能,可以使用作弊工具,即可加入到地下作弊产业中。

12.1.2　作弊动机

作弊的动机有很多种,有些作弊者希望能够以更低的价格获得流量,例如在搜索引擎中,广告主点击竞争对手的广告,不断消耗竞争对手的预算,提升他们的获客成本,使竞争对手退出竞争队列,从而以更低的价格获得展现机会。有些流量拥有者希望通过作弊手段获取更多的变现,例如网络联盟中部分网站主通过制造虚假点击以获得更好的广告效果,从而得到更多的分成。虽然不同的主体动机各异,但最终目的都是为了获益。

此外还有其他一些常见的非正常动机,如下。

- 学术研究:有些学术机构为了研究平台的算法,会制造一些无意义的点击。
- 爬虫:很多平台都会被爬虫频繁地抓取内容,而且有时候这部分流量非常巨大。
- 刷榜:通过虚假点击或搜索推广目标提升它在榜单上的排名。
- 刷 SUG(Suggestion):通过不断搜索目标关键词使它出现在搜索推荐中。
- SEO(Search Engine Optimization)优化:利用搜索引擎的排序规则来提升目标网站在相关搜索中的自然排名,有时候是通过作弊的方法实现的。
- SEM(Search Engine Marketing)优化:在搜索引擎中的付费推广中获取更好的排名,同样可以通过作弊实现。
- 第三方评估:有些评估机构会不断地获取平台结果来分析和评估某种内容。

12.2　广告作弊方法

广告技术公司秒针于 2013 年 1 月公布的《互联网广告反作弊技术白皮书》中提到了 6种主要的作弊类别。

- 广告 CTR 异常:主要指存在虚假点击和恶意点击,广告 CTR 远高于正常值。
- 广告访问 IP 分布异常:例如某个 IP 产生大量的点击或曝光。
- 访问者指纹信息异常:例如广告大量的点击或曝光来自同一个版本的浏览器或操

作系统,或者占比过高,或者访问者信息中带有 Spider 标识信息。

- 广告被点击但没有对应的曝光:作弊者通过一些技术手段制造了广告的点击,但是系统中却没有对应的曝光记录。
- 广告流量来源异常:例如流量来源集中在一个页面,而不是很多分散的页面。
- 广告访问时间分布异常:例如某个 IP 会周期性地执行某种操作。

这些作弊可以通过形形色色的方法来完成,接下来介绍一些常见的作弊方法。

12.2.1 单机作弊

最简单的作弊方式是个人重复点击,例如网络联盟中某位网站主手动或者使用某种程序频繁点击自己的广告或请朋友来执行这一操作,以此来获得更多的收入分成。但这样会导致大量广告点击来自同一个 IP,非常容易被发现。后来,作弊者通过改进技术将点击伪造成来自不同的 IP,以降低被发现的风险,例如,利用 VPN、代理 IP 进行 IP 伪装,定期清除 cookie 等。为防止程序制造的点击行为太有规律,有些作弊者的程序甚至会模拟正常人的点击习惯。早期市场上很多作弊器都属于这种类型。

12.2.2 黑客作弊

地下作弊产业中,有人专门找黑客来实施作弊。黑客通过黑客手段在各种平台上"脱库""撞库"获取用户的敏感信息,登录用户账号从事范围更大的作弊,或者利用这些信息建立社工库,积累大量的肉鸡,然后到地下产业链中交易。当肉鸡开机时就可以从事作弊行为,这类作弊,很多肉鸡用户是不知道的。

12.2.3 有组织的网络作弊

网民从作弊中介平台获得作弊工具,根据平台分发的任务有目的、有意识地完成作弊任务。和肉鸡网络作弊相比,由于作弊行为是网民自主参与的,所以平台可以从事更高强度和更高难度的作弊任务,且参加作弊的机器可以统一调度,具有更强的可控性。

12.2.4 有组织的人工作弊

有些作弊组织通过雇用大量的真人来手动完成作弊工作,从事点击、注册、评论、转发、下载等一系列工作。由于这类作弊任务是人工完成的,识别难度很大。

12.2.5 基于大流量平台的作弊

这类作弊的方法很多,例如很多用户会在 QQ 或微博上搜索偶像的名字,于是有些作弊者利用这种心理,注册大量以明星命名的账号来获得流量。也有人会在各种群里发送链接,诱导他人点击来获得收益。

12.3 广告反作弊

随着网民在网络上花费的时间逐渐增多,广告主在网络广告上的投入也持续增大。作弊行为会导致广告主的 ROI 下降,给他们造成严重的经济损失,同时也会打击广告主的投放热情,影响平台的收益。此外,作弊行为会损害平台用户的体验,导致平台整体流量下降,严重时会关系平台的生死存亡。作弊行为也会导致垃圾流量泛滥,妨碍优质流量的崛起,影响整个在线广告生态的健康。因此,反作弊势在必行。

12.3.1 反作弊架构

从事反作弊的相关人员必须不断与作弊者博弈,他们需要持续学习和分析新的作弊动机与方法,继而研发新的反作弊技术,提高作弊者的作弊门槛,从而减少作弊行为。各大平台的反作弊策略都属于高度机密,需要严格保密,一旦泄露给作弊者,他们就会针对性地研发出新的作弊方法。

广告反作弊的工作流程如图 12.1 所示，一般分为 4 个阶段：样本发现和收集、测试样本、迭代策略以及打击作弊。

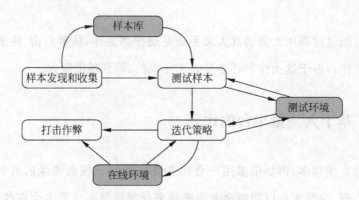

图 12.1　广告反作弊的工作流程

样本发现和收集：本阶段反作弊工作人员人工查找作弊样本，随后深入分析作弊动机，了解相关作弊组织，甚至潜入到作弊产业中使用作弊工具，收集作弊样本，最后将这些样本保存到系统的样本库中。

测试样本：构建和线上环境同构的测试系统，测试样本库中的作弊样本能否被当前反作弊系统识别。或通过作弊中介提供的工具来攻击测试系统，查看当前反作弊系统的识别能力。大型平台甚至会有自己的作弊团队来攻击自家系统，进一步探索作弊手段以提升反作弊的能力。

迭代策略：根据测试样本阶段的测试结果，优化当前反作弊策略，不断降低作弊的成功率，提升反作弊系统对未发现作弊样本的识别能力。

打击作弊：将线下优化过的反作弊系统布置到线上环境，阻止和打击作弊行为。有些大型的作弊活动会给平台带来巨大的经济损失，所以有时候反作弊团队需要与公安机关合作，搜集证据，用法律手段打击作弊行为。

12.3.2　反作弊算法分类

从作弊识别的周期可以把反作弊算法分为以下 3 类。

- **实时反作弊**：这类反作弊算法在线上实时工作，一般特征比较简单，响应很快，能够识别一些已知的简单作弊行为。

- **短周期反作弊**：有很多作弊行为要经过一段时间积累才能识别，作弊行为需要在一个时间窗口内衡量，所以反作弊系统需要记录用户的行为日志，通过统计用户一段时间内的关键特征来发现作弊用户和作弊行为，这类反作弊算法也可以用于线上。
- **离线挖掘**：有些作弊需要使用更多的特征、引入更复杂的机器学习算法才能识别，这类反作弊算法可以识别潜在的作弊特征，挖掘团伙作弊，一般不要求实时性，但一旦发现此类作弊行为，就会采取非常严厉的手段惩罚作弊者，加大作弊者的作弊成本。对于人工作弊的情况，更是需要离线挖掘。例如移动端的人工作弊非常普遍，很多作弊行为很难在较短的时间内识别出来，但在目标应用被下载后，作弊者一般不太可能对应用的使用持续作弊，所以可离线分析用户的长期使用情况来发现作弊端倪。

12.4　广告质量

广告在媒体平台上投放，需要融入到平台的产品中，作为产品内容的一部分展现给用户。平台为了维持良好的用户体验，严格把关广告主身份以及广告内容质量，并制定在平台投放广告的相关标准。例如，某些视频网站要求广告的动画效果必须缓和，不可以包含冲击力过强影响用户观看的效果；广告素材中不能包含任何代码；素材中图片需要清晰整洁，无锯齿和噪声；广告内容的排版要规范合理；如果广告内容中有方言或外语，需要添加字幕；为了使广告在不同终端上都能有较好的展现效果，需要广告主提供多套素材等。由于算法仍然无法完成所有的广告内容审核工作，各平台往往都会投入人力来人工审核广告内容。

另外，广告投放的主要目的是为了促成正常的交易，而不能为违法行为提供便利。IAB（Interactive Advertising Bureau）给出了需要规避的广告类别。

- 成人内容。
- 协助非法活动。

- 有争议的主题,即违反现有的社会规范,如神秘、禁忌、反常的生活方式等。
- 侵犯版权。
- 药物/酒精/受管制药品。
- 极端的图像/明显暴力内容。
- 诱导篡改度量衡的行为。
- 仇恨/亵渎。
- 骚扰/间谍软件/恶意软件/盗版软件。
- 政治/宗教。
- 未经认证的由用户生成的内容。

MMA China(中国区无线营销联盟)品牌安全与流量质量小组又补充了规避类别:独立言论、讣告、邪教相关言论、恐怖主义言论、党和国家领导人旁不应放置广告、革命烈士旁不应放置广告。

另外,有些广告是为了提升品牌形象,所以广告投放的环境也是这类广告主需要考虑的因素,如广告不能投放在违法内容周围,不可以投放在色情敏感内容周围等。

然而,现实在线广告系统这部分工作似乎还有很长的路要走。2017年,Google删除了32亿条违反内容政策的广告,数量是2016年的两倍。国内广告违法案件也依然层出不穷,假物流、医疗、减肥、化妆品等相关案例频繁爆出。如何解决好这些问题,是每个广告平台都应该重点考虑的问题,广告平台影响的人群越多,需要承担的责任也应该越大。

12.5　数据安全

2018年,Facebook被曝出5000万用户数据信息泄露事件,让CEO扎克伯格也被请去出席美国国会听证会及后续的欧盟议会听证会。这件事引起一片哗然,同时也让《欧盟数据保护通用条例》(General Data Protection Regulation,GDPR)受到全球的广泛关注。数据安全问题再一次被推到风口浪尖,引起各大公司高度重视。

生活在大数据时代,网民太多的信息会被暴露、收集和使用。在平台注册后,手机信息可能会被泄露；在社交网站上发表状态，这些内容可能会被分析利用；网民的移动端硬件标识可能会被记录保存，然后被用于跨平台跟踪他们的行为；地理位置信息可能会被利用，便于平台更加精准地推送信息。这是一个数据爆炸的时代，网民的很多信息会被记录和保存，但是数据的安全使用似乎还没有跟上节奏。

GDPR 是欧盟 2018 年 5 月 25 日推出的数据保护条例，但全球的数据安全工作都应该参考。下面简单了解 GDPR。

GDPR 的实施范围：一是成立地在欧盟的机构必须遵循 GDPR，无论数据处理活动是否发生在欧盟境内；二是成立地在欧盟以外的机构，其在提供产品或者服务的过程中，无论是收费还是免费，只要处理欧盟境内个体的个人数据，就必须遵循 GDPR。

另外，处理个人数据必须事先取得数据主体的同意，"数据主体通过申明或一个清晰的肯定动作，在知情的情况下自主、具体而明确地表明自己的意愿，即表示他们同意个人相关数据被处理。"

如果机构扩大了数据的使用范围，无论是提供给第三方还是作为企业服务的一部分，都必须重新获得数据主体的授权和同意。并且数据主体可以随时撤回同意，数据主体有"删除权"，有权要求删除其个人数据。如果数据主体是儿童，机构需要得到其父母或者其他监护人的同意才能使用他们的个人数据。

数据控制者必须以清楚、简单、明了的方式向个人说明其个人数据是如何被收集处理的。这些信息不仅包括数据控制者的身份和联系方式、数据的接收者或数据接收者的类型，还要包括个人数据的保留周期以及采取该周期的理由。如果涉及自动化的数据处理，包括数据画像等活动，还需要提供基本的算法逻辑以及针对个人的运算结果。

GDPR 的处罚非常严格：轻者处以 1000 万欧元或者企业上一年度全球营业收入的 2%，两者取其高；重者处以 2000 万欧元或者企业上一年度全球营业收入的 4%，两者取其高。

国内有些企业内部已经使用脱敏数据，对非常敏感的用户数据，如地理位置信息、用户购买信息、个人信息等都会严格限制其使用范围。但是相关的数据保护规定与如此严格和系统的 GDPR 还有一定的距离，希望未来国内相关法律可以进一步向个人倾斜，提升用户数据的保护力度。

参考文献

GOLDFARB A,TUCKER C E,2011. Privacy Regulation and Online Advertising[J]. Management Science,57(1):57-71.

SPRINGBORN K,BARFORD P,2013. Impression Fraud in Online Advertising via Pay-Per-View Networks[C]. In Proceedings of the 22nd USENIX Security Symposium:211-226.

STONE-GROSS B,STEVENS R,Zarras A,et al,2011. Understanding fraudulent activities in online ad exchanges[C]. In Proceedings of the 2011 ACM SIGCOMM Conference on Internet Measurement Conference:279-294.

ZHANG L,GUAN Y,2008. Detecting Click Fraud in Pay-Per-Click Streams of Online Advertising Networks[C]. The 28th International Conference on Distributed Computing Systems:77-84.

第13章

实验架构和调参

13.1 A/B testing

1747年,英国人詹姆斯·林德根据早期坏血病的记载,在停泊于英吉利海峡的军舰上,对坏血病的治疗方法进行了实验研究。当时,海员们需要在船上停留2个月,其中12人已经患了坏血病,病情也比较严重。詹姆斯·林德让他们分组进食,其中2个海员每天吃2个橘子和1个柠檬,另外2个海员喝苹果汁,其他海员吃当时认为可以治疗坏血病的食物。6天过去了,只有吃橘子的2个海员病情好转,26天后,这2个海员完全恢复了健康。通过类似的对比实验,最后詹姆斯·林德发现新鲜的水果和蔬菜也可以预防坏血病,部分水果例如橘子的治疗效果会更明显。

这就是A/B testing,也叫split testing或者bucket testing,就是将实验样本分为2部分处理:一部分为控制组(Control),表示用来对照的方案;另一部分为实验组(Treatment),表示当前的实验方案。然后通过对比2套方案的差异来决定如何改进,如图13.1所示。

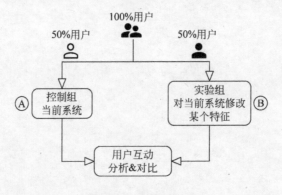

图 13.1　A/B testing

在现实系统中,有时候很难提前搞清楚需要如何改进才能取得更好的效果。例如如何设计广告落地页面的交互才能提升广告转化率?潜在的方案有改变按钮的颜色、增加提示信息、创建更多功能、改变页面布局等,但很难提前预判什么改进可以取得更好的效果,这时候最常用的方法就是通过线上的A/B testing来测试改进前后转化率的变化,从而确定哪种方案更好。

在A/B testing之前需要提前确定如何评估实验结果的好坏,也就是实验的评估指标是什么,这个评估指标称为 OEC(Overall Evaluation Criterion)。一个好的 OEC 不应该只关注于短期的利益,而应该考虑更加长期、持续健康的利益。

例如搜索引擎中的一个常见问题:搜索结果中展现多少个广告比较好?一般来说,广告展现越多,平台短期的收益也会越多,但同时也会对用户体验造成更大的伤害,影响到搜索引擎的长期收益。对于这个问题,也可以通过 A/B testing 来寻找答案,但更重要的是如何选择一个合适的 OEC,可以在伤害用户体验和系统收益之间找一个平衡点。有些系统会将用户体验的伤害量化为潜在的流量损失,以此来避免只追求短期利益的增加。

广告系统中有很多策略迭代都需要 A/B testing,例如改变推荐策略、更新一个排序模型或者调整其中一个参数。一般的流程是先在线下的数据上做实验,如果某个版本效果有提升,然后再到线上做 A/B testing。因为线上的数据分布和线下的数据分布总会有差异,所以在一个版本被最终布置到线上环境之前,一定要确定这个版本在线上的效果确实更好。

图 13.2 为一个 A/B testing 的流量分配情况,这里为实验方案分配所有流量的 30%,线上的默认方案使用其他 70% 的流量。这种分配是如何做到的呢?

最常用的方法是对用户唯一标识采用散列算法分桶,如下:

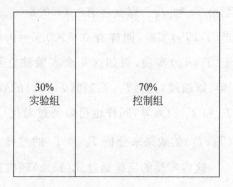

$$\text{bucketid} = \text{hash}(\text{uid}) \% 100 \qquad (13.1)$$

其中,bucketid 是桶的编号,hash 是散列算法,uid 是用户的唯一标识。通过式(13.1)把线上的流量分为

图 13.2　A/B testing 的流量分配示例

100 份,这样便可选择其中 30 份(例如 bucketid 在 1~30 的桶)流量使用实验方案,其他流量使用线上的默认方案。由于 hash 结果随机生成,所以最后的分配结果也可以理解为是随机的。

13.2　分层实验

13.1 节中的例子是只有一个实验方案的情况,但互联网公司追求敏捷的开发节奏,提倡通过频繁的迭代实验,不断优化线上方案。这样,同一时间可能有多个实验甚至是跨部门的多个实验需要做线上的 A/B testing。如何分配实验流量？

13.2.1 分层实验方案

一个比较容易想到的解决方案是不断地分割流量，使每一个实验方案都可以得到一份专有的实验流量，但是这种方案流量会越分越少，当实验很多的时候，不可能无限地分割下去。

另外一种解决方案是将流量分层，每一层又分配给多个实验，假如现在有 4 个实验 T_1、T_2、T_3、T_4，它们的流量分配情况如图 13.3 所示，100％的流量会分配给 T_1 和 T_2，并且 100％的流量也会分配给 T_3 和 T_4。那么将有 $0.4 \times 0.6 = 0.24$ 的流量走 (T_1, T_3) 实验，同样有 $0.6 \times 0.6 = 0.36$ 的流量走 (T_1, T_4) 实验，假如这 4 个实验独立不相关，这样可以通过对比 (T_1, T_3) 和 (T_1, T_4) 的效果来分析 T_3 和 T_4 的差异，同样也可以通过对比 (T_2, T_3) 和 (T_2, T_4) 的效果来分析 T_3 和 T_4 的差异。

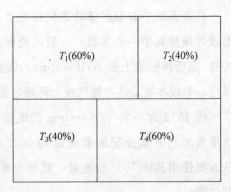

| T_1(60%) | T_2(40%) |
| T_3(40%) | T_4(60%) |

图 13.3 流量分层实验

这些实验的流量通过式（13.2）随机选择：

$$\text{bucketid} = \text{hash}(\text{uid}, \text{layerid}) \% 100 \qquad (13.2)$$

其中，layerid 为每一层的一个唯一标识。可以发现，T_3 的流量中，有 60％来自 T_1，有 40％的流量来自 T_2。同样，T_4 的流量中，有 60％来自 T_1，有 40％的流量来自 T_2，可以认为它们的流量都是从同样分布的流量中抽样得到，所以可以直接对比 T_3 和 T_4 的实验结果。

这里需要注意的是，同一层中的实验可以不互相独立，但在不同层的实验需要互不影响。例如某个实验结果有 $\text{OEC}(T_1, T_3) > \text{OEC}(T_1, T_4)$，但是 T_1 对 T_3，T_4 有影响，那么很可能是因为 (T_1, T_4) 的特定组合使得 OEC 变差了，如果对它们单独实验，可能出现 $\text{OEC}(T_4) > \text{OEC}(T_3)$ 的结果，所以如果不同层的实验互相影响，会使得实验结果不准确。

另外，总有一些实验不能和其他实验一起做，如果一起做则会对很多实验都有影响，这类实验需要单独占用一部分流量,所以流量分配方案可以调整为类似图 13.4 的样子。

这仍然是一个简单的分层实验,真实的情况更加复杂,流量可以分更多层。图 13.4 的结构也可以嵌套使用,例如多个连续的实验层之间可以有一部分共同的流量为某个实验独占。另外实验平台还需要支持更多操作,例如可以支持指定流量定向到某个实验。第 10 章在线匹配中的很多实验需要对预算进行分割后才能进行,所以实验平台还需要支持分预算的对比实验。

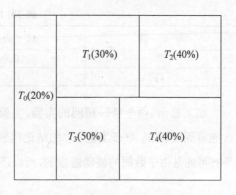

图 13.4 流量分层和流量独占共存

13.2.2 实验平台

图 13.5 实验平台主要构成

一个完整的实验平台主要包括 4 部分,如图 13.5 所示。

- 实验配置:设置实验参数和相关的配置文件,命中了某个实验的流量就需要使用这个实验的专属配置。
- 分流设置:根据不同的实验类型,确定实验所需要分配的流量类型和所占的比重。
- 实验数据收集:需要把每个流量包含的实验都记录下来。例如 13.2.1 节的实验中,某个流量上的实验是(T_1, T_3),那么就需要将(T_1, T_3)落到日志中,便于后期数据的整理和分析。这个阶段的工作一般在 Hadoop 集群上完成。
- 数据指标计算:计算 OEC,查看计算结果是否可信以及不同时间段内数据的变化情况等。

13.3 实验设计和分析

在做对比实验的时候可能会碰到类似表 13.1 的实验结果。

表 13.1　点击率实验结果

实　　验	点　击　率	展　现　量
T_1	0.05	20 000
T_2	0.04	300 000

　　结果显示,两个条件相同的实验,实验 T_1 的点击率为 0.05,实验 T_2 的点击率为 0.04,那么能得到实验 T_1 好于实验 T_2 的结论吗? 不一定,因为每个实验结果都有一个置信度,这个结果有可能是由于数据的波动造成的,所以还需要确定实验的差异不是由于随机噪声产生的波动。

13.3.1　置信度

　　如果两个实验 OEC 的抽样统计平均值都服从正态分布,现在需要对两个实验的总体均值进行假设检验,分析它们的均值是否有明显差异,置信度一般用如下公式来衡量:

$$t = \frac{\overline{O_1} - \overline{O_2}}{\hat{\sigma}_d}$$

其中,$\overline{O_1}$ 和 $\overline{O_2}$ 表示 2 个实验 OEC 的预估平均值,$\hat{\sigma}_d$ 表示 2 个实验 OEC 差值的预估标准差,通过 t 和阈值对比就可以判断当前实验结果的置信程度,例如 $|t| > 1.96$,那么就可以断定在 95% 的可信度下,实验的结果是有差异的。常见的置信度阈值如表 13.2 所示。

表 13.2　常见的置信度阈值

置信度	90%	95%	99%
t	1.645	1.96	2.575

　　Kohavi 等在 2009 年总结了实验设计和实验数据分析中的一些经验和问题,接下来介绍部分常用结论和经验,部分内容论述并不严谨,读者可以借鉴思路,在实践中需要具体情况具体分析。

13.3.2　置信区间

　　与 13.3.1 节示例的置信度对应,还可以给出结果的置信区间:

$$\text{CI Limits} = \overline{O_1} - \overline{O_2} \pm 1.96 * \hat{\sigma}_d$$

如果 0 不在实验结果的置信区间,那么就可以得出在 95% 的置信度下,两个实验 OEC 的总体均值是有差异的。如果目标 OEC 的方差非常小,那么需要使用它的变化比例来计算置信区间,可以通过式(13.3)估算置信区间。

$$\text{diff} = \frac{\overline{O_1} - \overline{O_2}}{\overline{O_2}} * 100\%$$

$$CV_1 = \frac{\hat{\sigma}_1}{O_1}$$

$$CV_2 = \frac{\hat{\sigma}_2}{O_2}$$

$$\text{CI Limits} = (\text{diff} + 1) * \frac{1 \pm 1.96 * \sqrt{CV_2^2 + CV_1^2 - (1.96)^2 * CV_1^2 * CV_2^2}}{1 - (1.96) * CV_2^2} - 1 \quad (13.3)$$

这里假设 $\overline{O_1}$ 和 $\overline{O_2}$ 的协方差为 0,并且 $\overline{O_2}$ 的置信区间不包括 0。

13.3.3 最少样本数

另一个常见的问题是实验需要多少流量才可以得出结论。也就是做一个实验,需要的最少样本数如何确定。

假设两个实验 OEC 的抽样统计平均值都服从正态分布,并且它们的方差和样本数都相同,P 表示如果两个实验存在差异的情况下能够检测出来的概率。那么在置信度为 95%,并且 $P = 80\%$ 的情况下,最少样本数为

$$n = \frac{16\sigma^2}{\Delta^2}$$

其中,σ^2 为实验 OEC 的方差,Δ 为需要的精度。

例如一个实验的目标是提升电商网站的平均消费,假设知道有 5% 的客户会下单结算,他们的平均消费是 75 美元,那么全网的平均消费就是 3.75 美元,已知它的方差为 30 美元,那么如果希望精度为 5%,或者说希望能检测到 3.75×0.05 的变化,需要的最少样本数为

$$16 * 30^2 / (3.75 * 0.05)^2 = 409\,000$$

当实验 OEC 的方差很小的时候,可以把它理解为一个伯努利分布,这样它的标准差可

以用 $\sqrt{p(1-p)}$ 来表示,同样是这个电商网站的实验,如果现在优化的是转化率,那么就可以理解为一个伯努利分布,这时 $p=0.05$,最少样本数为

$$n = 16 * (0.05 * (1-0.05))/(0.05 * 0.05)^2 = 122\,000$$

所以选择合适的优化目标可以减少实验所需的最少样本个数。

13.3.4　逐步放量

在真实的实验中,一般都是逐步放开流量,例如实验的分配流量按 $1\%\rightarrow5\%\rightarrow10\%\rightarrow30\%\rightarrow50\%$ 逐步递增。主要的思路是:如果实验程序有问题,希望影响尽可能少的人群。另外,逐步放开流量的过程,也可以理解为逐步提高识别精度的过程。一般结果差异非常大的情况,往往是由于程序的错误造成的。通过最少样本数计算公式可以知道,精度越低,需要的样本数就越少,这样在较少的流量下,就可以确定某个较大差异是否可信。

13.3.5　50% vs 50%

如果条件允许,建议做 50% vs 50% 流量分配的 A/B testing,因为在其他条件都固定的情况下,如果想要做同样精度的假设检验,一个其他的流量分配实验方案相对于平分流量的实验方案需要时间的比值可以用式(13.4)来近似(Kohavi et al.,2009)。

$$\frac{1}{4p(1-p)} \tag{13.4}$$

其中 p 是 A/B testing 中实验方案的流量分配比例,这样一个 90% vs 10% 的分配方案需要的时间是 50% vs 50% 分配方案的 25 倍以上。

13.3.6　其他因素

此外,在做 A/B testing 实验的时候,还有一些其他因素需要考虑。

- 很多 OEC 会随时间波动,例如周末和工作日的数据分布一般不一样。所以重大上线实验的时间周期需要至少为周级别。

- 有些上线会使系统性能下降,而性能有可能会影响 OEC。
- 实验平台应该对置信度内效果较差的实验自动下线,以减少对线上整体效果的影响。
- 有些垃圾流量和机器人流量会严重影响评估结果,在分析数据的时候需要把这部分流量排除掉。

13.3.7 对比实验局限

A/B testing 对比实验虽然非常实用,但仍然有很多局限。

- 有时候通过对比实验可以知道哪个版本更好,但却不知道具体原因。
- 对比实验的时间周期往往不会太长,但是广告系统需要考虑长期的收益,如果长期收益不佳,这种实验方式很可能监控不到。
- 上线一个全新的功能,用户有可能因为不适应,使得 OEC 下降,但是长期来看,该版本有可能是一个效果更好的版本;同样,上线一个新的版本,用户也可能因为好奇而产生大量的点击,使得 OEC 上升很多,但是长期来看却是一个较差的版本。

13.3.8 参数化

很多超参很难通过训练数据得到一个理想的值,并且有些标注样本获取成本很高,所以广告系统会在潜在需要调节的地方设置参数,这些参数后期会通过实验调整。

类似 5.6 节中的 Squashing,广告的排序公式在质量度上加了一个调节参数 s,使得 OrderQ$=b_i * q_i^s$,参数 s 设置的目的是便于做各种对比实验,通过后期调节来优化系统的整体收益。

第 9 章中,FTRL 中的学习率为

$$\mu_i^{(t)} = \alpha \left/ \left(\beta + \sqrt{\sum_{s=1}^{t} (g_i^{(s)})^2} \right) \right.$$

其中,α 和 β 也需要后期根据具体的应用场景来调节。13.4 节将介绍如何针对这些参数做自动化调节。

13.4　自动化调参

　　真实的系统中往往需要频繁地改动,目标函数的分布也不断发生变化。这些目标函数可以是系统整体展现量、点击量或者一天的收益,它和很多因子有关。想要拟合这个目标函数,一般需要很多标注样本,然而有些样本只能按天采集,每天能采集到的数量也非常有限,如果采集时间太长,目标函数的分布可能已经发生变化,导致已经采集的标注数据失效。为解决这一问题,必须想办法在尽可能少的样本上来拟合目标函数,然后寻找全局最优点并确定参数组合,这就是自动化调参需要完成的任务。

　　一般来说,机器学习方法会提前设定一个灵活的结构,然后通过不断修正其中的参数来改变这个结构的形状,进而拟合真实的目标函数。如果想在尽可能少的样本上拟合目标函数,就需要尽可能多地利用已知信息。下面介绍一种自动化调参方法,由 Jones 等在1998 年提出。

　　假设每个样本都有 k 维特征,一共有 n 个样本点,第 i 个样本点用 $\boldsymbol{x}^{(i)} = (x_1^{(i)}, x_2^{(i)}, \cdots, x_k^{(i)})$ 来表示,目标函数的值为 $y^{(i)} = y(\boldsymbol{x}^{(i)})$,$i = 1, 2, \cdots, n$,设目标函数为

$$y(\boldsymbol{x}^{(i)}) = \mu + \varepsilon(\boldsymbol{x}^{(i)}) \quad i = 1, 2, \cdots, n \tag{13.5}$$

其中,μ 是样本均值;$\varepsilon(\boldsymbol{x}^{(i)})$ 是一个正态分布 $N(0, \sigma^2)$,可以理解为对样本偏离均值的一个度量,是一种不确定性。

　　接下来分析这种不确定性以及如何预估目标函数的参数。比较直观的感觉是,预测点离已知采样点越近,它的目标函数值越接近这个已知采样点的目标函数值,不确定性会越小;预测点离已知采样点越远,能得到这个预测点的信息就越少,它的目标函数值就越不确定。因此,这个不确定性和样本距离有关系。并且不同的特征对目标函数值的影响也会有差异,而欧式距离中每一个维度都是平等的,因此引入式(13.6)中的距离公式:

$$d(\boldsymbol{x}^{(i)}, \boldsymbol{x}^{(j)}) = \sum_{h=1}^{k} \theta_h \mid x_h^{(i)} - x_h^{(j)} \mid^{p_h} \quad (\theta_h \geqslant 0, p_h \in [1, 2]) \tag{13.6}$$

距离和不确定程度的关系表示为

$$\mathrm{Corr}[\varepsilon(\boldsymbol{x}^{(i)}),\varepsilon(\boldsymbol{x}^{(j)})]=\exp[-d(\boldsymbol{x}^{(i)},\boldsymbol{x}^{(j)})] \tag{13.7}$$

参数 θ_h 可以理解为特征 x_h 的重要度,如果 θ_h 很大,即使 $|x_h^{(i)}-x_h^{(j)}|$ 有一个很小的变化,也可以导致 Corr 变化很大。图 13.6 是在只有一个变量的时候,θ,p 取不同值时距离和不确定程度的相关性曲线。可以发现,θ 越大,Corr 随着 $|x_h^{(i)}-x_h^{(j)}|$ 的增大下降越快,p 可以理解为平滑系数。

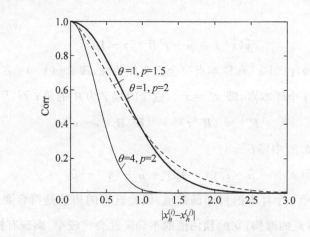

图 13.6 参数取不同值时距离和不确定性的关系

现在有 n 个采集点,因此模型有 $2n+2$ 个参数:$\mu,\sigma^2,\theta_1,\theta_2,\cdots,\theta_k,p_1,p_2,\cdots,p_k$。假设 $\boldsymbol{y}=(y^{(1)},y^{(2)},\cdots,y^{(n)})^{\mathrm{T}}$,$\boldsymbol{R}$ 是一个 $n\times n$ 的矩阵,其中第 (i,j) 个元素为 $\mathrm{Corr}[\varepsilon(\boldsymbol{x}^{(i)}),\varepsilon(\boldsymbol{x}^{(j)})]$,$\boldsymbol{1}$ 为长度为 n 的单位矩阵。

定义似然函数为

$$\frac{1}{(2\pi)^{n/2}(\sigma^2)^{n/2}|\boldsymbol{R}|^{1/2}}\exp\left[-\frac{(\boldsymbol{y}-\boldsymbol{1}\mu)^{\mathrm{T}}\boldsymbol{R}^{-1}(\boldsymbol{y}-\boldsymbol{1}\mu)}{2\sigma^2}\right]$$

对所有的样本求最大似然估计,可得

$$\hat{\mu}=\frac{\boldsymbol{1}^{\mathrm{T}}\boldsymbol{R}^{-1}\boldsymbol{y}}{\boldsymbol{1}^{\mathrm{T}}\boldsymbol{R}^{-1}\boldsymbol{1}}$$

$$\hat{\sigma}^2=\frac{(\boldsymbol{y}-\boldsymbol{1}\hat{\mu})^{\mathrm{T}}\boldsymbol{R}^{-1}(\boldsymbol{y}-\boldsymbol{1}\hat{\mu})}{n}$$

这样就得到了目标函数中的所有参数。

再看图 13.7,假设现在的预测点为 x^*,它和第 1 个样本点 $x^{(1)}$ 很接近,因为 $y^{(1)}$ 大 $\hat{\mu}$ 很多,所以 x^* 的目标函数值也应该大于 $\hat{\mu}$,x^* 离某个样本点越近,它的目标函数值和这个样本点的目标函数值应该越接近。这里用 r 表示 x^* 和每个样本点的相关性,其中 r 中第 i 个元素为 $r_i(x^*)=\text{Corr}[\varepsilon(x^{(*)}),\varepsilon(x^{(i)})]$。

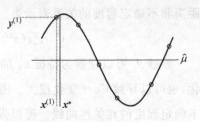

图 13.7 预测点和样本点

那么有

$$\hat{y}(x^*) = \hat{\mu} + r^{\text{T}}R^{-1}(y - 1\hat{\mu}) \tag{13.8}$$

式(13.8)中,如果 $r=0$,说明 x^* 和样本点完全没有相关性,那么 $\hat{y}(x^*)=\hat{\mu}$ 为采集样本的均值。如果预估的是第 i 个样本点,即 $x^*=x^{(i)}$,这个时候 r 为 R 的第 i 列,用 R_i 表示,因此

$$r^{\text{T}}R^{-1} = (R^{-1}r)^{\text{T}} = (R^{-1}R_i)^{\text{T}} = e_i^{\text{T}} \tag{13.9}$$

将(13.9)代入(13.8)中得:

$$\hat{y}(x^*) = \hat{\mu} + e_i^{\text{T}}(y - 1\hat{\mu}) = \hat{\mu} + (y^{(i)} - \hat{\mu}) = y^{(i)}$$

得到的结果就是第 i 个样本的目标函数值,因此这样的构造是符合要求的。如果预测点 x^* 很接近某个样本点的时候,它的预估值的不确定性会比较小,离现有样本点越远,它的预估结果越不确定。这里用式(13.10)来量化这个不确定性。

$$s^*(x) = \sigma^2\left[1 - r^{\text{T}}R^{-1}r + \frac{(1 - 1^{\text{T}}R^{-1}r)^2}{1^{\text{T}}R^{-1}1}\right] \tag{13.10}$$

其中,$r^{\text{T}}R^{-1}r$ 可以理解为通过样本点来预估而导致的偏差,$\dfrac{(1 - 1^{\text{T}}R^{-1}r)^2}{1^{\text{T}}R^{-1}1}$ 表示由于 μ 导致的误差。依然通过一个例子来理解这样构造的合理性,假设预估点 $x^*=x^{(i)}$,根据式(13.9)可以得到

$$r^{\text{T}}R^{-1}r = r^{\text{T}}e_i = r_i(x^*) = \text{Corr}(x^*, x^{(i)}) = \text{Corr}(x^{(i)}, x^{(i)}) = 1$$

同理可以得到

$$1^{\text{T}}R^{-1}1 = 1^{\text{T}}e_i = 1$$

所以有 $s^2(x^{(i)})=0$,不确定性为 0,也符合要求。

上面的模型叫 DACE(Design and Analysis of Computer Experiments),通过这种方法,可以拟合任意目标函数。图 13.8 中,实线表示真实的目标函数,虚线表示 DACE 的预测结

果,根据 DACE 的拟合结果来寻找最优点,最后会得到一个局部最优点,在 2.4 左右。直接用 DACE 的预测结果来寻找最优点,并没有考虑未知区域的不确定性,图 13.8 中真实目标函数应该在 8.7 左右取得最小值,但是这个区域前期没有采集样本点,算法对这部分区域知道的信息很少。所以这里应该引入 explore-exploit 的思想,在寻找最优点的时候将未知区域考虑进来。

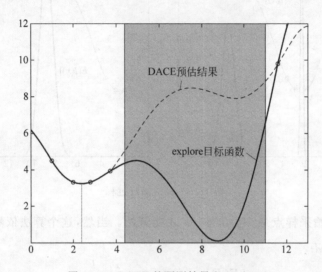

图 13.8 DACE 的预测结果和 explore

接下来介绍如何通过 explore-exploit 的思想来探索未知区域。现在令 $f_{\min} = \min(y^{(1)}, \cdots, y^{(n)})$ 表示当前样本点的最小值,则探索的下一个预测点应该使 $E(I(\boldsymbol{x}))$ 最大,其中

$$E[I(\boldsymbol{x})] = E[\max(f_{\min} - Y, 0)]$$

Y 是考虑不确定性的分布,$E[I(x)]$ 具体表达为

$$E[I(\boldsymbol{x})] = (f_{\min} - \hat{y})\Phi\left(\frac{f_{\min} - \hat{y}}{s}\right) + s\phi\left(\frac{f_{\min} - \hat{y}}{s}\right) \tag{13.11}$$

其中,Φ 是标准正态分布,ϕ 为标准正态密度函数,s 如式(13.10)中的定义。

算法的运行过程是:先采集一部分初始点,然后通过式(13.11)来预估可以让 $E(I(\boldsymbol{x}))$ 提升最大的点。如图 13.9 中左子图所示,当前时刻,2.3 和 8.7 附近存在最优点的可能性都很高,但 2.3 处更高一些,所以选择当前最优点为 2.3,然后在 2.3 处采样,得到真实的目标函数值。继续这个过程,图 13.9 的右子图是下一步的预估结果,这时式(13.11)在 8.7 处取得最大值,所以选择 8.7 作为采样点。不断重复这个过程,直到收敛。

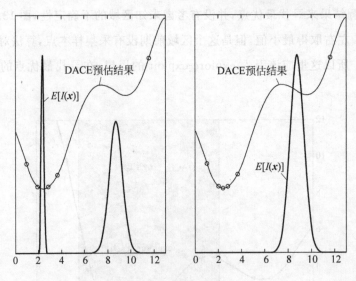

图 13.9　算法运行过程

一般来说,初始采样点最少为 $n=10k$ 才能开始。当然,这个算法依然有优化空间,例如对 $E(I(x))$ 求导有

$$\frac{\partial E(I)}{\partial \hat{y}} = -\Phi\left(\frac{f_{\min}-\hat{y}}{s}\right) < 0$$

$$\frac{\partial E(I)}{\partial s} = \phi\left(\frac{f_{\min}-\hat{y}}{s}\right) > 0$$

说明 E 的优化方向是在 $\hat{y}$ 增大的区域,在 s 减小的区域,基于这些信息可以确定寻找的边界,进一步提升收敛速度。

参考文献

JONES D R,SCHONLAU M,WELCH W J,1998. Efficient Global Optimization of Expensive[J]. Journal of Global Optimization,13(4): 455-492.

KOHAVI R,LONGBOTHAM R, SOMMERFIELD D,et al,2009. Controlled Experiments on the Web: Survey and Practical Guide[J]. Data Mining and Knowledge Discovery,18(1): 140-181.

SEEGER M, 2004. Gaussian Processes in Machine Learning[J]. International Journal of Neural Systems, 14(2): 69-106.

SNOEK J, LAROCHELLE H, ADAMS R P, 2012. Practical Bayesian Optimization of Machine Learning Algorithms[C]. In Proceedings of the 25th International Conference on Neural Information Processing Systems, 2: 2951-2959.

TANG D, AGARWAL A, O'BRIEN D, et al, 2010. Overlapping Experiment Infrastructure: More, Better, Faster Experimentation [C]. In Proceedings 16th Conference on Knowledge Discovery and Data Mining: 17-26.

第14章

数据监测和效果衡量

14.1　第三方监测

广告主在平台投放广告后,可以从平台获得广告的投放数据和效果数据,通过这些数据,广告主可以了解到广告的投放效果。有些广告按点击付费,例如搜索引擎的 Sponsored Search,广告主可以从广告落地页统计出来自平台的流量数据,然后与平台提供的数据进行对比,就可以判断平台数据是否真实。但还有一些广告是按广告展现量或展现时长来收费,如果用户没有与广告互动,很多展现信息广告主无法直接获得。也确实有一些平台会存在流量造假或者作弊的情况,所以出现了广告的第三方监测。

第三方监测是指广告投放平台之外的第三方公司、组织提供的广告监测服务,用来统计广告投放过程中的曝光、点击、视频播放等重要数据。为了得到广告主的认可,对于重要的广告服务,广告平台也愿意接入第三方监测组织的服务,让广告主可以放心购买。广告主通过第三方监测组织提供的投放数据也可以判断广告平台提供的投放数据是否真实。

最常见的就是曝光监测和点击监测。曝光监测通常是当广告在客户端曝光的时候,触发一个第三方的 URL,这个 URL 可以设置为一个 1×1 的透明像素图片,它会触发第三方监测的计数功能。

点击监测有很多方式,有些是同步计算的,有些是异步计算的。如图 14.1 所示,实线表示同步方式的监测,用户点击广告后,触发广告系统的投放逻辑,系统会记录广告投放信息,然后通过 302 跳转到第三方监测平台触发监测逻辑,再跳转到广告落地页。虚线表示异步方式的监测,用户点击广告的时候,会同时触发广告平台的计数逻辑和第三方平台的监测逻辑,然后广告平台会通过 302 跳转直接到广告落地页。同步方式中,广告平台的计数一定大于等于第三方监测的计数。异步方式中,广告平台的计数可以大于、小于或等于第三方监测的计数。移动端的点击监测,往往会采用 SDK(Software Development Kit)的方法接入监测代码。

另外,除了基础的统计指标,第三方监测也提供其他的监测服务,例如展示类广告的可视性、品牌安全性、投放区域、无效流量监测等。有些平台的内容会一次性吐出很多,这些

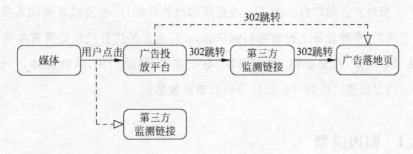

图 14.1　第三方点击监测

内容会触发曝光逻辑,但是用户不一定能看到,所以需要对可视性进行监测。MRC(Media Rating Council)即美国媒体分级委员会的可见标准大致可以理解为:展示广告 50% 面积曝光时长大于或等于 1s,视频广告 50% 区域连续曝光大于或等于 2s。

如第 12 章中所讲,很多品牌广告主会比较在意广告的投放环境,例如在一些色情内容周围投放广告会有损企业形象。还有些广告主在 DSP 的流量接入中调用第三方平台的流量分析服务,可以对流量做一个初步判断,然后再确定出价。

平台统计的数据往往和第三方监测的数据有差异。导致这些差异的原因有很多:服务器的数量、数据处理能力和计算速度的不同;对无效曝光和点击的定义不同;有些平台会在网络联盟中投放广告,但不是所有在联盟网站的投放第三方都可以识别;不同的浏览器会有不一样的限制,例如有些浏览器对较长的链接会截断,有些素材因为浏览器的兼容问题无法打开;如果是统计区域定向数据,有可能因为双方使用的 IP 库或者用户画像不一致而使得统计结果不同。在一定范围内的差异是可以接受的,例如 PC 端一般可以接受的差异是 10% 以内,移动端是 15% 以内,超出这个范围,就需要双方一起排查原因了。

14.2　效果跟踪

随着智能硬件和移动互联网的不断发展,用户每天会在计算机、手机、Pad、电视等各种设备之间来回切换,网络行为越来越碎片化。除了头部的一些应用,更多的应用在内容、场景和用户上越来越细分化,不同领域的优质流量也开始逐渐分散,广告主已经不再满足只在个别媒体上投放自己的广告。为了完成更高的投放目标,广告主或者营销人员需要在多种渠道、多个应用、多种设备上投放它们的广告,一些常见的广告投放渠道有电视、OTT、在线视频网站、PC网站、社交媒体、搜索引擎、电子邮件、移动应用、新闻媒体、户外展板、电商、纸媒等。但多渠道投放的广告如何分析和衡量效果?

14.2.1 归因模型

多渠道跨设备投放广告,使得准确衡量广告效果变得更加困难。例如用户在多个应用、多台设备上都看到了同一个广告,那么到底是由于广告的哪次曝光导致该用户最后购买了广告产品呢?通过观察投放数据来发现规律或者找到因果关联,这就是衡量广告效果中的归因分析。不同的平台或营销人员都有自己的归因模型。他们需要知道各种投放渠道的贡献度是多少,也需要知道在用户的行为过程中哪些因素对用户与广告产品互动起了决定作用。

常见的归因模型有4种:末次转化归因、平均分配归因、时间衰减归因和价值加权归因。

- 末次转化归因:指将用户与广告产品互动的功劳归于最后一个触点发生的渠道或者场景,这是一种比较常用的归因模型。然而用户真实的购买、点击、下载等行为的诱导因素很复杂,只用最后一个触点来分析因果关系会损失大量的信息。

- 平均分配归因:指将用户和广告产品互动的功劳归于在一定时间周期内用户行为序列上的所有触点。这一归因方法的弊端是可能会高估很多触点的作用。

- 时间衰减归因:指将用户和广告产品互动的功劳归于在一定时间周期内用户行为序列上的所有触点,但是越靠近最后互动的触点,权重会越高,最后一个触点的功劳最大。

- 价值加权归因:对触点做更加细致的分析,根据前期积累的效果数据,对不同渠道、不同类型的设备设置不同的权重,不同类型的触点对不同类型的互动行为也设置不同的权重,这种归因模型需要相关人员有比较专业的数据分析和理解能力。

归因模型中应该考虑更多的触点也是更合理的,Clarke 与 Darral 在 1976 年以及 Dekimpe 等在 1995 年的研究表明,广告不仅具有短期的效果,还具有持续的长期效果,电商网站中的广告和品牌广告表现更为明显。所以将用户与广告产品的互动原因都归因于短期的触点是不合理的。

另外,归因方法中常见的归因指标也可能有问题,例如 Barash 等在 2016 年对移动端广告中点击和用户与广告产品的互动之间是否有直接关系产生了质疑。他们通过一个移动 DSP 公司收集了大量的用户以及这些用户使用的 App 信息,并跨平台将这些信息对应起来,以便能知道一个人使用的所有 App 信息,然后再分析这些用户在广告目标网站的互动行为(购买、点击、浏览等)。在很多领域,用户使用的 App 和用户与广告产品的互动之间有很强的关系,这个特征要比点击有更强烈的因果关系。可能是因为用户 App 的使用情况能够反映用户的个性和品位,而这又和用户与广告产品的互动有关系,而点击有可能是一些激励诱导因素造成的。

此外,在不同的端上,广告的效果也不相同。Admaster 调研结果显示,移动端的视频前贴广告整体要优于 PC 端的视频前贴广告 1.2 倍,平板电脑视频前贴广告优于智能手机视频前贴广告 1.08 倍。

不同平台、不同类型的广告效果有差异,归因模型很复杂,且常见的归因指标也可能有问题,因此想要在各渠道、各平台、各设备之间准确衡量广告效果依然是件非常困难的事情。

14.2.2 增效测试

大多数广告主或者市场营销人员仍然需要在预算有限的情况下,在多渠道、多平台上投放广告,如何分配预算才能得到更好的 ROI? Facebook 开发了一套增效测试的平台(Smallwood,2018),通过不断做 A/B testing 来确定什么样的投放策略会更好,优化目标为用户最终的购买行为。Facebook 对平台上 2015 年 2 月至 2017 年 9 月的 580 个 A/B testing 实验进行分析,结果表明,点击归因和增效测试方法给出的预算分配结论差异明显,整体差异有 64%,且相对于增效测试方法,通过点击归因的方法并不总是给出最好的策略,长期来看,增效测试方法给出的策略会更好。Airbnb 通过这种增效测试调整在不同渠道上投放的资金数量来优化企业的 ROI,在 18 个月内取得了 10 倍的目标增长。

　　Facebook 的增效测试实验从另一个角度了说明通过点击行为来判断效果不一定准确。广告主的投放需求日益多样化,想要优化营销效果,需要数据分析人员深入到用户行为过程中的所有触点,不断回答两个问题:一是当前的营销渠道、策略能给营销目标带来多少提升? 二是每个渠道是如何影响用户行为以及固定的预算如何分配才能产生更多的回报? 这里有太多的问题还没有搞清楚,有非常大的研究空间。

　　不同广告投放平台有自己的接入规则和效果统计方式,对广告主来说,接入到各种优质广告投放系统就已经是一件非常费力的事情,如何能更好地衡量不同平台的效果、优化各渠道的预算比例就更难了,有时候甚至是无法完成的。大型广告公司内部都在启动一些项目,期望深度介入到营销过程中,尝试使用增效测试进一步解决广告主的这些营销问题。部分创业公司(例如 AdHawk)也开始为广告主跨平台管理广告营销活动,方便广告主对接各种大型广告平台,提供更简洁的交互和数据统计,尝试让跨平台的营销更容易。

　　互联网的创新思路和方法已经开始深度影响营销思路,用数据来说话需要更多人的理解和接受,是否能分析和理解数据、用数据来改进营销策略已经是一些公司对营销人员的招聘要求。

参考文献

BARASH G, DALESSANDRO B, MOORES L, et al, 2016. Cross-Channel Measurement and ROI: Targeting Mobile App Usage to Increase Desktop Brand Engagement [EB/OL]. [2018-04-21]. https://dstillery.com/wp-content/uploads/2016/04/arf2014whitepaper_2_0.pdf.

DARRAL C G,1976. Econometric Measurement of the Duration of Advertising Effect on Sales[J]. Journal of Marketing Research,13(4): 345-57.

DEKIMPE M G, HANSSENS D M,1995. The Persistence of Marketing Effects on Sales[J]. Marketing Science,14(1): 1-21.

SMALLWOOD B,2018. 利用增效衡量方案了解哪些因素有助提升业务成效[EB/OL]. [2018-08-28]. https://www.facebook.com/business/news/learn-what-drives-results-for-your-business-using-incrementality-measurement? ref=fbiq_article.

第15章

在线广告的发展趋势

15.1　网络带来的变化

从互联网的产生到移动互联网的高速发展,各种新技术、新产品的出现给我们的日常生活带来了前所未有的便利。随着淘宝、京东等电商网站的崛起,大众的购物习惯也发生了变化,2017 年第二季度,中国网络购物市场的交易规模已经达到 1.45 万亿元,并且还在高速增长中,网络购物已然是购物场景中不容忽视的一部分。

随着购物评论体系的不断完善,网民可以很容易地获取到其他人对商品的评价,购物决定不再只是一个人的独角戏,大家可以互通有无、相互影响,极大地降低了购买到低质量产品和服务的概率。支付体系的不断升级也让买卖双方的交易更加安全便利,日常生活中越来越多的服务都可以在网络上放心地完成。快递行业的发展,使得购物已经不再受地理位置的限制,真正做到了货通全国,甚至全世界。这些变化在不断加速经济活动的效率。

随着移动互联网的快速发展,不同的应用如雨后春笋般涌现,从手机游戏到理财类产品,都在尝试解决日常生活中的各种痛点。网民的年龄也在不断延伸,41 岁以上网民的数量已经非常可观,他们使用移动 App 从事娱乐、学习、理财等各种活动。伴随着 App 功能的不断分化,网民群体也不断分化,更加精细化的人群划分成为可能,给营销人员提供了更多的操作空间。据经合组织(OECD)称,到 2019 年中国在创新领域的相关开支将超过欧盟和美国,新兴领域的快速发展使企业的目标客户整体表现出更年轻、更高产、更高收入等特点,互联网已经逐渐成为各大公司营销的主要场地。

经过多年的基础技术沉淀,越来越多的行业打破了原有目标市场的限制,让更多人可以用得起相关产品,这也与原本不同的行业产生了竞争,例如连锁酒店和旅游类网络公司就已经开始了竞争和合作,各行业市场竞争进一步加剧。网络技术使信息获取更加便利,大众可以选择的产品也更多,购物选择变得更加困难,企业营销已经成为必须的事情,酒香不怕巷子深似乎越来越局限,营销人员都已经深知这个趋势。2017 年第二季度中国网络广告季度市场规模为 861.6 亿元,并且还在以较高的速度持续增长。

网络技术的发展使得企业和产品信息更加透明,大众在购物前已经习惯在网络上搜索商品相关评论和介绍来更深入地了解商品,因为社交网络对品牌的讨论比广告宣传来得更加可信。与此同时,研究发现更多受访者通过社交媒体来发现新的奢侈品和时尚趋势,而不是品牌网站或杂志。企业逐渐失去了对品牌的绝对主导权,企业营销需要越来越关注他们在网络社区的口碑和相关讨论,时刻准备应对在出现问题时社会上发出的各种抵制声音,及时回应。这些变化都在逐渐改变营销,营销内容已经不再是简单的产品宣传,营销人员必须更加有针对性地做各种营销活动。在线广告营销越来越不是一个单向的投放过程,而是需要广告平台和营销人员频繁互动才能够完成的事情。

15.2　未来发展趋势

15.2.1　流量入口

在线广告是一个不断变革、不断追逐用户的行业。新生代用户的网络习惯正在不断发生变化,广告的市场、创意、形式也会随之变化。兴趣和好奇对广告的投放效果有着很大的影响,类似短视频、社交小游戏等新鲜事物会在商业化增长中扮演更重要的角色。

各领域不同圈层经过多年积累,已经形成一定规模的生态。数据的爆发式增长,让大众的注意力更加分散。不同领域的优质内容将会获得更多关注,从而带动阅读场景流量的爆发,相关流量入口还会继续增加。

有人的地方,营销就有意义。有流量,在线广告就有营销价值。随着硬件互联技术的进一步发展,除了常见的计算机、平板电脑、手机等设备外,生活中更多物品开始具有流量,例如智能音响、车载设备、机器人甚至每天使用的冰箱,日常生活中越来越多的物品被网络连接起来,成为流量入口,它们将为在线广告提供更多机会,有些甚至会带来颠覆性的变革。

人工智能技术会继续找到落地场景。用户与智能硬件的交互方式在逐渐进化,语音交互已经在很多场景中成为重要辅助,也为广告提供了更多可能性。随着视频类应用的进一步火爆,图像识别等人工智能技术可能为商业化提供更大的发展空间。

在线广告的流量来源越来越多样化,场景也会越来越丰富。例如线上和线下的结合将会愈发紧密,随着各种相关技术的发展,线下场景会更加方便,其价值将不可替代,也必然会成为优质流量的一个巨大入口。

15.2.2　需求和市场

流量入口继续增加的同时,移动端流量的增长在渐渐放缓,用户开始分化沉淀。广告的需求会更加贴近转化,在线广告将通过技术进一步帮助广告主定位核心用户,激活非活跃用户。电商由于离用户转化触点很近,电商广告扮演的角色会更加重要,逐步侵占传统广告大户的市场份额。同时,电商网站中用户的搜索信息、物流信息、购买信息的价值将会愈加凸显。

由于不同行业的营销痛点各不相同,广告定向算法将会逐渐精细化,深耕垂直行业解决方案成为各大公司的优化方向。广告产品也会不断细分,以满足各行业的不同需求,进一步降低获客成本。更多中小企业以及个人的商业推广诉求会被重视,基于 LBS(Location Based Service)的局部定向产品、更加透明的推广流程和效果统计工具也将进一步发展。

投放场景和广告产品逐渐增多,营销人员需要在有限的预算下,在多渠道、多场景、多种设备之上投放广告,必须能更加有效地组织营销活动。数据驱动营销将进一步发展,大数据技术会逐步深入营销全流程,帮助营销人员跟进用户消费中的所有触点,对最终的营销目标做整体优化,预算的合理分配也需要数据的深度介入。同时,更多企业会更加注重以人为本的营销,注重通过广告的形式为企业建立良好形象,使用内容营销等更加新颖的传播方式。

随着流量入口多样化,行业和用户细分,市场更加复杂,作弊现象不可避免,更多场景需要第三方监测组织提供监测服务。跨平台监测、跨平台效果跟踪等程序化服务将起更大的作用,广告投放效果的标准化衡量也将越来越重要。

附录A

单词表

A

ACP(Average Click Price)：平均点击价格。平均点击价格 ＝ 消费总额/点击次数。

ADFX(Effects of Online Advertising)：在线广告投放效果。

ADN(Ad Network)：广告网络，即"在线广告联盟"。在广告业内，这是一个较为广泛的概念，是一种介于想出售广告空间的网站与想在网站上刊登广告的广告主之间的平台。

ADX(Ad Exchange)：互联网广告交易平台，它联系着 DSP(买方平台)和 SSP(卖方平台)，通过接入 SSP 汇集大量媒体流量，从而收集、处理属于广告目标客户的数据，ADX 是实现精准营销的交易场所。

AE(Account Executive)：广告业和服务业的客户执行或称客户主任。一个专业的广告 AE 是超级销售人员＋高级客服＋初级营销策划＋媒体顾问＋市场调研人员的组合，要具备全面的广告和营销知识，整体跟踪广告制作和投放全流程，做基本的市场调查、效果评估等。

APA(Active Payment Account)：活跃付费用户数。

ARPPU(Average Revenue Per Paying User)：平均每付费用户收入，可通过总收入/APA 计算得出。

ARPU(Average Revenue Per User)：每个用户平均收入。用于衡量电信运营商和互联网公司业务收入的指标。ARPU 注重的是一个时间段内运营商从每个用户所得到的收入。很明显，高端的用户越多，ARPU 越高。在这个时间段，从运营商的运营情况来看，ARPU 值高未必说明利润高，因为还需要考虑成本，如果每个用户的成本也很高，那么即使 ARPU 值很高，利润也未必高。

ASM(App Store Search Marketing)：苹果竞价搜索广告，是苹果公司于 2016 年 10 月 5 日，在权衡用户体验与广告收入之后，步 Google 和 Facebook 后尘，正式推出的苹果应用商店搜索广告。当用户在苹果手机的应用市场进行搜索行为时，就会看到竞价广告。

ASN(Average Show Number)：广告平均展现条数。

ASO(App Search Optimization)："应用商店优化"的简称，就是提升 App 在各类 App 应用

商店、市场排行榜和搜索结果排名的过程。

AU(Active Users)：活跃用户，即统计周期内登录过应用的用户数。

B

Banner：在线广告中最常见的广告形式。一般翻译为网幅广告、旗帜广告、横幅广告等，尺寸是 468 像素×60 像素，一般使用 GIF 格式的图像文件，可以是静态图形，也可用多帧图像拼接为动画图像。

Button：一种从 Banner 广告演变过来的广告形式。图形尺寸比 Banner 要小，有 120 像素×40 像素或 175 像素×40 像素等多种尺寸。由于图形尺寸小，可被灵活地放置在网页的任何位置。

C

CPA(Cost Per Action)：按转化结算。计价方式是指按广告投放实际效果，即按回应的有效问卷或定单来计费，而不限广告投放量。

CPC(Cost Per Click)：按点击付费。根据广告被点击的次数收费。如关键词广告一般采用这种定价模式，比较典型的有搜索广告。

CPM(Cost Per Mille)：按千次展示付费。CPM 是一种展示付费方式，只要展示了广告主的广告内容，广告主就需为此付费。

CPS(Cost Per Sale)：按销售订单结算。一种以实际销售产品数量来计算广告费用的计费方式，适合购物类、导购类、网址导航类的网站，需要精准的流量才能带来转化。

CPT(Cost Per Time)：按广告投放时间结算。

CLV(Customer Lifetime Value，CLV 或 LTV)：一个客户在他的生命周期中的重复交易率。

CM：同 Cookie Mapping。

Cookie：计算机中记录用户在网络中行为的文件，一些站点使用 Cookie 来鉴别站点的访问者，当用户返回的时候提供更多的个性化信息。用户可以在浏览器中设置阻止 Cookie 文件。

Cookie Mapping：DSP 提供的一个平台 Cookie 到 DSP Cookie 的映射服务。

CRM(Customer Relationship Management)：客户关系管理系统，为企业从各种不同的角度来了解和区别顾客，以发展出适合顾客个性化需要的产品、服务(P/S)的一种企业程序与信息技术的组合模式，其目的在于管理企业与顾客的关系，以使他们达到最高的满意度、忠诚度、维系率及利润贡献度，并同时有效率、选择性地找出和吸引优质的新顾客。

CSE(Custom Search Engine)：自定义搜索引擎，可提供定制化的搜索体验，以便于为网站用户提供个性化的搜索服务。

CTR(Click Through Rate)：点击率。

CVR(Conversion Rate)：转化率。

D

DAU(Daily Active User)：日活跃用户数量。通常统计一日之内登录或使用了某个产品的用户数(去除重复登录的用户)，这与流量统计工具里的访客(UV)概念相似。

DE(Data Exchange)：数据交易平台。

DMP(Data Management Platform)：数据管理平台，把分散的第一、第二和第三方数据进行整合纳入统一的技术平台，并对这些数据进行标准化和细分，让用户可以把这些细分结果推向现有的互动营销环境里。

DSP(Demand Side Platform)：需求方平台，可以看作流量的购买方，为广告主服务。广告主可以通过 DSP 购买流量，达到营销的目的。DSP 可以接入 Ad Exchange 中，参与CPM 竞价，购买所需要的受众流量。

E

eCPM(effective Cost Per Mille)：千次展示收入。

EDM(Email Direct Marketing)：电子邮件营销。

F

First View：访问一个页面时所看到的第一屏，这是投放广告的最佳位置，所以广告一般都设在这个位置。

G

GD(Guaranteed Delivery)：担保式投送。

GDN(Google Display Network)：展示广告网络，由一系列可以展示 AdWords 广告的网站组成，包括 Google 财经、Gmail、Blogger 和 YouTube 等特定 Google 网站，该网络还包含移动网站和应用程序。

GSP(Generalized Second Price)：广义第二价格。

I

IAB(Interactive Advertising Bureau)：美国互动广告局，也称为互联网广告署，是支持网络业务流程的开发标准和准则行业团体。通过对在线广告的收入进行跟踪，按季度发布调查报告。

Impressions：广告曝光数，即广告的出现次数。

K

KA(Key Account)：直译为"关键客户"，中文意为"重点客户""重要性的客户"。不同的行业管理 KA 的内容和组织结构的模式都会有所差别。

KOL(Key Opinion Leader)：关键意见领袖，指在行业内有话语权的人。

KPI(Key Performance Indicator)：关键绩效指标，是通过对组织内部流程的输入端、输出端的关键参数进行设置、取样、计算、分析，衡量流程绩效的一种目标式量化管理指标。

L

LA(Local Account)：中小客户。

LTV：等同于 CLV，一个客户在他的生命周期中的重复交易率。

M

MAU(Monthly Active Users)：月活跃用户。

Moving Icon：飘浮广告，是一种会飞的 Button，可以根据广告主的要求并结合网页本身特点设计"飞行"轨迹，增强广告的曝光率。

MRP(Market Reserve Price)：市场保留价。

N

Native Advertising(Native Ads)：又称为原生广告，原生广告是 2012 年提出的一个概念，目前原生广告还没有一个很明确的定义，各界众说纷纭，Buzzfeed 的总裁 Jon Steinberg 说："当你用内容的形式并冠以该平台的版本，就是一种原生广告，例如在推特里面，它会是一则推特，在 Facebook 里面，它会是一则新的状态，在 Buzzfeed 里面，它会是一则报道。"

News Feed Ads：信息流广告。Feed 本义是"饲料、饲养、(新闻的)广播"等，另外也有"消息来源"的意思，如 Syndicated Feed、Web Feed。

O

OGC(Occupationally-Generated Content)：职业生产内容。

OTA(Online Travel Agency)：中文译为"在线旅行社"，是旅游电子商务行业的专业词语。

OTT(Over The Top)：指通过互联网向用户提供各种应用服务。这种应用和目前运营商所提供的通信业务不同，它仅利用运营商的网络，而服务由运营商之外的第三方提供。目前，典型的 OTT 业务有互联网电视业务、苹果应用商店等。

P

PD(Prefer Deal)：保价不保量，优选购买。

PDB(Programmatic Direct Buying)：保价保量。

PGC(Professionally Generated Content)：互联网术语，指专业生产内容(视频网站)、专家生产内容(微博)，用来泛指内容个性化、视角多元化、传播民主化、社会关系虚拟化。

PMP(Private Market Place)：私有交易市场，PDB、PD 都属于 PMP。

PPC(Professionally Produced Content)：同 PGC。

PU(Paying User)：付费用户。

PUGC(Professional User Generated Content)：是以 UGC 形式，产出相对接近 PGC 的专业内容。

PV(Page View)：网页浏览，是指一个网页被显示的过程，用户每次刷新即被计算一次。

R

Rich Media：富媒体，一般指使用浏览器插件或其他脚本语言、Java 语言等编写的具有复杂视觉效果和交互功能的网络广告。这些效果的使用是否有效一方面取决于站点的服务器端设置，另一方面取决于访问者的浏览器是否能顺利查看。一般来说，Rich Media能表现更多、更精彩的广告内容。

ROAS(Return On Advertising Spend)：在单位广告投放费用上的收入或者收益比，是用来测量数字广告有效性的一个评估指标。

ROI(Return On Investment)：投资回报率。ROI＝年利润或年均利润/投资总额×100％。从公式可以看出，企业可以通过降低销售成本、提高利润率、提高资产利用效率来提高投资回报率。

RPM(Revenue Per Mille)：千次展示收费。

RTB(Real Time Bidding)：实时竞价，是一种利用第三方技术在数以百万计的网站上针对每一个用户展示行为进行评估以及出价的竞价技术。跟传统购买形式相比，RTB 是在每一个广告展示曝光时进行竞价，就是每一个 PV 都会进行一次展现竞价，谁出价高，谁的广告就会被这个 PV 展示。

S

SEM(Search Engine Marketing)：本意是搜索引擎推广，但是在国内互联网圈，SEM 已经变成了在搜索引擎或者说是在百度上投放广告的特指。百度广告系统名叫凤巢，2009年年底上线，代替了之前的竞价排名，从明拍转向了暗拍。而 SEM 即在百度的凤巢的广告系统投放广告，广告会出现在百度搜索的结果页中，或者网站的网盟广告中。

SEO(Search Engine Optimization)：搜索引擎优化。SEO 是专门利用搜索引擎的搜索规则来提高目前网站在有关搜索引擎内的自然排名的方式。SEO 是搜索引擎构建自己生态结构的一部分，目的是为网站提供生态式的自我营销解决方案，让网站在行业内占据领先地位。

SSP(Supply Side Platform)：供应方平台，可以看作流量的供应方，为网站主服务，是媒体的广告投放进行全方位的分析和管理的平台，与 DSP 相对应，是媒体优化自身收益的工具，一般一个媒体会采用多个 SSP。

T

4A(The American Association of Advertising Agencies)：美国广告代理协会，因名称里有 4 个单词是以 A 字母开头，故简称为 4A。后来世界各地都以此为标准，取其从事广告业、符合资格、有组织的核心规则，再把美国的国家称谓改为各自国家或地区的称谓，形成了地区性的 4A 广告公司。

TD(Trading Desk)：交易终端。

U

UGC(User Generated Content)：UGC 的概念最早起源于互联网领域，即用户将自己原创的内容通过互联网平台进行展示或者提供给其他用户。在一些组织中也将其称作 UCC(User Created Content)。

UV(Unique Visitor)：唯一访客，指在一段时间内访问网站的"人数"，而不是"人次"。访问网站的一台计算机客户端为一个访客。

W

WAU(Weekly Active User)：周活跃用户。

WOM(Word Of Mouth)：口口相传。

图 书 资 源 支 持

❖❖

  感谢您一直以来对清华版图书的支持和爱护。为了配合本书的使用,本书
提供配套的资源,有需求的读者请扫描下方的"书圈"微信公众号二维码,在图
书专区下载,也可以拨打电话或发送电子邮件咨询。

  如果您在使用本书的过程中遇到了什么问题,或者有相关图书出版计划,
也请您发邮件告诉我们,以便我们更好地为您服务。

❖❖

我们的联系方式:

资源下载、样书申请

书 圈

地   址:北京市海淀区双清路学研大厦 A 座 701

邮   编:100084

电   话:010－62770175－4608

资源下载:http://www.tup.com.cn

客服邮箱:tupjsj@vip.163.com

QQ:2301891038(请写明您的单位和姓名)

扫一扫,获取最新目录

用微信扫一扫右边的二维码,即可关注清华大学出版社公众号"书圈"。